L'ALMANACH 2020

LES GROSSES TÊTES

Laurent Ruquier présente

L'ALMANACH 2020

LES GROSSES TÊTES

Michel LAFON

Éditions Michel Lafon
118, avenue Achille-Peretti
92521 Neuilly-sur-Seine Cedex
www.michel-lafon.com

Le meilleur des Grosses Têtes pour une année en fête !

Chers auditeurs si fidèles, une nouvelle année passée en compagnie des *Grosses Têtes* me donne le grand plaisir de vous dédier cet Almanach 2020 qui vous doit beaucoup !

Vous avez en effet construit avec nous les meilleurs moments de l'émission par vos répliques pleines d'humour lors de nos appels téléphoniques pour le gain de la valise. Nos chères Grosses Têtes n'aiment rien tant que rebondir sur nos échanges avec les auditeurs pour blaguer et se vanner mutuellement, qu'ils soient des piliers de l'émission ou de jeunes recrues impertinentes. Au fil des rubriques qui ponctuent ces pages, vous retrouverez les plus fameux de nos instants de complicité radiophonique.

Je souhaite que la lecture de cet ouvrage vous procure chaque jour de l'année une occasion de rire comme nous l'avons fait ensemble avec tant de bonheur !

Laurent Ruquier

Dessins de :

Coicault

Jack Domon

Spoon

Question du jour

L'histoire drôle de...

Une Grosse Tête ?

!!!
Ça balance aux GROSSES TÊTES

“Citation

Défi du jour

Les statistiques

Les rubriques

LES PÉPITES

LES AUDITEURS FACE AUX GROSSES TÊTES

INVITÉ MYSTÈRE

LE BILLET DE...

L'anecdote de…

Le proverbe de...

Le jeu de mots de...

MERCREDI 1ER JANVIER

JOUR DE L'AN

Question du jour

Quelle célèbre maxime, empruntée au philosophe grec Anaxagore et reformulée par ses soins, doit-on au chimiste André Lavoisier ?

Rien ne se perd, rien ne se crée, tout se transforme.

Le jeu de mots

de Laurent Ruquier

(Après avoir parlé du Club Dorothée)
Mes parents m'avaient interdit Dorothée… et de péter aussi.

Défi du jour

Citez les deux maladies qui ont donné naissance à l'expression : « Trois pelés et un tondu ».

La lèpre et la teigne

JEUDI 2 JANVIER

SAINT BASILE

LES AUDITEURS FACE AUX GROSSES TÊTES

Laurent Ruquier : Nicolas, vous allez peut-être partir, grâce à RTL, dans un hôtel cinq étoiles… Si vous répondez à cette question : « Pour quelle raison dit-on souvent OK à Djingo et Alexa ? »
Auditeur : Parce que c'est l'assistant OK Google, c'est l'assistant d'Orange.
Laurent Ruquier : Oui, et expliquez *Djingo* et *Alexa*.
Auditeur : Ça doit être la boîte que l'on connecte chez soi et à laquelle on doit dire « OK Google »…
Laurent Ruquier : Alors « OK Google », c'est pour Google, mais… Bon, je vais vous accorder la bonne réponse.
Auditeur : Il y a intérêt !
Laurent Ruquier : Même si ce n'est pas tout à fait la bonne réponse !
Valérie Mairesse : Ce serait un cousin de Siri ?
Laurent Ruquier : Exactement. Quand c'est Apple, on dit : « Dis Siri » ; quand c'est Google, on dit : « OK Google » ; « OK Djingo », on le dit pour la petite enceinte Orange ; et quand on dit : « OK Alexa », c'est pour l'enceinte Amazon. Voilà Nicolas… Donc, finalement, ça sera seulement une nuit d'hôtel.
Philippe Geluck : Je trouve qu'il a mérité les deux nuits parce que, juste sur la réplique « Il y a intérêt », il a été parfait.
Laurent Ruquier : C'est vrai ! Rien que pour ça, vous méritez vos deux nuits à l'île de Ré.

Question du jour

Quel héros de fiction s'est appelé Chapatin, puis Barbarin, avant de changer de nom ?

Tartarin de Tarascon

Citation

Qui a dit : « Je l'ai revu l'autre jour, il avait tellement changé qu'il ne m'a pas reconnu » ?

Tristan Bernard

Les statistiques

1 rose sur 5 vendues en France vient du Kenya.

!!! Ça balance aux GROSSES TÊTES

Stéphane Plaza : Coupe le sifflet, Muriel !
Muriel Robin : Je ne peux même pas balancer sur Élie, on me coupe la gueule !
Élie Semoun : Mais Muriel, tu n'as pas à balancer sur moi…
Muriel Robin : Si, parce que je t'aime !
Élie Semoun : Ah ! Quand on s'aime, on se… ?
Muriel Robin : Oui, parce que sinon ça sonne vrai et ça fait de la peine… Par exemple, si je m'attaque à Laurent… Non, je plaisante ! Laurent, je vous adore !

L'histoire drôle de Bernard Mabille

Vous connaissez la différence entre une salade bio et une salade qui ne l'est pas ? Seize euros.

VENDREDI 3 JANVIER

SAINTE GENEVIÈVE

Question du jour

Qu'est-ce que Pierre-François Bouchard est connu pour avoir rapporté en 1799 ?

La pierre de Rosette

INVITÉ MYSTÈRE

Êtes-vous une femme ? – Oui.
Vous arrive-t-il de dessiner ? – Certains costumes, mais je ne suis pas connue pour mes dessins.
Êtes-vous née en France ? – Oui.
Avez-vous des papiers ? – Oui.
Habitez-vous Paris ou une autre région ? – Paris.
Vous a-t-on reconnue quand vous êtes arrivée ? – Je ne sais pas.
Vous intéressez-vous à la mode ? – Un peu.
La mode s'intéresse-t-elle à vous ? – Je ne suis pas sûre.
Avez-vous lu les livres de Bernard Werber (*la Grosse Tête invitée*) ? – Est-ce que je dois être honnête ?... Pas du tout !
Où alliez-vous la dernière fois que vous avez pris l'avion ? – Je ne sais plus...
Avez-vous la maladie d'Alzheimer ? – De temps en temps, je pense que oui.
Prenez-vous souvent l'avion pour votre métier ? – Oui.
Avez-vous déjà eu une récompense ? – Oui.
Pour un film ? – Non.
C'était une statuette ? – Oui, c'était une sorte de statuette.
Un molière ? – Oui, mais c'est vieux.
Vous a-t-on vue souvent à la TV ? – On m'a vue, moins maintenant.

Virginie Lemoine

Le jeu de mots

de Laurent Ruquier et Bernard Mabille

– Isabelle Carré a fait un carton avec son premier roman.
– Elle a fait des ronds !

!!! Ça balance aux GROSSES TÊTES

Laurent Ruquier : Vous considérez-vous comme un bon coup, Roselyne ?
Laurent Baffie : Excellent rapport qualité-prix.
Roselyne Bachelot : C'est dans les vieux pots qu'on fait les meilleures soupes.
Titoff : Elle sait m'exciter !
Éric Laugérias : Et n'oublions pas qu'elle est pharmacienne et qu'elle a des produits !
Roselyne Bachelot : C'est que du naturel, connard !

L'histoire drôle de Philippe Geluck

C'est une histoire de tétraplégique, racontée par un tétraplégique lui-même à l'hôpital. Il m'a dit : « Est-ce que tu sais où on retrouve un tétraplégique ? – Non. » Il me répond : « Là où on l'a laissé. »

SAMEDI 4 / DIMANCHE 5 JANVIER

SAINT ODILON *SAINT ÉDOUARD*

LES AUDITEURS FACE AUX GROSSES TÊTES

Laurent Ruquier : Frédéric est au téléphone. Bonjour Frédéric !

Auditeur : Bonjour Laurent ! Bonjour les Grosses Têtes !

Laurent Ruquier : Que faites-vous dans la vie ?

Auditeur : Je vous donne un indice, je fais le même métier que vous.

Laurent Ruquier : Animateur dans une maison de retraite ?

Auditeur : Je suis prothésiste.

Laurent Ruquier : Prothésiste !? Pourquoi faites-vous le même métier que moi ?

Auditeur : Je rends le sourire aux gens.

Laurent Ruquier : Réfléchissez bien, normalement en deux secondes, vous devriez trouver la réponse à la question. Il n'y a pas plus facile…

François Rollin : Soyez sur le coup, cher auditeur, parce que j'ai très envie de faire perdre un prothésiste, vu ce qu'ils m'ont coûté dans la vie.

Jérémy Ferrari : T'as fait des prothèses dentaires ? Ah oui, vu le résultat, c'est vrai que tu t'es fait avoir.

L'anecdote de François Rollin

Il y a une bonne dizaine d'années, j'ai emmené Michel Legrand avec Darry Cowl qui, comme vous le savez, était mon grand ami, faire un gala à Montreux. Dans l'après-midi, on demande à Michel Legrand s'il était bien logé à son hôtel. Il répond : « Oui, oui, on est bien » et tout d'un coup, il dit à sa compagne : « Attends ! Mais on a une maison sur les hauteurs ?! – Mais oui, t'as raison ! » Il avait oublié qu'il avait une maison là.

Question du jour

Pour quelle raison un Américain a-t-il réservé un siège sur six vols de la compagnie Delta Airlines entre le 24 et le 25 décembre 2018 ?

Il voulait fêter Noël avec sa fille hôtesse de l'air.

Citation

Qui a dit : « Celui qui se contredit a plus de chances qu'un autre d'exprimer quelquefois du vrai » ?

Anatole France

Thierry Ardisson ?

Une Grosse Tête qui est plus costume noir que gilet jaune.

LES PÉPITES

Philippe Geluck : À propos de la maxime « Rien ne se perd, rien ne se crée, tout se transforme », pour moi, il y a une seule chose qui peut se perdre définitivement. Une idée, si on la formule, si on la propage, elle peut se transformer, voyager, etc. Mais une idée qu'on ne révèle pas, qu'on garde dans la tête, si on meurt, elle se perd pour toujours.

Valérie Mairesse : Sauf que c'est une idée qu'un autre peut avoir aussi et exploiter.

Question du jour

Quelle chanson paillarde en neuf couplets, régulièrement reprise, doit-on au compositeur Raymond Legrand, le père de Michel Legrand ?

Les Nuits d'une demoiselle

Le jeu de mots

de Bernard Mabille

(Après que Jean-Marie Bigard a dit une blague sur la masturbation)
Je n'ai pas tout entendu, mais elle est marrante !

Citation

Qui a dit : « C'est quand même bizarre que, quand les fonctionnaires sont en grève, on appelle ça une "journée d'action" » ?

Anne Roumanoff

Jean-Jacques Peroni ?

Une Grosse Tête qui a fait 10 fois le tour du monde, rien qu'avec le petit dernier pour la route.

MARDI 7 JANVIER

SAINT RAYMOND

INVITÉ MYSTÈRE

Êtes-vous un homme ? – Oui.
Avez-vous des enfants ? – Non.
Parlez-vous des langues étrangères ? – Oui.
Lesquelles ? – Anglais.
Êtes-vous célèbre pour plusieurs disciplines artistiques ? – Non, pas vraiment.
Avez-vous un rapport étroit avec la Californie ? – Je la connais, oui.
Vous y avez vécu ? – Oui.
Êtes-vous acteur ? – Non.
Chanteur ? – Non.
Animateur ? – Non.
Réalisateur ? – Non.
Romancier ? – Oui.
Jouez-vous dans la catégorie des Marc Levy ? – Non.
Vos tirages sont moins gros ? – Oui.
Combien de vos livres ont été adaptés au cinéma ? – Un.
Faites-vous uniquement du roman ? – Oui.
Écrivez-vous depuis longtemps ? – J'écris depuis longtemps.
Avez-vous été parolier aussi ? – Oui, mais ce n'est pas ce qui a marqué l'histoire.

Philippe Besson

Question du jour

Quelles personnalités ont fait leur entrée au musée Grévin, lors de sa réouverture en février 2019, en même temps que Léa Salamé et Thomas Pesquet ?

Marcel Proust et Guillaume Apollinaire

!!! Ça balance aux GROSSES TÊTES

Laurent Ruquier : Sérieusement, vous ne connaissez pas *Le Silence de la mer* ? Ça raconte l'histoire d'une famille qui, pendant l'Occupation, est obligée de loger un Allemand et il se trouve que cet Allemand est plutôt sympathique, mais la jeune fille – elle est muette – refuse de lui parler…
Stéphane Plaza : Si elle est muette…
Laurent Ruquier : Non ! Elle a choisi d'être muette !
Stéphane Plaza : Donc, elle joue la muette.
Laurent Ruquier : L'officier allemand, qui a réquisitionné la maison de cet homme âgé et de sa nièce, adore la culture française. Il tente de rompre le mutisme de ses hôtes dont le patriotisme ne peut s'exprimer que par ce silence…
Arielle Dombasle : Ah ! Ils sont tous les deux muets ? En tout cas, dans la famille, ils sont tous silencieux…
Laurent Ruquier : Ce n'est pas comme ici !

LES PÉPITES

Laurent Ruquier : C'est quand même curieux de la part de RTL de me donner un coffret Marc Dorcel à mettre dans la valise pour la Saint-Valentin. C'est la fête des amoureux, pas celle des gros niqueurs.

Florian Gazan : Ils auraient pu le faire offrir par Stéphane Burne.

Jean-Jacques Peroni : Je suis gêné, je me demande si je ne vais pas aller travailler à Radio Vatican…

MERCREDI 8 JANVIER

SAINT LUCIEN

Question du jour

Pour quelle raison le visage de Maria Boursin est-il mondialement connu ?

Elle était l'épouse et le modèle du peintre Pierre Bonnard.

INVITÉ MYSTÈRE

Êtes-vous un homme ? – Oui.
Êtes-vous marié ? – Oui.
Avez-vous des enfants ? – Oui, deux.
Quand vous êtes arrivé à RTL, les gens vous ont-ils reconnu ? – Oui.
Portez-vous un pseudonyme ? – Mmmmm… Non !
Avez-vous déjà eu des récompenses ? – Oui.
Victoire de la musique ? – Non.
Avez-vous des décorations (Légion d'honneur, Ordre du mérite, etc.) ? – Oui.
Avez-vous la double nationalité franco-américaine ? – Oui.
Êtes-vous chanteur ? – Oui.
Avez-vous le droit de vote aux États-Unis ? – Oui.
Avez-vous voté pour Hillary Clinton ? – Oui.
Jouez-vous d'un instrument de musique ? – Oui.
Chantez-vous en anglais ? – Oui, mais pas seulement.

Charlélie Couture

Le jeu de mots

de Jean-Jacques Peroni

(Après que Jeanfi Janssens a parlé coiffure)
Mon coiffeur, c'est Franck Poivrot.

LES AUDITEURS FACE AUX GROSSES TÊTES

Laurent Ruquier : Monsieur Janssens, vous allez donner un numéro pour la valise et c'est Mme Mairesse qui va appeler pour nous.

Jeanfi Janssens : Le 6 !

Laurent Ruquier : Attention, notez bien… Ah tiens ! M. Marais, comme par hasard, qui habite les Côtes-d'Armor, s'est inscrit pour la valise…

Jeanfi Janssens : Ça répond souvent dans les Côtes-d'Armor.

Laurent Ruquier : Vous êtes tombé dans le Marais, monsieur Janssens. Ça sonne…

Répondeur : « M. Marais n'est pas disponible pour le moment, veuillez laisser un message… »

Laurent Baffie : Je peux laisser un message ? « Oui, bonjour… C'est Jean Cocteau, je voulais reprendre contact. »

Citation

Qui a dit : « Dix années d'inimitié acharnée lient souvent les hommes plus mystérieusement qu'une amitié médiocre. » ?

Stefan Zweig

LES PÉPITES

Laurent Ruquier : Je vais poser une question, à laquelle M. Werber ne doit pas répondre, s'il le veut bien…

Bernard Werber : Ouf, ça, je sais faire.

Laurent Ruquier : C'est une question que j'ai trouvée dans votre livre…

Bernard Mabille : Oh ! la, la !

Laurent Ruquier : Qu'est-ce qu'il y a ?

Bernard Werber : C'est une spéciale Werber…

Laurent Ruquier : Ne soyez pas jaloux, monsieur Mabille.

Bernard Mabille : Je ne suis pas jaloux, je serais incapable d'écrire sur les fourmis, mais…

Laurent Baffie : Prépare un bouquin sur les hippos !

Question du jour

Quelle action étonnante l'un des astronautes qui a marché sur la Lune a-t-il accomplie sur l'astre lunaire ?

Il a joué au golf et frappé deux balles.

L'histoire drôle de Jean-Marie Bigard

Trois légionnaires ont posé leurs sacs au sol. Un petit Chinois entre et effleure du bout de sa sandale la lanière d'un des trois sacs. Un des légionnaires lui dit : « Hé ! Tu te prends pour qui, toi ? Viens avec moi, je vais t'apprendre la politesse. » Ils sortent. On entend un grand barouf qui dure un quart d'heure… et le légionnaire rentre défiguré, tuméfié de partout. Les deux autres demandent : « C'est quoi ça ? – C'est du kung-fu ! Tu ne connais pas, c'est chinois. » Le deuxième légionnaire lui répond : « Attends, tu vas venir avec moi, je vais te montrer… » Ils sortent, pareil, un gros barouf. Le légionnaire revient. Le petit Chinois a fait un nœud avec le légionnaire. « C'est quoi ça ? » demande le troisième légionnaire. « Du ju-jitsu, tu ne connais pas… » Le légionnaire rétorque : « Viens un peu essayer avec moi… » Il sort et, deux minutes après, c'est le petit Chinois qui rentre, le crâne ouvert en deux. Le petit Chinois dit : « C'est quoi ça ? – C'est japonais, c'est le cric de ma Toyota. »

Isabelle Mergault ?

Une Grosse Tête qui sait aussi nous éclabousser grâce à sa langue française.

L'anecdote de Gad Elmaleh

Quand ma mère est arrivée en France, il y a quelques années, elle est allée chez IKEA et elle a demandé un lit « qui claque ».

!!! Ça balance aux GROSSES TÊTES

Laurent Ruquier : Pierre, vous êtes heureux de revenir ? On vous a manqué, dites-nous, quand même…

Pierre Bénichou : Manqué de respect, souvent l'année dernière, maintenant, ça va.

Laurent Ruquier : Vous êtes content de voir Steevy, le petit Steevy Boulay ?

Pierre Bénichou : C'est mon fils !… Pas très spirituel, mais c'est mon fils…

Question du jour

Comment le père de Morphée s'appelait-il ?

Hypnos

Les statistiques

1,252 million

d'euros, c'est le prix d'Armando, un pigeon voyageur belge qui a été vendu aux enchères en mars 2019, devenant ainsi l'oiseau le plus cher de son espèce à travers le monde.

Le jeu de mots

de Laurent Baffie

(Cherchant le nom de l'oiseau de proie le plus rapide)
C'est le faucon… Il y a le vrai qui, lui, est assez lent…

LES AUDITEURS FACE AUX GROSSES TÊTES

Auditrice : Allô ?

Pierre Bénichou : Allô ? Bonjour ! Devinez qui vous appelle…

Auditrice : Oh, C'est M. Bénichou !

Florian Gazan : Cette célébrité, c'est dingue…

Pierre Bénichou (*prenant une voix très maniérée*) : J'ai gardé ma voix la plus naturelle possible.

Auditrice : Oh mon Dieu ! Je ne peux pas y croire…

Pierre Bénichou : Mais oui, chérie. Comment ça va, Aurélie ?

Auditrice : Je vais très bien. Et vous, Pedro ?

Florian Gazan : Comment avez-vous pu le reconnaître ? Il était aimable.

Jérémy Ferrari : Elle ne connaît pas de vieux à part lui.

Auditrice : Je le reconnais bien parce que je suis aussi aimable que lui et j'apprécie beaucoup ce côté-là.

Pierre Bénichou : Merci beaucoup, chérie… Je ne vais pas tarder à rentrer à la maison parce qu'ils sont bien méchants avec moi ici ! Leur succès leur monte à la tête, ils ne savent pas que c'est à moi qu'ils le doivent ! Chérie, dis-moi, tu sais pourquoi je t'appelle ? Pour que tu fasses ta valise et que tu viennes me rejoindre. Mais je préférerais tout de même que tu prennes à RTL ce qui t'appartient déjà, à savoir la valise qu'on t'a préparée. Est-ce que tu as tout noté ?

Auditrice : J'ai tout noté.

Jérémy Ferrari : Il est bon…

!!! Ça balance aux GROSSES TÊTES

Florian Gazan : J'ai une petite idée de la réponse, mais je ne suis pas sûr…

Titoff : Souvent, avec Florian, on croit qu'on va gagner et finalement on est éliminé…

Laurent Ruquier : Oh, le Marseillais !

Florian Gazan : Avec toi, on n'a même pas l'opportunité de le croire…

Laurent Ruquier : Arrêtez ce match PSG-Marseille !

Titoff : Au contraire, c'est mon ami, j'ai tellement de peine pour lui…

Florian Gazan : Des amis comme ça, préservez-m'en !

SAMEDI 11 / DIMANCHE 12 JANVIER

SAINT PAULIN — *SAINTE TATIANA*

Défi du jour

Citez deux des neuf muses, filles de Zeus.

Érato, Calliope, Euterpe, Uranie, Polymnie, Thalie, Clio, Melpomène, Terpsichore.

Citation

Qui a dit : « Un expert, c'est un homme qui vous emprunte votre montre, vous dit l'heure et vous envoie la note » ?

Oscar Wilde

Question du jour

Qui va retourner dans l'espace en décembre 2020, selon le ministère de l'Enseignement supérieur et de la Recherche ?

Thomas Pesquet

LUNDI 13 JANVIER

SAINTE YVETTE

Question du jour

Quel célèbre oxymore trouve-t-on dans *La Chute* d'Albert Camus ?

Un silence assourdissant

L'histoire drôle de Jean-Jacques Peroni

C'est un gars au restaurant, qui descend aux toilettes, car il a envie de faire caca. Il y en a deux dont une occupée, il entre dans celle qui est libre, ferme la porte, baisse son pantalon, s'assoit sur la lunette et il entend une voix à côté qui demande : « Qu'est-ce que tu vas faire maintenant ? » Il répond : « Je vais faire caca. » La voix d'à côté dit : « Et ça va durer longtemps ? » Il répond : « Je ne peux pas savoir maintenant… » Et la voix d'à côté dit : « Je crois que je vais raccrocher, parce qu'il y a un mec à côté qui n'arrête pas de répondre à mes questions. »

LE BILLET DE BERNARD WERBER

La guillotine n'est pas forcément quelque chose d'aussi affreux qu'on le croit. D'abord, elle a été améliorée par Louis XVI. C'est lui qui a eu l'idée de la lame en biseau pour qu'elle coupe mieux. Et en réalité, la guillotine n'a pas été inventée par Guillotin, mais par un monsieur qui s'appelait Louis, donc elle s'appelait la « louisette » à l'origine. Mais c'est Guillotin qui a défendu la guillotine comme un moyen plus humain pour tuer les condamnés car, jusque-là, les exécutions se faisaient à la hache. Les types étaient parfois maladroits, ils s'y reprenaient à plusieurs fois.

Le jeu de mots

de Roselyne Bachelot et Laurent Baffie

– La ploutocratie est le pouvoir exercé par les plus riches.
– C'est dingo de savoir ça !

LES PÉPITES

Après une discussion sur le boomerang.

Laurent Baffie : Il y a une très bonne chanson de Claude François sur le boomerang.

Laurent Ruquier : Ah oui ?

Laurent Baffie : « *Ça s'en va et ça revient…* »

Jeanfi Janssens *(en chantant)* : « *Ça s'en va et ça revient, c'est fait de tout petits riens, ça se chante et ça se danse comme une chanson populaire…* »

Laurent Ruquier : On peut appeler EDF ?

Philippe Geluck : Savez-vous qui a inventé le boomerang ?

Laurent Ruquier : Non…

Philippe Geluck : Un mec qui n'avait pas d'ami pour jouer au frisbee.

!!! Ça balance aux GROSSES TÊTES

Laurent Ruquier : Ma question va être toute bête parce que…
Élie Semoun : Elles sont toutes bêtes, de toute façon, vos questions !
Laurent Ruquier : Pardon ?
Élie Semoun : Non, non, rien…
Laurent Ruquier : Vous voulez que je parle de vos réponses ?
Jeanfi Janssens : Tu vas morfler…

MARDI 14 JANVIER

SAINTE NINA

INVITÉ MYSTÈRE

Êtes-vous une femme ? – Oui.
Êtes-vous maman ? – Non.
Êtes-vous née en France ? – Oui.
Avez-vous déjà connu l'amour ? – Complètement.
Habitez-vous Paris ? – Oui, mais pas uniquement.
Avez-vous une propriété de campagne dans laquelle vous vous rendez très souvent ? – Pas du tout.
Êtes-vous née à Paris ? – Non, je ne suis pas parisienne de naissance.
Sait-on où vous êtes née ? – Oui, dans une belle capitale de la gastronomie.
Quand vous dites que vous n'habitez pas qu'à Paris, vous avez donc un autre lieu de résidence à l'étranger ? – Non, j'habite souvent sur les planches.
Moi aussi, mais j'ai des échardes ! Est-ce qu'il s'agit des planches du théâtre, de la bande dessinée, du jardin… ou du cimetière ? – Ne me souhaitez pas de mauvaises choses en cette fin d'année qui a déjà été bien malheureuse. Je parle des planches de la scène.
Avez-vous pris des cours de mime ? – Pas du tout.
Avez-vous déjà chanté avec Gérard Jugnot ? – Bien sûr ! Pour Les Enfoirés ? – Oui.
Êtes-vous chanteuse ? – Oui, et actrice aussi.
C'est Philippe Geluck, nous sommes-nous déjà rencontrés ? – Oui ! Vous m'avez fait un très beau dessin du Chat.
Il en fait à tout le monde ! – Tout le monde ! Eh bien, je me sens privilégiée, car vous m'avez fait ce dessin sur un canapé de Michel Drucker.
Avez-vous été invitée tout un dimanche ? – Oui !

Liane Foly

Question du jour

Quel est le nom du premier opéra de Jean-Philippe Rameau, dans lequel Thésée chante : « Grands dieux ! De quels remords je me sens déchiré ! » ?

Hippolyte et Aricie

Le proverbe

de Jeanfi Janssens

Ma mère dit : « Tant qu'il y a de la neige sur le toit, il y a du feu dans la cheminée. »

Citation

Qui a dit : « Il n'y a aucune différence entre une paire de seins et un train électrique, puisque les deux sont faits pour les enfants et que ce sont les papas qui jouent avec » ?

Robert Lamoureux

SAINT RÉMI

Question du jour

Qui est le partenaire de Laura Marconi ?

Nicky Larson

Le jeu de mots

de Steevy Boulay et Laurent Baffie

– J'ai dit Nietzsche ! J'étais le premier à le dire en plus…
– Et on t'a répondu : « À tes souhaits. »

LES AUDITEURS FACE AUX GROSSES TÊTES

Jeanfi Janssens : Allô !
Auditrice : Oui ?
Jeanfi Janssens : Bonjour, vous êtes Muriel ?
Auditrice : Oui, bonjour Jeanfi !
Jeanfi Janssens : Ça me fait plaisir de te parler, Mumu !
Auditrice : Ce n'est pas vrai, je suis avec RTL…
Jeanfi Janssens : Est-ce que tu sais, petite Mumu, ce qu'il y a dans la grosse valise aujourd'hui ?
Auditrice : J'espère, mais je ne suis pas sûre d'avoir tout… Parce que, figurez-vous que je suis en cours, actuellement.
Valérie Mairesse : Vous êtes prof ?
Auditrice : Oui, professeur en économie-gestion et, comme c'est l'intercours, j'en ai profité pour répondre quand j'ai entendu la sonnerie.
Laurent Ruquier : Heureusement, c'est l'intercours… Mais en même temps, comme c'est la Journée mondiale sans téléphone portable aujourd'hui, vous avez perdu !

!!! Ça balance aux GROSSES TÊTES

Laurent Ruquier : Jean-Luc, vous le connaissez, Yoann Riou, vous qui aimez le football…
Jean-Luc Lemoine : Oui, mais il m'inquiète ce garçon.
Laurent Ruquier : Pourquoi ?
Jean-Luc Lemoine : Il m'inquiète énormément parce qu'il connaît tout sur tout le monde…
Yoann Riou : Non.
Jean-Luc Lemoine : En fait, il a tout de la définition du *serial killer*. C'est bizarre !

LES PÉPITES

Laurent Ruquier : Que s'est-il passé à Tarascon ?
Jeanfi Janssens : Une évasion spectaculaire !
Laurent Ruquier : Racontez-nous…
Jeanfi Janssens : Le prisonnier est sorti d'une voiture et il s'est sauvé lors de son transfert de la prison de Béziers…
Laurent Ruquier : Ça se passe bien ton stage à BFM TV ?
Philippe Geluck : T'étais là ? T'as tout vu ?
Jeanfi Janssens : Une dame a dit : « Ça s'est passé en deux minutes, on n'a rien vu, ça s'est ouvert, ils ne l'ont pas attrapé… »
Laurent Ruquier : Vous avez entendu le témoignage d'une dame ?
Jeanfi Janssens : Oui, elle était choquée. Ils sont tous choqués là-bas parce que c'est un délinquant notablement dangereux !
Philippe Geluck : Mais dis-nous, comme tu le racontes, pourquoi cette dame du côté de Béziers parlait-elle avec un accent ch'ti ?

JEUDI 16 JANVIER

SAINT MARCEL

L'anecdote de Jeanfi Janssens

Lors de mes premiers vols, je parlais anglais mais alors « juste, juste »… Un jour, je demande à un Américain : « What would you like to drink, Sir ? » Il répond : « Ouan Ouan ! » Je lui dis : « Excuse me, je n'ai pas compris, I didn't understand… Could you, please, repeat ? » Il fait : « Ouan ! Ouan ! »… Alors je regarde sur mon chariot s'il y a un truc qui ressemble à du « Ouan Ouan »… Il s'est énervé en plus ! Et en fait, c'était du bordeaux ! C'est compliqué… Parce que, quand il y en a cinq comme ça, tu fais une dépression nerveuse.

Question du jour

Que se passe-t-il généralement le troisième vendredi du mois de juin (le 19 juin en 2020) ?

C'est le jour le plus heureux de l'année, à l'inverse du « Blue Monday », le jour le plus déprimant de l'année qui, lui, a lieu en janvier.

Citation

Qui a dit : « Je me cite souvent : cela apporte du piment à ma conversation » ?

George Bernard Shaw

INVITÉ MYSTÈRE

Auriez-vous su trouver que l'auteur que l'on recherchait juste avant était Emmanuel Kant ? – Non.
Êtes-vous chanteur alors ? – Non.
Êtes-vous quadragénaire ? – Oui.
Avez-vous tous vos cheveux ? – Non, hélas.
Aimez-vous le cinéma ? – Beaucoup.
Est-ce que vous en faites ? – Beaucoup.
En vivez-vous ? – Oui.
Avec des enfants ? – Si je fais du cinéma avec des enfants ? Qu'est-ce que vous voulez que je réponde ?
Habitez-vous Paris ? – Oui.
Êtes-vous en couple avec quelqu'un de connu ? – Non.
Faites-vous autre chose que du cinéma ? – Oui.
Du théâtre ? – Oui.
Faites-vous des *one man shows* ? – Oui.

François-Xavier Demaison

Défi du jour

Citez les présidents du Conseil constitutionnel français au XXIe siècle.

Yves Guéna (2000-2004)
Pierre Mazeaud (2004-2007)
Jean-Louis Debré (2007-2016)
Laurent Fabius (2016-)

VENDREDI 17 JANVIER

SAINTE ROSELINE

Question du jour

Que célébrait-on à la chandeleur lorsque c'était une fête païenne ?

La fin de l'hibernation de l'ours

INVITÉ MYSTÈRE

Êtes-vous un monsieur ? – Oui.
Vous a-t-on reconnu quand vous êtes arrivé ? – Oui.
Portez-vous un pseudonyme ? – Non.
Êtes-vous sur les réseaux sociaux ? – Un peu.
Est-ce que quelqu'un de votre famille est aussi connu que vous ? – Oui…
Ça n'a pas l'air de vous faire plaisir… Est-il plus connu que vous ? – Oui.
Est-ce que, quand on vous croise dans la rue, on vous fredonne des chansons ? – Non.
Avez-vous participé à l'émission *Le Jeu de la vérité* ? – Non. Pas de cette façon-là.
Êtes-vous comédien ? – Oui.

Philippe Lellouche

Les statistiques

2,5 poupées

Barbie sont vendues chaque seconde dans le monde.

Défi du jour

Citez les trois premiers footballeurs français à avoir joué dans le club de Manchester United.

Éric Cantona, William Prunier, Mikaël Sylvestre.

LES AUDITEURS FACE AUX GROSSES TÊTES

Laurent Ruquier : Que faites-vous dans la vie ?
Auditrice : Je suis actuellement en congé parental.
Laurent Ruquier : Ça veut dire que vous venez d'être maman. Il y a un petit Lambin qui vient de naître ?
Auditrice : C'est ça.
Laurent Ruquier : Il a quel âge ?
Auditrice : Il a cinq mois.
Caroline Diament : Ah oui, il est récent.
Bernard Mabille : Il ne doit pas être très rapide…
Laurent Ruquier : Quand on s'appelle « Lambin », on n'est pas prématuré, ça c'est sûr…
Jean-Jacques Peroni : Bernard est en pleine forme. Il est au taquet !
Laurent Ruquier : Si vous répondez correctement, vous gagnerez un voyage au Canada.
Valérie Mairesse : Sauf que maintenant qu'elle a un gamin, elle est bloquée !

!!!

Ça balance aux

GROSSES TÊTES

Karine Le Marchand : Pourquoi on ne ferait pas ça l'année prochaine ? Toutes les Grosses Têtes pourraient monter les marches à Cannes.
Laurent Ruquier : On n'a rien à faire à Cannes…
Florian Gazan : Il y en a surtout qui ne réussiront pas à monter…

Citation

Qui a dit : « Le calembour est la fiente de l'esprit qui vole » ?

Victor Hugo

Question du jour

Pour quelle raison connaît-on aujourd'hui mieux Margot Woelk ?

C'est la goûteuse d'Hitler. Son histoire est racontée dans le livre *La Goûteuse d'Hitler* de Rosella Postorino.

SAINT SÉBASTIEN

Question du jour

Sur quoi le référendum du 24 septembre 2000 portait-il ?

La durée du mandat présidentiel : le septennat est réduit au quinquennat.

Le jeu de mots

de Laurent Ruquier et Éric Laugérias

– Une question pour une auditrice prénommée Bambi…
– Et ça nous fend le cœur !
(faon)

Citation

Qui a dit : « Les gens ne connaissent pas leur bonheur… mais celui des autres ne leur échappe jamais » ?

Pierre Daninos

MARDI 21 JANVIER

SAINTE AGNÈS

INVITÉ MYSTÈRE

Êtes-vous un homme ? – Oui.
Avez-vous des enfants ? – Non.
Êtes-vous attiré par l'écologie ? – Oui.
Portez-vous un pseudonyme ? – Oui.
En un seul ou en plusieurs mots ? – En plusieurs mots.
Êtes-vous sur les réseaux sociaux ? – Oui !
Aimez-vous l'Argentine ? – Oui.
Vous y êtes allé souvent ? – Oui !
Aimez-vous l'argent ? – Oui.
Parlez-vous couramment l'espagnol ? – Sí. (Oui)
Êtes-vous chanteur ? – Oui.
Êtes-vous auteur et compositeur ? – Oui.
Avez-vous participé à un télécrochet ? – Non.
Avez-vous fait partie d'un jury ? – Non.
Étiez-vous aux Victoires de la musique en 2019 ? – Oui.
Y étiez-vous venu avec un espoir ? – Oui.
Et vous êtes reparti sans rien ? – Si, si, je suis reparti avec pas mal de choses.

Bigflo et Oli

Question du jour

Qu'est-ce que John Spinello a inventé en 1965, invention qui ne lui rapporta que 500 dollars puisqu'il en céda tous les droits à l'âge de 25 ans ?

Le jeu de société Docteur Maboul

Gäel Tchakaloff ?

Une Grosse Tête journaliste d'investigation au point de venir jusqu'ici.

LES PÉPITES

Laurent Ruquier : Quand vous ne savez pas quelque chose, posez la question. Demandez des explications à M. Werber, il vous répondra !

Laurent Baffie : Ah bon ? Je réponds à la question et on demande à Werber…

Jeanfi Janssens : On ne va pas le laisser dormir, autrement il rêve, Werber !

Bernard Werber : La pierre de Rosette a été trouvée dans une écurie mais, en effet, Champollion l'a traduite plus tard… L'avantage de la pierre de Rosette, c'est que, pour la première fois, on a du texte égyptien traduit en d'autres langues.

Philippe Geluck : On peut peut-être préciser à Jeanfi, que Champollion, il y a les vénéneux et les comestibles…

Jeanfi Janssens : Oui, je sais, il faut faire attention.

!!! Ça balance aux GROSSES TÊTES

Laurent Ruquier : Vous suivez la conversation, Chantal ?
Chantal Ladesou : Je cherche ma petite peau pour mes lunettes…
Florian Gazan : Prends la tienne, c'est la même.
Laurent Ruquier : Je vois une vieille peau d'ici, mais elle n'est pas dans le sac.

MERCREDI 22 JANVIER

SAINT VINCENT

Question du jour

Quel navigateur italien, originaire de Gênes, a découvert Terre-Neuve ?

Giovanni Caboto, connu en France sous le nom de Jean Cabot

INVITÉ MYSTÈRE

Êtes-vous un homme ? – Non.
Êtes-vous née en France ? – Oui.
Portez-vous un pseudonyme ? – Non.
Êtes-vous mariée ? – Non.
Avez-vous quelqu'un de connu dans votre famille ? – Oui.
Au-dessus ou en dessous ? – Au-dessus.
Papa ? – Non.
Maman ? – Non.
Encore au-dessus ? – Oui.
Grand-père ? – Non. Encore plus loin.
Chantez-vous ? – Non.
Portez-vous le même nom qu'un compositeur ? – Oui.
Êtes-vous sur scène ? – Oui.
Êtes-vous comédienne ? – C'est tout récent.
Au théâtre ou au cinéma ? – Au théâtre.

Ariane Massenet

Steevy Boulay ?

Une Grosse Tête qui est loin d'être ignorant, puisqu'il sait déjà tout ce qu'il ne sait pas.

!!! Ça balance aux GROSSES TÊTES

Stéphane Plaza *(proposant une réponse)* **:** C'est du triple saut ?
Laurent Ruquier : Du « triple sot », c'est votre surnom !
Jean-Luc Lemoine : Allez, prends ça ! Et maintenant, tu t'en vas !
Valérie Mairesse : En même temps, c'est flatteur, le triple saut… C'est trois fois !
Laurent Ruquier : Oui, mais c'est « sot », Valérie.
Stéphane Plaza : Je ne suis pas tout seul.

LES PÉPITES

Laurent Ruquier : Ce qui se passe à bord des avions me passionne… Parce qu'on n'a pas, nous, les coulisses…

Jeanfi Janssens : Il y a de jolies histoires, de belles rencontres, plein d'hôtesses qui tombent amoureuses… Il se passe un truc dans le ciel, le temps est suspendu. Les gens viennent vous faire des confidences qu'ils ne feraient jamais au sol. Ils s'épanchent…

Laurent Ruquier : Il ne faut pas trop se pencher quand même !

Valérie Mairesse : Ce qui se passe dans le ciel, reste dans le ciel.

Jeanfi Janssens : C'est vrai ! C'est… Faire du ciel, le plus bel endroit de la Terre !

Laurent Baffie : Et les morts disent : « Ce qui se passe sous la terre, reste sous la terre. »

LES AUDITEURS FACE AUX GROSSES TÊTES

Florian Gazan : Allô… Solange ?
Auditrice : Oui.
Florian Gazan : Bonjour, vous allez bien ?
Auditrice : Oui… Qui est à l'appareil ?
Florian Gazan : Qui pourrait vous appeler aujourd'hui ? Peut-être une radio où vous vous seriez inscrite pour participer à un jeu célèbre…
Gad Elmaleh : Quand on n'a pas une voix connue, c'est fou…
Auditrice : Oui, peut-être oui…
Florian Gazan : Vous vous êtes inscrite à quoi ?
Auditrice : Mais non, mais c'est quoi cette bêtise ?!
Laurent Ruquier : Maintenant, je comprends mieux pourquoi je ne lui avais jamais confié la valise…
Florian Gazan : Attendez Laurent, je suis en train d'aboutir ! Solange, à quoi vous êtes-vous inscrite ?
Auditrice : Ah oui, je me suis inscrite à la valise !
Florian Gazan : Eh bien, figurez-vous qu'elle est en train de vous parler la valise, Solange !
Auditrice : Ah bon ?
Laurent Ruquier : Madame, vous êtes sur RTL. C'est la valise RTL qui vous appelle !
Auditrice : C'est vrai ou c'est une blague ?
Laurent Ruquier : Non, ce n'est pas une blague. C'est Laurent Ruquier qui vous parle ? Vous me reconnaissez, Solange ?
Auditrice : Oui, tout à fait.
Florian Gazan : Et moi, je suis Chantal Ladesou, j'ai changé de voix.
Laurent Ruquier : Celui qui vous parlait en premier, que vous n'avez hélas peut-être pas reconnu, c'est celui qui répond le plus à toutes les questions aux *Grosses Têtes*.
Auditrice : M. Bénichou ?
Florian Gazan : Vous ne devez pas écouter souvent alors !
Pierre Bénichou : Le tout, c'est de se faire un nom, après…

Question du jour

Dans quelle célèbre station balnéaire trouve-t-on un musée Anton Tchekhov ?

Yalta

Le jeu de mots

de Laurent Ruquier et Bernard Mabille

– Un joueur de football de Manchester United est sur le banc de touche, il s'appelle Alexis Sánchez.
– Il va pouvoir s'asseoir quand même ?
– On lui a mis un banc.

Citation

Qui a dit : « Les bavards sont ceux qui vous parlent des autres. Les raseurs sont ceux qui vous parlent d'eux-mêmes. Mais ceux qui vous parlent de vous sont de brillants causeurs » ?

Marcel Pagnol

VENDREDI 24 JANVIER

SAINT FRANÇOIS DE SALES

Question du jour

Quel peintre est décédé en 1944 à New York, âgé de 71 ans, alors qu'il avait fui les bombardements de Londres en 1940 ?

Piet Mondrian

Le jeu de mots

de Laurent Ruquier

(Après avoir fait deviner le groupe de musique Justice)
Je suis comme Justice ici…
Garde des Sceaux ! (sots)

Défi du jour

Citez trois des six gaz rares, aussi dit gaz « nobles ».

L'hélium, le xénon, l'argon, le néon, le krypton et le radon.

LES AUDITEURS FACE AUX GROSSES TÊTES

Laurent Ruquier : Régine est au téléphone… Bonjour Régine !
Michèle Bernier et Stéphane Plaza *(en chantant)* : « Laissez brûler les petits papiers… »
Laurent Ruquier : Quelle est votre Grosse Tête préférée ?
Auditrice : Vous !
Gad Elmaleh : Mais dis-moi, c'est ma mère que je reconnais ?
Laurent Ruquier : Pardon ?
Gad Elmaleh : C'est ma mère au téléphone.
Laurent Ruquier : Oui, c'est votre maman qu'on a appelée ! Vous voyez, votre fils vous reconnaît, Régine !
Gad Elmaleh : Elle m'a reconnu aussi à la naissance.
Laurent Ruquier : Votre fils nous a dit que c'était Florian Gazan votre préféré…
Auditrice : Je le déteste !
Florian Gazan : Merci…
Auditrice : Je le déteste parce qu'il sait tout.
Gad Elmaleh : Maman, tu vas me mettre dans la merde… Explique-toi.
Laurent Ruquier : Vous n'aimez pas qu'il réponde à toutes les questions ?
Auditrice : Il est déstabilisant.
Laurent Ruquier : Mais, vous avez de l'admiration pour lui ?
Auditrice : Beaucoup… beaucoup.
Florian Gazan : Merci Régine.
Laurent Ruquier : C'est son anniversaire aujourd'hui, à Florian…
Auditrice : Eh bien, joyeux anniversaire, Florian…
Florian Gazan : Merci Régine… Bonne réponse !

L'histoire drôle de Laurent Baffie

Deux copains sont au bistro. L'un des deux dit : « Ça va ? – Non, non… J'en ai plein le cul. Il y a deux ans, je pars à la mer, ma femme tombe enceinte. L'année dernière, je pars à la montagne, ma femme tombe enceinte. Cette année, je ne sais pas où je pars en vacances… Mais je l'emmène. »

Question du jour

Qu'est-ce que l'art topiaire ?

L'art de dessiner des choses en taillant des arbres et arbustes.

Les statistiques

24 tonnes

de bananes de Martinique et de Guadeloupe ont été distribuées pendant le marathon de Paris.

!!! Ça balance aux GROSSES TÊTES

Chantal Ladesou : Je vais peut-être aller jouer à New York, figurez-vous…
Laurent Ruquier : Ah oui ?!
Chantal Ladesou : À Broadway.
Caroline Diament : De toute façon, on ne comprend pas ce que tu dis, donc…
Florian Gazan : C'est international…

LUNDI 27 JANVIER

SAINTE ANGÈLE

Question du jour

Qui est le réalisateur du film *La Favorite*, sorti en 2018 et qui porte sur la reine Anne d'Angleterre ?

Yórgos Lánthimos

INVITÉ MYSTÈRE

Êtes-vous un homme ? – Oui.
Êtes-vous cultivé ? – Un peu.
Utilisez-vous un pseudonyme ? – Oui.
Votre pseudonyme est-il en un seul mot ou avec un prénom et un nom ? – Un seul mot.
Êtes-vous né en France ? – Oui.
Venez-vous de loin aujourd'hui ? – Non.
Vous a-t-on reconnu en arrivant ? – En arrivant, sur le chemin, à ma naissance…
Laurent Ruquier : Laurence, à la réception vous a reconnu, n'est-ce pas, Titoff ? Oh zut !

Titoff

Les statistiques

68 %

des Français avouent avoir déjà injurié d'autres automobilistes.

LES AUDITEURS FACE AUX GROSSES TÊTES

Laurent Ruquier : Vous avez des chouchous, Noémie, dans l'émission ?
Auditrice : Oh oui ! Laurent Baffie.
Laurent Ruquier : Il est là aujourd'hui et sa maman est au premier rang.
Caroline Diament : Et elle n'est pas fière.
Laurent Baffie : Bonjour Noémie.
Auditrice : Bonjour Laurent. Je suis vraiment contente de vous avoir au téléphone, c'est très chouette.
Laurent Baffie : C'est gentil, mais moi je découvre l'échangisme… Faut que tu me donnes les codes. Là, je suis venu avec ma mère, donc je ne sais pas si ça va plaire à ton mec…
Auditrice : Ça peut toujours plaire à mon mari, on ne sait jamais.
Laurent Baffie : Ah ! Un collectionneur, un égyptologue…
Florian Gazan : Il est antiquaire ?
Laurent Ruquier : La maman de Laurent se bouche les oreilles, et c'est drôle parce qu'elle se met la main devant la bouche comme si c'était elle qui venait de dire une bêtise !
Florian Gazan : Ça vient un peu d'elle !
Laurent Ruquier : Oui, c'est vrai ça !

Défi du jour

Citez les quatre maisons de couture dans lesquelles Karl Lagerfeld a travaillé avant d'avoir sa propre marque.

Chanel, Fendi, Chloé, Jean Patou.

MARDI 28 JANVIER

SAINT THOMAS D'AQUIN

!!!
Ça balance aux **GROSSES TÊTES**

Chantal Ladesou : C'est assez vieux comme citation, non ?
Laurent Ruquier : C'est plutôt vieux, oui…
Muriel Robin : Tu dois connaître la réponse alors !

Citation

Qui a dit : « J'ai compris que je devenais chauve quand ça me prenait de plus en plus de temps pour me laver le visage » ?

Benny Hill

Question du jour

Quelle chanteuse des années 1970 a fait renaître le groupe de musique Bon Entendeur grâce au remix d'un de ses titres ?

Isabelle Pierre

JOURNÉE MONDIALE DES LÉPREUX

MERCREDI 29 JANVIER

SAINT GILDAS

Question du jour

Le 15 janvier 2019 marquait le centième anniversaire de son assassinat. De qui s'agit-il ?

Rosa Luxembourg

INVITÉ MYSTÈRE

Aimez-vous faire la cuisine ? – Non, pas spécialement.
Vous n'êtes pas une femme ? – Je suis un homme.
Vous produisez-vous devant un public ? – Ça m'arrive, oui.
Portez-vous un pseudonyme ? – Oui.
Êtes-vous acteur ? – Oui, ça m'est arrivé, mais ce n'est pas mon activité principale.
Êtes-vous chanteur ? – Oui.
Est-ce qu'on dit de vous que vous avez l'esprit vif ou de la repartie ? – Je ne vais jamais voir ce qu'on dit de moi sur les réseaux, donc je ne peux pas vous répondre.
Êtes-vous tatoué ? – J'ai un tatouage, oui.
Aimez-vous le rock ? – Oui, entre autres. J'aime le blues, le rock… J'aime toutes les musiques, en fait.
Avez-vous les cheveux longs ? – Oui, plutôt.

Christophe

Le jeu de mots

de Philippe Manœuvre

On dit que, quand Kersauson est là, ça rame.

LES AUDITEURS FACE AUX GROSSES TÊTES

Laurent Ruquier : Jonathan, 30 ans, est au téléphone. Bonjour Jonathan !
Auditeur : Bonjour !
Laurent Ruquier : Vous êtes à Beuvry, dans le Pas-de-Calais…
Florian Gazan : Ah, c'est chez Jean-Jacques, ça !
Jean-Jacques Peroni : Oh voilà ! C'est malin, ça ! C'est lourd !
Laurent Ruquier : Que faites-vous dans la vie, monsieur ?
Auditeur : Pardon ?
Laurent Ruquier : Vous avez vraiment 30 ans, monsieur ?
Florian Gazan : C'est votre père ?
Auditeur : Oui, j'ai 30 ans… Depuis le 9 décembre.
Florian Gazan : Mais vous avez 30 ans depuis trente ans peut-être, non ?

Citation

Qui a dit : « La modestie n'est pas une vertu, seulement de la prudence » ?

George Bernard Shaw

LES PÉPITES

Pierre Bénichou : Tu ne vas pas laisser ton ami Drucker entrer tout seul au musée Grévin ?

Laurent Ruquier : Mais il y est déjà Michel, voyons !

Jean-Jacques Peroni : Cela fait cinquante ans qu'il y est !

Florian Gazan : Ils sortent la statue tous les dimanches pour faire de la télévision.

Jérémy Ferrari : Il est au Panthéon, à partir de lundi.

L'histoire drôle de Jean-Marie Bigard

Un camion noir arrive place Vendôme. Le hayon s'ouvre, un éléphant sort, défonce la vitrine de chez Cartier et pique tous les bijoux avec sa trompe. Il remonte dans le camion, le hayon se referme et le camion se barre. Un flic arrive sur place et interroge le seul témoin de la scène, un petit serveur qui était en train de mettre la terrasse en place : « Qu'est-ce que vous avez vu ? – Un camion noir. Un éléphant est sorti, il a pété la vitrine, il a pris tous les bijoux et il est remonté dans le camion. » L'inspecteur demande : « C'était quoi comme marque le camion ? – Je n'en sais rien, c'était assez spectaculaire, c'est allé très vite, je ne sais pas… – OK, mais vous pouvez quand même me dire si c'était un éléphant africain ou un éléphant d'Asie… » L'autre lui dit : « J'habite Sarcelles, je n'y connais rien moi en éléphants ! » L'inspecteur insiste : « L'éléphant africain a de grandes oreilles et l'éléphant d'Asie des petites oreilles. » Et là, le garçon répond : « Je ne pourrais pas vous dire… Il avait une cagoule. »

L'anecdote de Gaël Tchakaloff

Je suis allée au cabaret *Le Paradis latin* pour la campagne de Bruno Le Maire. Il y avait fait son premier meeting parisien, puisque c'était l'époque où il voulait montrer qu'il n'était pas super coincé. Il s'était acheté des bracelets un peu ethniques et il mettait des pantalons baggy. Du coup, *Paradis latin* = Bruno Le Maire.

Question du jour

Sous quel nom d'artiste connaît-on mieux la peintre cubiste née Sophie Stern ou Sara Illinichtna Stern car elle était originaire d'Ukraine ?

Sonia Delaunay

Kad Merad ?

Une Grosse Tête exceptionnelle que vous avez pu voir au cinéma dans le film *Le Gendre de ma vie*.

!!! Ça balance aux GROSSES TÊTES

Laurent Ruquier : Une question pour commencer. Je sens qu'aujourd'hui on va distribuer des chèques RTL…

Roselyne Bachelot : Le salaud…

Caroline Diament : Alors en plus de pas être drôles, on est cons !

Élie Semoun : C'est le principe des *Grosses Têtes* !

Question du jour

Qui a quitté Londres à 20h45 précises le 2 octobre 1972 ?

Phileas Fogg, le héros du *Tour du monde en quatre-vingts jours* de Jules Verne

Les statistiques

3 ventres de crocodiles sont nécessaires en moyenne pour fabriquer un seul sac.

Défi du jour

Retrouvez l'épreuve sportive dont le trophée est le plus haut et le plus imposant du monde : il mesure 1,63 m de haut et pèse 69 kg.

Les 500 miles d'Indianapolis. On reçoit le trophée lors de la cérémonie, mais seule une version miniature est donnée au vainqueur.

LES AUDITEURS FACE AUX GROSSES TÊTES

Laurent Ruquier : Bonjour Cyril ! Vous habitez Lanester dans le Morbihan, c'est bien ça ?

Auditeur : Bonjour Laurent ! Bonjour les Grosses Têtes !

Laurent Ruquier : Élie Semoun a l'air de connaître votre ville…

Élie Semoun : Oui, j'y ai joué.

Laurent Ruquier : Vous êtes allé voir Élie Semoun quand il est passé chez vous ?

Élie Semoun : Il va vous dire non.

Auditeur : Non.

Élie Semoun : Voilà.

Auditeur : Je suis allé voir Jeanfi, il y a quelque temps…

Jeanfi Janssens : Où ça ?

Auditeur : À Ploemeur.

Jeanfi Janssens : Ah oui, Ploemeur !

Auditeur : Tu ne te souviens pas de moi ?

Jeanfi Janssens : Il y a eu une demande de mariage sur ma scène, c'est ça ?

Auditeur : C'était moi !

Jeanfi Janssens : C'était toi ?! C'est incroyable ! Il m'avait contacté et je l'ai laissé faire sa demande en mariage sur ma scène, je l'ai fait monter avec sa femme et tout…

Laurent Ruquier : Ah, il ne vous a pas fait sa demande à vous !

Jeanfi Janssens : Non, ça fait longtemps qu'on ne me demande plus en mariage…

Pierre Palmade : Donc tu ne fais plus de sketches…

Jeanfi Janssens : Non, je ne fais que des rencontres matrimoniales.

!!! Ça balance aux GROSSES TÊTES

Laurent Ruquier : 1 062 € dans la valise RTL, un séjour en Crète, un tapis de marche…

(Stéphane Plaza et Gaël Tchakaloff discutent derrière.)

Laurent Ruquier : Et un assortiment de sirops… Ça ne vous dérange pas que je parle pendant que vous causez ?

Stéphane Plaza : Je disais que le tapis ne serait pas mal pour moi, pour courir un petit peu, voyez-vous…

Laurent Ruquier : Là, c'est pour marcher, c'est un tapis de marche. Ce n'est pas fait pour courir…

Stéphane Plaza : On ne peut pas courir sur un tapis de marche ?

Laurent Ruquier : Remarquez, vu la vitesse à laquelle vous courez… Ce sera pareil !

SAINTE ELLA

SAINT JEAN, SAINT THÉOPHANE

Le jeu de mots

de Laurent Ruquier
et Bernard Mabille

– Mme Noé, on ne sait pas qui c'est.
– Est-ce que vous vous êtes penché sur ce cas, Laurent ?
– Comment ça ?
– Le cas Noé !

Citation

Qui a dit : « Je n'ai fait cette lettre-ci plus longue que parce que je n'ai pas eu le loisir de la faire plus courte » ?

Blaise Pascal

Question du jour

À qui doit-on la gravure sur cuivre *La Melencolia* ?

Albrecht Dürer

Question du jour

Qui est Pierre Culliford, né en Belgique en 1928 ?

C'est le créateur des Schtroumpfs, connu sous le pseudonyme de Peyo.

L'anecdote d'Arielle Dombasle

J'étais à Rome ce week-end de Pâques. Je me suis retrouvée dans la plus grande masse humaine de toute ma vie, car je suis allée au Vatican ! Je suis entrée grâce à un coupe-file, par la bibliothèque, le musée et la cartographie. Et au milieu de cette masse humaine, je me disais : « Tous ces gens, mus par un sentiment extraordinaire, vont dans la même direction ! Vers la chapelle Sixtine, vers la beauté du monde ! »

L'histoire drôle de Michel Boujenah

C'est une femme en fin de vie dans son lit d'hôpital avec son mari à son chevet. Elle lui dit : « Mon amour, tu as été formidable toute notre vie… J'ai encore une chose à te demander. – Qu'est-ce que tu veux ? Tout ce que tu veux. – Fais-moi l'amour. – Mais enfin, tu as les tubes, les perf' et tout… Ce n'est pas possible… – Si ! Si ! Fais-moi l'amour une dernière fois… » Finalement, il ferme la porte à clé, il commence à faire l'amour avec elle. Elle a le rouge aux joues, elle retrouve la santé quand ils font l'amour, elle arrache les perf' et ça devient extraordinaire. Ils font l'amour et c'est une merveille ! À la fin, elle se lève et dit : « Viens, on s'en va. Je me sens beaucoup mieux ! » Elle sort. Lui, reste sur le lit tout seul complètement angoissé… Elle lui demande : « Qu'est-ce que tu as ? Pourquoi tu restes là ? » Il répond : « Quand je pense que j'aurai pu sauver ma mère… »

Le jeu de mots

de Laurent Ruquier et Éric Laugérias

– Au carnaval de Menton qui commence demain…
– Il y aura les Bogdanov !

!!! Ça balance aux GROSSES TÊTES

Yoann Riou (*proposant une réponse*) : Un généazologiste ?
Laurent Ruquier : Comment dites-vous ?
Yoann Riou : Ma langue a fourché. Un généalogiste ?
Laurent Ruquier : J'aimerais bien connaître la branche d'où vous êtes tombé, vous…
Bernard Mabille : Le drame, c'est qu'il ne va pas pouvoir y remonter… Il est un peu lourd.
Laurent Ruquier : Parole d'expert !
Titoff : En plus, il est plus près du sol que toi…

LES PÉPITES

Valérie Mairesse : Maintenant je suis une vraie Rochelaise, plus qu'une Rochelaise de base !

Jeanfi Janssens : Et que dit le docteur ? Ça va ?

Laurent Ruquier : Vous êtes à La Rochelle mais, dites-moi, entre nous, « charente » pas beaucoup quand même…

Bernard Mabille : C'est une charentaise, on est bien dedans, mais on ne sort pas avec.

MARDI 4 FÉVRIER

SAINTE VÉRONIQUE

LES AUDITEURS FACE AUX GROSSES TÊTES

Laurent Ruquier : Vanina est au téléphone.
Éric Laugérias *(en chantant)* : *Vanina rappelle-toi / Que je ne suis rien sans toi / Vanina si tu m'oublies / Je serai pour la vie / Seul au monde…*
Florian Gazan *(faisant les chœurs)* : *Au mon… mon… monde !*
Laurent Ruquier : Vous avez dû entendre ça toute votre vie, non ?
Auditrice *(en riant)* : Oui ! Bonjour tout le monde !
Laurent Ruquier : Vous habitez Brie-Comte-Robert… très loin du fromage de Hollande.
Pierre Bénichou : Qui a gagné ?
Laurent Ruquier : Qui a gagné Brie contre Robert…
Jean-Jacques Peroni : Celle-là, elle a une barbe, mais alors !
Pierre Bénichou : Ça ne vaut pas France-Galles 2 à 0.

Question du jour

Comment appelle-t-on le régime politique où le pouvoir est exercé par les plus riches ?

La ploutocratie

Citation

Qui a dit : « Elle est très belle… vue de dot » ?

Alexandre Breffort

Défi du jour

Citez le nombre d'astronautes qui ont marché sur la Lune.

Douze : Neil Armstrong, Buzz Aldrin, Charles Conrad, Alan Bean, Alan Shepard, Edgar Mitchell, David Scott, James Irwin, John Young, Charles Duke, Eugene Cernan, Harrison Schmitt.

INVITÉ MYSTÈRE

Êtes-vous une femme ? – Oui.
Est-ce que cette jolie voix chante de temps en temps ? – Oui.
Vous produisez-vous sur scène ? – Oui.
Portez-vous un pseudonyme ? – Non.
Alors vous n'êtes pas Édith Piaf… Êtes-vous française ? – Oui.
Avez-vous une sœur ? – Oui.
Avez-vous une sœur chanteuse ? – Non.
Êtes-vous célèbre depuis longtemps ? – Quelques années…
Avez-vous participé à une émission de télécrochet ? – Oui, mais je n'ai pas gagné.
Avez-vous été un peu une « Enfoirée » quelquefois ? – Oui.
Avez-vous déjà chanté avec Gérard Jugnot, Muriel Robin ou Pierre Palmade ? – Sur les Enfoirés, oui.
Êtes-vous aussi actrice ? – Je ne suis pas actrice.
On vient d'entendre *Je te promets*, l'indice, c'est Johnny ou Goldman ? – Johnny.
Êtes-vous blonde ? – Non.
Brune ? – Euh… Pas brune, non plus. Plutôt claire.
C'est Pierre Palmade, est-ce que je vous ai épousée ? – Non.

Chimène Badi

MERCREDI 5 FÉVRIER

SAINTE AGATHE

Question du jour

Quel mot, aujourd'hui désuet, désigne une petite ouvrière, commissionnée pour faire les courses, payée à la tâche et qui se hâtait sans cesse pour ne pas faire attendre le client ?

Un trottin

INVITÉ MYSTÈRE

Portez-vous la barbe ? – Non.
Êtes-vous un homme ? – Oui.
Un homme de plus d'un mètre quatre-vingts ? – Oui.
Avez-vous été reconnu dans la rue en arrivant à RTL ? – Non.
Portez-vous un pseudonyme ? – Non.
Invité mystère, vous arrive-t-il d'être sur des planches ? – Pas encore.
Y a-t-il quelqu'un de connu dans votre famille à part vous ? – Oui.
C'est un descendant ou un ascendant ? – Il fallait répondre par oui ou par non.
D'accord… Alors, est-ce un ascendant ? – Oui.
Votre père ou votre maman ? – Oui.
Vous arrive-t-il d'être sur un écran ? – Oui.
Jouez-vous d'un instrument ? – Non.
Est-ce que c'est votre père qui est connu ? – Oui.
Peut-on le voir sur des écrans ? – Oui.
D'autres personnes de votre famille ont-elles des aspirations artistiques ? – Oui.
Êtes-vous comédien ? – Oui.

Alain-Fabien Delon

Les statistiques

En 2023, il y aura plus de 100 000 centenaires au Japon.

Défi du jour

Devinez ce qui est vert quand il est dans le Nord et qui peut être blanc quand il est noir ?

Un trou. Un trouvère dans le Nord – dans le Sud, c'est un troubadour – et, un trou noir, c'est troublant.

LES AUDITEURS FACE AUX GROSSES TÊTES

Arielle Dombasle : Savez-vous qui vous appelle ?
Auditrice : Oui, j'ai reconnu la voix… Mais je n'ai pas la valise. Je vous écoute souvent, mais je ne note jamais la valise, je me dis que l'on ne m'appellera jamais.
Laurent Ruquier : Aviez-vous reconnu la voix d'Arielle Dombasle ?
Auditrice : Oui, mais j'ai raccroché la première fois parce que j'étais surprise.
Florian Gazan : Oui, ça devait faire peur.

JEUDI 6 FÉVRIER

SAINT GASTON

!!!

Ça balance aux **GROSSES TÊTES**

***Stéphane Plaza** (alors qu'il a proposé le même nom que Christine Ockrent pour l'invité mystère)* **:** J'ai remarqué qu'on est souvent connecté avec Christine, on a le même esprit !

Laurent Ruquier : L'un des deux est plus belge que l'autre !

Citation

Qui a dit : « Quand on ne travaillera plus les lendemains des jours de repos, la fatigue sera vaincue » ?

Alphonse Allais

Question du jour

Pour quelle raison la date du 6 février a-t-elle été choisie, à l'initiative de la France, pour la Journée mondiale sans téléphone portable ?

C'est la Saint-Gaston. « Gaston, y a l'téléphon qui son… »

JOURNÉE MONDIALE DE LA LUTTE CONTRE LE TERRORISME

Jack

VENDREDI 7 FÉVRIER

SAINTE EUGÉNIE

Question du jour

En rugby, comment appelle-t-on une rencontre France-Angleterre ou Angleterre-France ?

Le *crunch*. C'est, historiquement, le plus grand match.

Le jeu de mots

de Yoann Riou

Pour moi, les phrases, c'est sujet, verve, compliment.

INVITÉ MYSTÈRE

Êtes-vous une femme ? – Attendez, je vérifie sous mon pull… Oui, c'est bon, je suis une femme.

Habitez-vous Paris ? – Oui.

Avez-vous animé *Nous ne sommes pas des anges* ? – Non, mais j'en faisais partie.

Chantez-vous correctement ? – Oui, chez moi, je ne suis pas dégueu.

Chez vous seulement… – Oui, je faisais partie de l'équipe de *Nous ne sommes pas des anges*.

Stéphane pense que vous êtes Josiane Balasko… Seriez-vous Josiane Balasko ? – Non, mais j'ai tourné avec elle. Elle a joué ma mère dans un film.

Cette émission était-elle animée par Jean Yanne ? – Non.

Êtes-vous actrice ? – Je l'ai été à mes heures perdues. J'ai eu la chance de l'être quelquefois.

Vous êtes plutôt animatrice ? – Oui, plutôt… voire journaliste.

Nous venons d'entendre Marianne James chanter *Les People*, c'est une indication, n'est-ce pas ? – Oui, j'ai un lien récent avec Marianne James. On s'est passé le flambeau.

Cristina Córdula propose Anne-Élisabeth Lemoine. Êtes-vous Anne-Élisabeth Lemoine ? – Non, même si on a été longtemps dans la même émission.

Daphné Bürki

!!! Ça balance aux GROSSES TÊTES

Laurent Ruquier : On va faire un match TF1 *vs* M6 aujourd'hui…

Christophe Dechavanne : Pas du tout, non !

Cristina Córdula : Mais attends, TF1, c'est qui ici mis à part Christophe Dechavanne ?

Stéphane Plaza : TF1, c'est un peu comme Europe 1… On n'en entend plus parler.

Laurent Ruquier : Valérie, vous êtes dans quelle équipe ?

Valérie Mairesse : Moi, je suis un électron libre.

Cristina Córdula : Ma chérie, tu es RTL, tu es M6 !

Valérie Mairesse : J'aimerais bien qu'il pense à moi quand ils font des téléfilms, si je suis M6 !

LES PÉPITES

Laurent Ruquier : Aller dans l'espace, c'est le rêve de Steevy.

Steevy Boulay : Ah oui !

Laurent Baffie : Viser la Lune, ça ne lui fait pas peur !

LES AUDITEURS FACE AUX GROSSES TÊTES

Laurent Ruquier : Bonjour Julie. Que faites-vous dans la vie ?
Auditrice : Bonjour tout le monde. Je suis conseillère clientèle.
Laurent Ruquier : Pour quel genre de clientèle ?
Auditrice : Des futurs mariés.
Christine Ockrent : Ah ! Ils ont bien du courage…
Laurent Ruquier : Mais qu'est-ce qui vous arrive, Christine ?
Christine Ockrent : Non, non, on approche de la Saint-Valentin, donc…
Franck Dubosc : Vous conseillez pour le choix… si le mari est un bon choix ?
Auditrice : Non, sur la nourriture pour les mariages.
(On entend un couinement au téléphone.)
Laurent Ruquier : Qu'est-ce que c'est ? C'est un chien que j'entends ?
Franck Dubosc : Une cliente ?
Auditrice : Non, c'est ma petite fille !
Laurent Ruquier : Dites-lui : « Couché, couché ! »
Auditrice : J'aimerais bien justement.

Question du jour

Qui sont Gaspard Augé et Xavier de Rosnay ?

Les membres du duo de musique électronique *Justice*

Citation

Qui a dit : « D'être méchant, c'est se venger d'avance » ?

Paul-Jean Toulet

Emmanuel Chaunu ?

Une Grosse Tête qui, grâce à *Ouest France* et *l'Union de Reims*, est l'un des dessinateurs les plus lus et va être aujourd'hui le plus écouté.

L'anecdote de Laurent Ruquier

La première fois que j'ai rencontré Christine Ockrent, il me semble que c'est quand Michel Drucker m'avait consacré un dimanche. À cette époque-là, Michel demandait aux gens : « Qui rêveriez-vous de rencontrer ? » et j'avais répondu : « Christine Ockrent », pour qui j'ai beaucoup d'admiration et dont j'étais un peu amoureux quand je la regardais à la télévision, je dois l'avouer.

L'histoire drôle de Christophe Dechavanne

Un petit garçon est avec ses deux copains et il dit : « Mon père, c'est incroyable ! Il est fort mon père ! C'est extraordinaire. – Qu'est-ce qu'il fait ton père ? – Il fume. – Le mien aussi, il fume. – Il fume d'accord, mais il avale par la bouche et il recrache par le nez. – Mais t'es con, toi ! Moi aussi, il fume mais il est beaucoup plus fort, parce qu'il avale par la bouche et il crache par les oreilles ! » Le troisième dit : « Vous êtes nuls ! Le mien, il fume, il avale par la bouche, il recrache du trouduc ! – On ne te croit pas ! Menteur ! » Il ouvre son cartable, il sort un slip et dit : « Tiens regarde, ce n'est pas de la nicotine ça ?! »

Question du jour

Quel est le nom de la galerie du Grand Trianon à Versailles, louée par le couple Ghosn pour son mariage ?

La galerie des Cotelle, du nom du peintre Jean Cotelle qui a peint 21 des 24 toiles qui y sont accrochées.

Les statistiques

Un Chilien arbore 82 tatouages de Julia Roberts sur son corps.

Défi du jour

Donnez le nom des trois villes portuaires les plus importantes de la mer Baltique.

Saint-Pétersbourg, Stockholm et Gdańsk.

LES AUDITEURS FACE AUX GROSSES TÊTES

Laurent Ruquier : Jean-Claude habite à Paris dans le 15e.
Pierre Bénichou : Allô, Jean-Claude ?
Auditeur : Oui. Qui est-ce ?
Pierre Bénichou : T'habites le 15e, toi ?
Auditeur : Oui, pourquoi ?
Pierre Bénichou : Il paraît que ce sont tous des enfoirés dans le 15e !
Florian Gazan : J'habite le 15e, mollo…
Laurent Ruquier : Vous n'avez pas reconnu M. Bénichou, Jean-Claude ?
Auditeur : Bénichou ?
Michèle Bernier : Pour dire un truc comme ça, ça ne peut être que lui…
Pierre Bénichou : Vous savez pourquoi je vous appelle ?
Auditeur : Non, pourquoi ?
Jean-Jacques Peroni : Ça ne va pas être simple…
Pierre Bénichou : Europe 1 !
Laurent Ruquier : Non, RTL évidemment ! Est-ce que vous savez pourquoi on vous appelle ?
Auditeur : Pas pour la valise parce que, ça, je ne sais pas.
Laurent Ruquier : Eh bien si, c'est pour la valise…

!!! Ça balance aux GROSSES TÊTES

Nelson Monfort : Je suis un peu déçu que Jeanfi ne m'ait pas trouvé en tant qu'invité mystère, parce qu'on se connaît bien. J'ai suivi sa progression…
Stéphane Plaza : Moi aussi, je suis souvent déçu par Jeanfi en ce moment. Il a pris le melon ! Il me fait l'auberge du cul tourné.
Gérard Jugnot : Sauf que dans son cas, c'est une offrande.
Stéphane Plaza : Je ne l'avais pas vu sous cet angle.
Bernard Mabille : On appelle ça le denier du culte…
Nelson Monfort : Je suis tombé sur la bonne journée, là !

L'histoire drôle de Jean-Marie Bigard

Un petit garçon dit à sa maman : « Maman, j'ai été le seul à répondre à une question de l'instituteur ! – Bien ! C'était quoi la question ? – Qui a cassé la vitre pendant la récré ? »

MARDI 11 FÉVRIER

NOTRE-DAME DE LOURDES

Question du jour

Comment nomme-t-on le versant sud et le versant nord d'une montagne ?

L'adret et l'ubac. L'adret est le versant sud et l'ubac le versant nord.

Le jeu de mots

de Laurent Ruquier et Christophe Beaugrand

(À Florian Gazan ayant nommé un des gaz nobles à retrouver)

– Bravo M. Gazan ! Faut dire qu'avec votre nom, normalement…

– Ça gaze !

Citation

Qui a dit : « L'amour de soi développe le sens de l'individu et encourage le travail manuel » ?

Pierre Dac

MERCREDI 12 FÉVRIER

SAINT FÉLIX

Question du jour

Quel est l'autre nom du carnaval de Menton ?

La Fête du citron

Citation

Qui a dit : « Mon Dieu, mon Dieu, délivrez-nous de toutes les religions ! » ?

Guy Bedos

LES AUDITEURS FACE AUX GROSSES TÊTES

Laurent Ruquier : Nicolas est au téléphone. Bonjour Nicolas !
Auditeur : Bonjour ! Bonjour à tous !
Laurent Ruquier : Voilà, un jeune, Nicolas, 22 ans… Qui sont vos préférés aux *Grosses Têtes* ? J'aime bien savoir qui les jeunes aiment aux *Grosses Têtes*.
Auditeur : Oh, j'aime tout le monde… Mais j'aime bien M. Peroni.
Jean-Jacques Peroni : Oui, vous vous appelez Nicolas, c'est normal !
Laurent Ruquier : Un client !
Jean-Jacques Peroni : C'est gentil monsieur…
Laurent Ruquier : Et avec M. Peroni ?
Auditeur : Et j'aime aussi beaucoup Mme Bernier.
Michèle Bernier : Bonjour mon chéri ! Voilà des jeunes qui ont du goût !
Christophe Beaugrand : Voilà des gens bien élevés !
Florian Gazan : En gros, c'est un mec qui va acheter de l'alcool chez Carrefour City…

LES PÉPITES

(À propos d'une rumeur annonçant la mort de Gérard Jugnot)

Laurent Ruquier : Qu'est-ce que c'est que cette histoire, Gérard ? J'ai pleuré toute la journée, hier.
Gérard Jugnot : J'ai appris ma mort par un copain. Je serais mort à quatre heures du matin hier.
Élie Semoun : Tu confirmes donc ton décès ?
Christophe Beaugrand : Cela fait quel effet quand on t'appelle pour te dire que tu es mort ?
Gérard Jugnot : Cela fait de la peine aux gens. Ma femme a essayé de se trouver une robe noire, mais elle n'a pas eu le temps.
Laurent Ruquier : Comment l'avez-vous appris ?
Gérard Jugnot : Un copain m'a appelé et m'a dit : « Je suis content de t'entendre ! » Mais j'étais déjà mort en 2011 d'une crise cardiaque et, en 2008, j'étais tombé d'un balcon sur des rochers. C'est effrayant !
Marcela Iacub : Tu n'as pas cru que c'était vrai ?
Gérard Jugnot : Moi qui ai peur de la mort, je suis rassuré… Parce que ce n'est rien du tout !
Marcela Iacub : Si je voyais ma mort annoncée dans le journal, j'aurais tendance à me dire : « C'est vrai parce que c'est écrit dans un journal… »
Christophe Beaugrand : Elle est quand même très conne.
Gérard Jugnot : Elle écrit dans *Libé*, c'est normal. C'est parce qu'elle est journaliste.
Laurent Ruquier : Pierre Bénichou, ça vous est arrivé qu'on annonce…
Christophe Beaugrand :… Qu'il était vivant ?

JEUDI 13 FÉVRIER

SAINTE BÉATRICE

L'anecdote de Laurent Ruquier

Il existe une chanson sur les Sept Nains que chantait Henri Salvador. Je me suis souvenu de cela en préparant l'émission, car je chantais cette chanson… Ne vous moquez pas de moi, je vous sens venir !… Je la chantais à toutes les communions et les mariages. Je devais avoir six ou sept ans, en Normandie, et je chantais cette chanson sur les nains. Elle était super !

Question du jour

Il est mort en 1852, ses cendres ont été transférées au Panthéon le 22 juin 1952, mais ses mains sont conservées sur sa tombe à Coupvray en Seine-et-Marne. De qui s'agit-il ?

Louis Braille

Le jeu de mots

de Laurent Ruquier

(À Pierre Bénichou proposant la réponse « Morphée ! » à une question)
Non. Retournez-y !

Jean-Jacques Peroni ?

Une Grosse Tête qui, pour la Saint-Valentin, a prévu un bouquet de « cirrhose ».

INVITÉ MYSTÈRE

Êtes-vous un homme ? – Certes.
Avez-vous des enfants ? – Un garçon.
Avez-vous des gens connus dans votre famille ? – Non.
Êtes-vous quelqu'un de drôle ? – Non. Enfin, un peu mais ce serait prétentieux de dire que je suis drôle.
Êtes-vous également prétentieux ? – Je suis plus prétentieux que drôle, mais c'est mon métier de distraire.
Êtes-vous considéré comme un intellectuel ? – *(Après un éclat de rire)* Non, pas du tout. Je ne cherche pas une seule seconde à faire l'intello.
Vous critique-t-on pour votre manque d'instruction et de culture ? – Non, mais si c'était le cas, ça serait le dernier de mes soucis.
Êtes-vous une sorte d'animateur ? – Oui, c'est ça !

Vincent Lagaf'

Défi du jour

Trouvez le mot qui signifie « un déficit ou une absence de connaissances nécessaires à l'utilisation des ressources numériques, des téléphones portables ou des ordinateurs » ?

L'illectronisme, néologisme composé de « illettré » et « électronique ».

SAINT VALENTIN

Question du jour

À quel auteur dramatique doit-on la célèbre pièce de théâtre *Les Vignes du Seigneur*, parue en 1923, puis adaptée deux fois au cinéma ?

Francis de Croisset

Le jeu de mots

de Laurent Baffie

(Cherchant la cause de la mort d'un Tchèque)
Il est mort de faim, c'était un Tchèque sans provision.

Défi du jour

Citez le nom de cette soupe béarnaise composée de légumes, de confit d'oie et épaissie avec une purée de haricots blancs ?

La garbure

SAMEDI 15/ DIMANCHE 16 FÉVRIER

SAINT CLAUDE *SAINTE JULIENNE*

LES AUDITEURS FACE AUX GROSSES TÊTES

Laurent Ruquier : Marie-Hélène est au téléphone. Bonjour !
Auditrice : Bonjour ! Bonjour tout le monde !
Laurent Ruquier : Que faites-vous dans la vie, Marie-Hélène ?
Auditrice : Je suis puéricultrice.
Laurent Ruquier : C'est bien… Et de combien d'enfants vous occupez-vous ?
Auditrice : Je travaille dans un service de pédiatrie, donc un certain nombre.
Laurent Ruquier : Vous ne les comptez plus, en fait ?!
Auditrice : C'est ça.
Laurent Ruquier : Il ne vaut mieux pas, parce qu'on en perd toujours un ou deux au fond… Marie-Hélène, vous écoutez *Les Grosses Têtes* pour vous détendre… Et vous êtes particulièrement heureuse, j'en suis sûr du retour d'Olivier de Kersauson !
Auditrice : … Oui…
Laurent Ruquier : Non, pas plus que ça.
Stéphane Plaza : Je n'ai pas l'impression qu'elle soit très très heureuse…
Olivier de Kersauson : Cache ta joie !
Auditrice : Je suis surtout contente qu'il y ait Stéphane Plaza et Jeanfi Janssens !
Jeanfi Janssens : Bisous, Marie-Hélène !
Stéphane Plaza : T'as vu ce que c'est d'être célèbre !
Olivier de Kersauson : Comme quoi, en une minute, t'apprends que quelqu'un a mauvais goût !
Laurent Ruquier : Alors attendez, Marie-Hélène, je vais baisser le niveau des questions…
Florian Gazan : Remarquez, ça vous rappelle le QI des gamins que vous avez.

Les statistiques

75 %
des insectes ont disparu en 30 ans.

Question du jour

Qui fut Premier ministre du général de Gaulle après avoir été ambassadeur de France en Italie entre 1944 et 1946 ?

Maurice Couve de Murville

Citation

Qui a dit : « Il est impossible de plaire à tous, j'ai donc décidé de ne plaire qu'à moi seul » ?

Alphonse Karr

!!! Ça balance aux GROSSES TÊTES

Élie Semoun : J'étais à Marseille au Dôme. Il y avait 3 000 personnes, un mec bourré…
Laurent Ruquier : Qui jouait ?
Karine Le Marchand : Oh…
Élie Semoun : Je vous souhaite un excellent après-midi… C'est dégueulasse.
Jean Benguigui : Mais c'est pour ça que t'es là, Élie.
Élie Semoun : Oui, j'ai l'impression… C'est pour ça qu'on est là, nous, les juifs !

LUNDI 17 FÉVRIER

SAINT ALEXIS

Question du jour

▼

Qu'est-ce que la ptarmoscopie ?

L'interprétation des éternuements

L'anecdote de Muriel Robin

Nous avons parlé hier du film *Les Gens bien* avec Pierre Palmade. Il s'avère que nous étions chez Vincent Dedienne, qui vient de temps en temps dans l'émission. Il cuisinait pour la première fois, il nous a fait un potage chou kale/pois cassés que je vous recommande. C'est délicieux et très simple : vous faites revenir un petit oignon, vous mettez votre chou kale et vos pois cassés, un peu d'eau et vous couvrez vingt minutes. C'est le principe de la soupe, on peut faire de la soupe à ce qu'on veut ! C'était ma rubrique culinaire.

LE BILLET DE LAURENT RUQUIER

Le chimiste Antoine de Lavoisier a été guillotiné à 50 ans. Le grand mathématicien Joseph-Louis Lagrange, trouvant injuste qu'on guillotine un si grand savant, physicien, chimiste, a ainsi déploré son exécution. Quand la tête du chimiste est tombée sur l'échafaud, il a dit : « Il ne leur a fallu qu'un instant pour faire tomber cette tête, et cent années peut-être ne suffiront pas pour en produire une semblable. »

Le proverbe

de Jean-Jacques Peroni

Il faut se méfier du pet de maçon, parce que le torchis colle au caleçon.

LES PÉPITES

Laurent Ruquier : Aujourd'hui, c'est la journée sans téléphone portable.

Christophe Beaugrand : Ah bon ?

Laurent Ruquier : Vous n'étiez pas au courant ?

Michèle Bernier : On ne m'a pas appelée pour me le dire.

Laurent Ruquier : C'est donc la journée mondiale sans téléphone portable…

Bernard Mabille : Je suis venu avec ma cabine.

Jean-Jacques Peroni : Quand ce sera la journée sans conneries, vous m'appellerez…

Laurent Ruquier : Non, justement !

!!! Ça balance aux GROSSES TÊTES

Valérie Mairesse ***(à Arielle, après une discussion sur la pétanque)*** **:** Si tu veux jouer gratis, tu n'as qu'à venir chez moi, j'ai un terrain de boules.

Laurent Ruquier : Ah oui ?

Bernard Mabille : C'est son lit.

Laurent Ruquier : Oh, ça va, le cochonnet là-bas !

Florian Gazan : Putain, le cochonnet… T'imagines si Bernard était le cochonnet… pour le lancer…

MARDI 18 FÉVRIER

SAINTE BERNADETTE

INVITÉ MYSTÈRE

Êtes-vous un homme ? – Oui.
Allez-vous fêter la Saint-Valentin ce soir ? – Non.
Êtes-vous célibataire ? – Non.
Êtes-vous quelqu'un d'engagé ? – Ça m'arrive.
Utilisez-vous un pseudonyme ? – Non.
Êtes-vous brun ? – Oui.
Avez-vous des enfants ? – Non.
Êtes-vous parisien ? – Je vis à Paris.
Mais vous n'êtes pas originaire de Paris ? – Non.
Vos origines régionales sont-elles de notoriété publique ?
– Peut-être. On en parle parfois.
Y a-t-il quelqu'un d'autre de connu dans votre famille ? – Non.
Avez-vous un fan-club ? – Oui, plusieurs je crois.
Avez-vous travaillé avec Chimène Badi ? – Oui.
Lui avez-vous écrit des chansons ? – Oui.
Mais vous avez également une activité à part entière, vous ne faites pas qu'écrire des chansons ? – Oui.
En chantez-vous également ? – Oui.
Êtes-vous belge ? – Non.
Faites-vous partie des Enfoirés ? – Ça dépend des années.
Avez-vous été découvert par un télécrochet ? – Non.
Avez-vous chanté dans une comédie musicale ? – Oui, deux.
Avez-vous fait partie d'un groupe ? – Non.
Avez-vous reçu des prix genre victoire de la musique ? – Non.

Emmanuel Moire

Question du jour

Qui joue le père du personnage incarné par Timothée Chalamet dans le film *My Beautiful Boy* sorti en février 2019 ?

Steve Carell

Le jeu de mots

de Bernard Mabille

(Après une question sur un papyrus rempli d'abeilles)
C'était en papyruche !

Citation

Qui a dit : « On peut toujours déchiffrer la note d'honoraires d'un médecin, mais jamais son ordonnance » ?

Maurice Biraud

L'histoire drôle de Jean-Marie Bigard

C'est une femme qui va chez un médecin pour une première visite. Le médecin remplit la fiche d'information. Il lui dit : « Bonjour madame, quel âge avez-vous ? » Elle s'offusque et lui répond : « Comment pouvez-vous demander son âge à une femme ? Ce n'est pas très poli enfin ! » Le médecin passe à la ligne suivante et lui demande : « Quel est votre poids ? » La femme soupire et répond : « Bon, j'ai 40 ans. »

MERCREDI 19 FÉVRIER

SAINT GABIN

Question du jour

Son nom n'est jamais mentionné dans la Bible. On connaît pourtant très bien son mari et ses trois fils : Sem, Cham et Japhet. De qui s'agit-il ?

La femme de Noé

Le jeu de mots

de Christophe Dechavanne et Florian Gazan

(Devant trouver le nom d'un abbé)
– On ne va pas faire l'abbé Chamel, et tout ça…
– L'abbé Nala ?

!!! Ça balance aux GROSSES TÊTES

Laurent Ruquier : Comme Laurent Baffie connaît bien les noms d'oiseaux, je vais lui demander le nom de l'oiseau le plus rapide du monde.

INVITÉ MYSTÈRE

Êtes-vous un homme ? – Oui.
Hyperconnu ? Y avait-il une émeute à votre arrivée au studio ? – Non, pas d'émeute.
Vous n'êtes pas très connu ? – Je suis une personne publique, comme on dit.
Brun ou blond ? – Brun.
Est-ce que vous êtes ce qu'on appelle un beau gosse ? – C'est ce qu'on dit.
Par rapport à Élie Semoun par exemple ? – On peut dire que oui.
Êtes-vous grand ? – Je suis plus grand qu'Élie Semoun.
Avez-vous des enfants ? – Oui.
Êtes-vous grand-père ? – Non.
Donc vous êtes jeune et beau ? – J'ai quarante ans et… je suis beau, c'est relatif.
Vos enfants sont jeunes ? – Oui, mes enfants sont jeunes. J'en ai quatre, nous sommes une famille recomposée.
Un membre de votre famille est-il également connu ? – Pas du tout.
Êtes-vous quelqu'un de joyeux qui suscite l'hilarité de ses contemporains ? – Oui.
Depuis combien de temps êtes-vous connu ? – Plus de dix ans.
Faites-vous partie d'une nouvelle génération de quelque chose ? – Oui, mais je suis déjà d'une autre génération. J'ai fait partie d'un nouveau courant.
Vous voit-on sur scène de temps en temps ? – Oui. C'est là que tout a commencé.
Êtes-vous jamaïcain ? – Non, pas du tout. Je suis d'origine africaine.

Thomas N'Gijol

LES AUDITEURS FACE AUX GROSSES TÊTES

Laurent Ruquier : Je vais vous poser une question qui va vous emmener à La Rochelle, dans un magnifique hôtel avec spa, face à l'océan… J'ai la photo de la piscine. Elle est incroyable !

Olivier de Kersauson : On a intérêt à avoir une piscine parce que la mer est marron, là-bas…

Laurent Ruquier : Ah bon, elle est marron la mer, à La Rochelle ?

Olivier de Kersauson : Oui ! Elle est marron, elle n'est pas bleue…

Laurent Ruquier : C'est le Père Fouras qui fait caca dedans ?

Stéphane Plaza : C'est magnifique La Rochelle ! C'est très très beau.

Laurent Ruquier : Vous avez une agence, vous, là-bas !

Stéphane Plaza : Il est vrai que j'ai une agence là-bas, mais c'est magnifique La Rochelle.

Laurent Ruquier : En tout cas, la piscine de l'hôtel est géniale, car elle part de sous l'hôtel et elle va…

Jeanfi Janssens : Vers la mer !

Laurent Ruquier : Exactement. Elle continue dehors.

Stéphane Plaza : C'est dangereux : quand on va à la piscine, on peut se perdre en mer.

Question du jour

Comment identifie-t-on immanquablement le durian, un fruit tropical pourtant peu connu chez nous ?

Il dégage une odeur épouvantable.

Citation

Qui a dit : « Il n'y a pas d'efforts inutiles. Sisyphe se faisait les muscles » ?

Roger Caillois

Laurent Baffie ?

Une Grosse Tête dont la vitesse des répliques ne sera jamais limitée.

L'anecdote de Jean-Luc Lemoine

J'ai joué un mort dans la série *Alice Nevers*. Je mourrai au bout d'1 minute 30 et je me suis beaucoup fait chambrer. Parce qu'après il y avait des flash-back, mais les gens ont dû zapper à ce moment-là… Donc le lendemain de la diffusion, j'avais des réactions du genre : « Ça ne valait pas le coup de venir pour 1 minute 30. »

L'histoire drôle de Roselyne Bachelot

Deux Français sont l'un à côté de l'autre pendant la finale de la Coupe du monde et il y a une place vide à côté d'eux. L'un demande : « Il y a une place vide, c'est incroyable ! – Oui, c'est pour ma femme. – Ah bon ?! Mais elle n'est pas venue ? – Non, elle est morte. – Oh ! Je suis vraiment désolé, j'ai commis une gaffe… Mais vous n'avez pas pu emmener un proche ? – Non, ils sont tous à son enterrement. »

VENDREDI 21 FÉVRIER

SAINT PIERRE-DAMIEN

Question du jour

Pour quelle raison les couleurs rouge, jaune et vert s'affichent-elles sur l'Empire State Building le 10 juin de chaque année ?

C'est la journée du Portugal.

Le jeu de mots

de Michèle Bernier et Florian Gazan

– *Le Désert des Tartares*, ce n'est pas un bouquin pour les vegans, ça !
– Si. Justement, il n'y en a pas.

Citation

Qui a dit : « Le scepticisme, c'est quand on est assis dans une église entre un flic et une bonne soeur ; et qu'on s'aperçoit que son portefeuille a disparu » ?

Sim

SAMEDI 22 / DIMANCHE 23 FÉVRIER

SAINTE ISABELLE — SAINT LAZARE

INVITÉ MYSTÈRE

Portez-vous la barbe ? – Non.
Êtes-vous un homme ? – Oui.
Avez-vous des enfants, invité mystère ? – Tout à fait.
Y a-t-il quelqu'un de connu dans votre famille ? – Non.
Vous a-t-on reconnu quand vous êtes arrivé à la radio ? – Je ne sais pas.
Habitez-vous Paris ? – Oui.
Êtes-vous né à Paris ? – Oui.
Vous arrive-t-il d'être sur la scène ? – Oui.
Le micro est-il important pour vous ? – Je dirais même essentiel.
Êtes-vous chanteur ? – Oui.
Profitez-vous du *revival* ? – Un peu.
Avez-vous fait l'Olympia ? – Oui, plusieurs fois.
Jouez-vous également d'un instrument de musique ? – Aucun.
Avez-vous fait partie d'un groupe ? – Non.
Avez-vous été considéré comme très beau garçon ? – Je ne pense pas.
Avez-vous fait plusieurs tubes ? – Oui, j'ai cette chance.

Jean-Luc Lahaye

Question du jour

Quelle est la traduction française de la devise latine de Descartes : *Et bene qui latuit bene vixit* ?

« A bien vécu celui qui s'est bien caché », qui a donné l'expression : « Pour vivre heureux, vivons cachés. »

Franck Dubosc ?

Une Grosse Tête d'honneur, à l'affiche du nouveau film de Fabien Onteniente *All Inclusive* sorti en février 2019.

LES PÉPITES

Laurent Ruquier : Pourquoi la date du 6 février a-t-elle été choisie pour la Journée mondiale sans téléphone ?

Jean-Jacques Peroni : 06 !

Laurent Ruquier : Ce n'est pas cela, mais c'est bien.

Michèle Bernier : C'est la Saint quoi, le 6 février ?

Bernard Mabille : La Saint-Raccroche !

Jean-Jacques Peroni : La Saint-Thomas, parce que Thomas Edison ?

Valérie Mairesse : La saint-glinglin !

Michèle Bernier : Non, c'est la saint-dring-dring !

!!! Ça balance aux GROSSES TÊTES

Laurent Ruquier : On va confier la valise à M. Janssens…

Jeanfi Janssens : Oh oui ! J'aime bien !

Laurent Ruquier : Mademoiselle Tchakaloff, vous choisissez un numéro entre 1 et 20…

Gaël Tchakaloff : Je préfère faire la valise et qu'il propose le chiffre.

Laurent Ruquier : Mais non ! Personne ne vous connaît ! Qu'est-ce que vous allez faire avec la valise ?!

LUNDI 24 FÉVRIER

SAINT MODESTE

Question du jour

À quelle recette, Melle Paulmier, servante chez la marquise Perrotin de Beaumont, aurait-elle, selon une tradition lorraine, donné son prénom ?

La recette de la madeleine

Le jeu de mots

de Laurent Ruquier et Éric Laugérias

– Il est né à Tripoli.
– Il ne dit jamais un gros mot, il est tripoli !

Citation

Qui a dit : « Si Dieu apparaît le plus souvent aux femmes, c'est qu'il tient à leur faire part d'un mystère qu'il veut rendre public » ?

Ninon de Lenclos

LES AUDITEURS FACE AUX GROSSES TÊTES

Laurent Ruquier : Bonjour Aurélie ! Vous habitez dans les Côtes-d'Armor. Vous êtes une vraie Bretonne, Aurélie ?
Auditrice : Ah oui, une vraie Bretonne ! D'ailleurs, je fais un petit coucou à M. de Kersauson, parce que j'habite à Saint-Philibert, juste à côté de la Trinité-sur-Mer qu'il connaît très bien.
Olivier de Kersauson : Oui.
Élie Semoun : C'est chaleureux entre Bretons, en tout cas.
Laurent Ruquier : Une jeune fille vous salue, vous pourriez au moins lui répondre.
Olivier de Kersauson : Je lui dis bonjour, voilà.
Christophe Beaugrand : Il est au max de la bienveillance.
Olivier de Kersauson : Je ne suis pas très poli comme mec, il ne faut pas qu'elle m'en veuille. Bonjour, ça me fait très plaisir que vous me disiez bonjour.
Laurent Ruquier : Aurélie, j'espère que vous allez pouvoir répondre à la question pour gagner un séjour magnifique au *Royal* à Deauville. Une escapade gourmande, en plein cœur du pays d'Auge. L'un des plus beaux hôtels… Oh, j'en ai marre d'écrire ces trucs-là !
Olivier de Kersauson : Ce n'est pas toi qui les écris, tu les lis.
Laurent Ruquier : C'est vrai.
Olivier de Kersauson : C'est encore beaucoup plus héroïque de les lire que de les écrire !
Laurent Ruquier : Vous ne pourriez pas le décrire vous-même, monsieur de Kersauson ?
Olivier de Kersauson : Dans ce Deauville enchanteur, près de la courbure grise que fait l'écume de la plage le long de la mer et du sable, voici l'hôtel dans lequel vous allez pouvoir passer un week-end tout à fait délicieux…

!!! Ça balance aux GROSSES TÊTES

Laurent Ruquier : Christophe Dechavanne, je vous ai entendu dire au sujet de Florian Gazan : « Je ne sais pas pourquoi on invite ce garçon »…
Christophe Dechavanne : Il n'y a rien de personnel mais, quand il est là, on ne peut plus jouer.
Cristina Córdula : Quand Gazon est là…
Laurent Ruquier : Gazan ! Pas Gazon !
Cristina Córdula : Quand la pelouse est là… On n'arrive pas à suivre le niveau !

Question du jour

De quel pays la Cyrénaïque est-elle une région traditionnelle ?

La Libye

Les statistiques

Un *Guide du routard* est acheté toutes les huit secondes en France. Depuis 45 ans, c'est l'un des 20 livres les plus vendus dans le monde.

Défi du jour

Citez le nom du volcan qui est en éruption ininterrompue depuis 1983 ?

Le volcan Kilauea sur l'île d'Hawaï

MERCREDI 26 FÉVRIER

SAINT NESTOR

Question du jour

Quelle curiosité le château de Hampton Court en Angleterre abrite-t-il ?

Le plus ancien labyrinthe d'Angleterre. Un espace de 1 200 m² avec des allées qui s'étendent sur près de 800 m et des haies d'une hauteur de 2 m.

L'histoire drôle de Jean-Marie Bigard

Une femme est chez elle avec son amant quand, tout d'un coup, elle entend son mari rentrer. Elle fonce dans la salle de bains et dit à son amant nu : « Tu te mets au coin et tu ne bouges plus ! » Elle l'enduit d'huile sur tout le corps, puis elle lui met du talc partout. Il ressemble à une statue de plâtre. Elle lui dit : « Tu ne bouges pas ! Pas une oreille, rien… » Le mari rentre, il voit la statue blanche… Je ne te cache pas qu'il tique un petit peu et il demande à sa femme : « Qu'est-ce que c'est que ça ? – C'est une statue, tu vois bien… J'en ai vu une chez les Martin, nos voisins… Ils ont une statue comme ça, alors j'en ai pris une pour nous ! C'est joli, tu ne trouves pas ? – Oui… » Il se couche sans un mot. À quatre heures du matin, tout d'un coup, il a une petite faim, il descend dans la cuisine… il remonte et se dirige vers la statue de plâtre avec un sandwich et une bière : « Tiens, je te donne ça parce que, moi, j'ai passé deux jours chez les Martin, là… Et ils ne m'ont rien donné, même pas un verre d'eau. »

Bernard Mabille ?

Une Grosse Tête qui a inventé la catapulte en s'asseyant sur le banc des remplaçants.

LES AUDITEURS FACE AUX GROSSES TÊTES

Laurent Ruquier : Vous êtes dans le Calvados, Bernard…
Auditeur : Tout à fait !
Laurent Ruquier : Soixante-sept ans, vous avez une voix bien jeune ! Remarquez, soixante-sept ans, c'est jeune !
Gérard Jugnot : Très jeune !
Laurent Ruquier : Que faites-vous ? Vous êtes retraité aujourd'hui ?
Auditeur : Pas tout à fait ! Je suis dans la restauration de salles à manger.
Laurent Ruquier : Vous auriez trouvé la question sur le blanc-manger !
Auditeur : Pas tout à fait… Je ne suis pas dans le même domaine.
Bernard Mabille : Il est dans le bois, lui…
Auditeur : Non. Eh bien, petite question, à votre avis, quand on est dans la restauration et dans la salle à manger… Je suis prothésiste dentaire !
Florian Gazan : Définition de mots croisés !
Bernard Mabille : Qu'il est drôle…
Laurent Ruquier : Un homme qui sait faire passer la douleur…
Bernard Mabille : Qu'est-ce que les Bernard sont drôles !
Auditeur : Monsieur Mabille, vous avez bien raison !

Citation

Qui a dit : « La théorie de la relativité, c'est la découverte que le temps et l'espace sont la même chose. Einstein a trouvé la formule à force d'arriver à ses rendez-vous avec toujours cinq kilomètres de retard » ?

Steven Wright

JEUDI 27 FÉVRIER

SAINTE HONORINE

LES PÉPITES

Laurent Ruquier : De quoi parle le livre *Le Juste Milieu* ?

Caroline Diament : Du trou du cul !

Michèle Bernier : Du nombril.

Laurent Baffie : De la ville de Moulins, qui est au centre de la France.

Laurent Ruquier : Vous pensez vraiment qu'on peut écrire 316 pages sur la ville de Moulins ?

Laurent Baffie : J'ai bien fait un film sur les clés de bagnole, rien ne m'effraie !

Laurent Ruquier : On était tout près grâce à Caroline, je dois dire…

Michèle Bernier : Qu'est-ce qu'elle a dit ?

Caroline Diament : L'intestin ? C'est le juste milieu du corps humain.

Steevy Boulay : La rate !

Laurent Ruquier : Non plus.

Caroline Diament : Le cœur.

Laurent Ruquier : Qu'aviez-vous donné comme première réponse ?

Caroline Diament : Le trou du cul.

Laurent Ruquier : Voilà, mais attention, vous ne le redites jamais en me regardant.

Caroline Diament : C'est vous qui me l'avez demandé ! À partir de là, où est-ce que je brûle ?

Steevy Boulay : Le vagin ?

Laurent Ruquier : Voilà une réponse qui restera dans les annales…

Bernard Mabille : C'est le phallus !

L'anecdote de Jeanfi Janssens

Lors d'un réveillon, le commandant de bord a emmené sa maîtresse à bord pour le vol. Mais sa femme a décidé de lui faire une surprise et d'embarquer dans l'avion ! La maîtresse, installée en première classe, papillonnait lorsque le commandant, qui était à la porte, a vu sa femme arriver : « Chéri ! Je ne voulais pas te laisser tout seul pour le réveillon ! » Il est devenu tout vert, tout blanc, et il a demandé au copilote de lui servir d'alibi, en jouant au petit ami de sa maîtresse… Ils sont tous partis en escale ensemble, sauf que le copilote a dormi avec la maîtresse du commandant de bord et, lui, avec sa femme ! Ils n'ont pas pu se voir.

Question du jour

Pour quelle raison Michel Piron, instituteur d'origine toulousaine, a-t-il quitté l'Éducation nationale en 2005 ?

Il a créé la marque du site Internet pornographique « Jacquie et Michel ».

!!! Ça balance aux GROSSES TÊTES

Chantal Ladesou *(à l'invité mystère)* : On vous a reconnu, rue Bayard, quand vous êtes arrivé ?

Laurent Ruquier : On n'est pas rue Bayard.

Invité mystère : Raté.

Laurent Ruquier : Chantal Ladesou a toujours un ou deux ans de retard, vous savez…

Gérard Jugnot : C'était mieux avant, c'était moins loin.

Le jeu de mots

de Laurent Ruquier

(Sur la chirurgie esthétique de Rachida Dati)

Elle veut être tête de lisse !

Question du jour

Qui a été le dernier ministre de l'Intérieur de Jacques Chirac ?

François Baroin

Citation

Qui a dit : « Le fermier qui aura réussi à croiser une dinde avec un kangourou aura créé la première volaille que l'on pourra farcir de l'extérieur » ?

François Cavanna

LES AUDITEURS FACE AUX GROSSES TÊTES

Laurent Ruquier : Bonjour Thierry. Que faites-vous dans la vie, j'entends du bruit autour de vous ?

Auditeur : Je travaille dans l'informatique. Je suis administrateur d'un logiciel de gestion.

Laurent Ruquier : Et vous nous appelez en cachette, là, j'ai l'impression, non ?

Auditeur : Il y a un peu de ça, oui.

Élie Semoun : Heureusement que personne n'écoute *Les Grosses Têtes* !

Christophe Beaugrand : Oui, personne ne saura…

Laurent Ruquier : Vous êtes une sorte de clandestin dans l'Hérault, Thierry…

Christophe Beaugrand : Des collègues vont essayer de vous aider ou vous êtes vraiment tout seul, tout seul ?

Auditeur : Je suis tout seul, j'ai mis tout le monde à la porte.

Chantal Ladesou : Vous êtes le patron alors.

Auditeur : C'est ça.

L'histoire drôle de Roselyne Bachelot

Quelle est la différence entre Christine Deviers-Joncour et un vieux bateau ? Aucune. Toutes les deux branlent du mat *(Dumas)*.

!!! Ça balance aux GROSSES TÊTES

« Les auditeurs jouent avec Les Grosses Têtes sur RTL ! »

Olivier de Kersauson : Qu'est-ce que c'est que cette nouvelle voix qu'ils nous ont collée, là ?

Laurent Ruquier : Quelle voix ?

Olivier de Kersauson : Han gna gna *Les Grosses Têtes* de RTL gna gna…

Laurent Ruquier : C'est la femme du patron !

Olivier de Kersauson : Il n'a qu'à changer de femme, et puis c'est tout !

LES PÉPITES

Bernard Mabille : Steve Carell a aussi fait un film sur le tennis. Je connais deux ou trois trucs.

Michèle Bernier : C'est impressionnant !

Jeanfi Janssens : C'est bien…

Bernard Mabille : Ce n'est pas beaucoup mais quand même…

Jeanfi Janssens : Le docteur a dit qu'il fallait stimuler sa mémoire tout le temps.

Bernard Mabille : Tu vas voir ce que je vais te stimuler, toi ! Et crois-moi, j'ai du métier.

Laurent Ruquier : C'est-à-dire que, chez l'éléphant, il avait le choix entre la mémoire et la trompe…

L'anecdote de Christophe Dechavanne

Je suis allé en vacances en Chine, il y a une vingtaine d'années, avec un ami. J'avais un guide chinois, anglophone, très sympathique. À la fin du voyage, il nous raccompagne à l'aéroport, je lui donne un généreux pourboire. Et ce jour-là, j'étais d'humeur potache alors, en partant, comme il me remerciait très chaleureusement en chinois de ce pourboire, je lui ai demandé : « Est-ce que tu veux que je t'apprenne à dire "merci" en français ? – *Yes, of course.* – En français, merci c'est "trouduc". » Donc il dit : « Trouduc, trouduc… » Et je me dis que j'aurais bien aimé être là quand il va répondre « Trouduc » aux clients qui vont lui donner de l'argent ! Puis, je passe l'immigration, la police et, derrière la barrière, il me hurlait à travers la porte : « Trouduc ! Trouduc ! »

Question du jour

Quel est le point commun entre le fils d'Andrée Ventura, Aurélien Contentin et Isabelle Geffroy ?

Ils ont chacun chanté une chanson sur la Saint-Valentin. Ce sont respectivement Sacha Distel, Orelsan et Zaz.

Le jeu de mots

de Marcela Iacub et Olivier de Kersauson

– Les concours de Miss, c'est le truc le plus misogyne qui existe !

– C'est miso-chine.

Défi du jour

Citez les trois villes les plus anciennes du monde, qui existent toujours aujourd'hui.

Jericho, en Cisjordanie (9 000 ans av. J.-C.) ; Byblos, au Liban (5 000 ans av. J.-C.) ; et Alep en Syrie (4 300 ans av. J.-C.).

INVITÉ MYSTÈRE

Êtes-vous un homme ? – Oui.
Faites-vous du cinéma ? – Non.
Êtes-vous chanteur ? – Non.
Portez-vous un pseudonyme ? – Non.
Avez-vous des cheveux ? – Oui.
Vous servez-vous d'un ordinateur quotidiennement ? – Oui.
Faites-vous du théâtre ? – Non.
L'ordinateur vous sert-il à composer ? – Oui.
Composez-vous pour le cinéma ? – Aussi.
Êtes-vous plutôt populaire ? – Non.
Avez-vous fait une émission, quelque chose pour que le grand public vous connaisse ? Un télécrochet ? – Oui.
Chantez-vous vous-même vos chansons ? – Ça m'arrive, mais on ne me connaît pas comme chanteur.

Manu Katché

LUNDI 2 MARS

SAINT CHARLES LE BON

Question du jour

Pour quel livre, l'académicien français Patrick Grainville a-t-il reçu le prix Goncourt en 1976 ?

Les Flamboyants

Les statistiques

2,5 kg c'est le poids d'un molière, la récompense théâtrale française.

Défi du jour

Citez ce qui permet de différencier l'hermine de la belette

À la différence de la belette, l'hermine a le bout de la queue noir.

LES AUDITEURS FACE AUX GROSSES TÊTES

Laurent Ruquier : Vous n'êtes pas la Laeticia de Los Angeles, vous êtes la Laetitia d'Onnaing dans le Nord… Que faites-vous dans la vie ?
Auditrice : C'est une bonne transition avec la fable de La Fontaine que vous venez de lire, je suis professeur de français.
Laurent Ruquier : Vous connaissiez la fable *Le Rat et l'Huître* de Jean de La Fontaine ?
Auditrice : Pas du tout.
Bernard Mabille : Vous apprenez encore La Fontaine aux enfants ?
Auditrice : Oui, en sixième.
Laurent Ruquier : Au moins, vous aurez appris quelque chose alors, Laetitia !
Auditrice : Oui, et c'était une très bonne lecture de votre part…
Laurent Ruquier : Merci !
Bernard Mabille : On sent qu'elle veut gagner…

!!! Ça balance aux GROSSES TÊTES

Caroline Diament : Est-ce que c'est une course ?
Stéphane Plaza : Ce n'est pas de l'athlétisme, on te dit !
Laurent Ruquier : Il y a des courses qui ne sont pas de l'athlétisme !
Stéphane Plaza : Ah bon ?
Laurent Ruquier : Le Tour de France !
Stéphane Plaza : C'est de la pédale, ce n'est pas pareil…
Laurent Ruquier *(après que Caroline a trouvé la bonne réponse)* : Vous voyez, Plaza, les 500 miles d'Indianapolis, ce n'est pas de l'athlétisme… C'est une course automobile ! Vous qui en faites, vous auriez pu répondre…
Jeanfi Janssens : Monsieur Je-ne-sais-rien-mais-j'ai-un-avis-sur-tout !
Stéphane Plaza : Il y a des problèmes dans notre couple…

L'histoire drôle de Philippe Geluck

Deux alpinistes arrivent au sommet du mont Cervin. L'un est un Suisse traditionnel, l'autre est noir de peau. Le Blanc dit au Noir : « Vous n'êtes pas d'ici, vous… – Oh, bah non, je suis de Lausanne. »

MARDI 3 MARS

SAINT GUÉNOLÉ

Citation

Qui a dit : « Le pilon dans le poulet, c'est bon ; dans l'ancien combattant, c'est émouvant ; mais dans l'édition, c'est déprimant » ?

José Artur

Le jeu de mots

de Laurent Ruquier et Gérard Jugnot

– Il s'agit de M. Lardemer, à Grasse…
– Un ami de Kersauson…
– M. Lardemer, à Grasse, ça ne s'invente pas !

Question du jour

Quelle friandise peut comporter de trois à dix-sept triangles ?

Les barres de Toblerone

JOURNÉE MONDIALE DE LA VIE SAUVAGE

MERCREDI 4 MARS

SAINT CASIMIR

Question du jour

À quoi correspondent les lettres DCCC ?

800 en chiffres romains (D équivaut à 500 et chaque C à 100)

Le jeu de mots

de Laurent Ruquier

Pour la disparition de Luke Perry, j'aurai titré : « Luke Perry comme son nom l'indique. »

LES PÉPITES

Laurent Ruquier : Vous ne voudriez pas être porte-parole du gouvernement, monsieur Janssens ? Ça mettrait un peu de bonheur…

Jeanfi Janssens : Ça rendrait les choses plus faciles et plus acceptables pour les gens.

Laurent Ruquier : Voilà !

Jeanfi Janssens : Tout est dans la façon de présenter les choses ! Si t'es formel comme ça *(il prend une voix plus grave)* : « Maintenant, c'est comme-ci, maintenant c'est comme ça », les gens disent : « Non, non. Pas d'accord. »

Laurent Ruquier : Par exemple, vous remplacez M. Griveaux comme porte-parole et vous devez annoncer officiellement un référendum. Comment l'annoncez-vous aux Français ? Attendez ! On va faire le petit générique ! Caroline, voulez-vous le faire ?

Caroline Diament : C'est quoi le générique ?

Laurent Ruquier : Il faut l'inventer.

Bernard Mabille : C'est le début.

Valérie Mairesse *(en chantant)* : Ta la la laaaa, Ta la la laaaa…

Caroline Diament : Elle nous met le générique de Dim… Déjà, ça fait sérieux !

Valérie Mairesse : C'est entraînant.

Laurent Ruquier : La France a connu des bas ces derniers temps.

Valérie Mairesse : Avant qu'il l'annonce, j'aimerais bien savoir ce que c'est ce référendum…

Laurent Ruquier : Il va vous le dire ! Mesdames et messieurs, le porte-parole du gouvernement a une annonce à vous faire.

Jeanfi Janssens : Mesdames et messieurs, je suis bien content que je peux vous parler aujourd'hui… Avec le président, on s'est concerté et on vous a écoutés… et on peut vous annoncer en scoop qu'il va y avoir un référendum et que tu vas pouvoir donner ton avis ! On va faire ça ensemble pour construire ensemble, tu verras que ce sera beaucoup plus acceptable et, au moins, tu auras mis ton grain de sel dedans.

Laurent Ruquier : Vous acceptez les questions ?

Jeanfi Janssens : Oui.

Michèle Bernier : Le référendum, ça sera oui ou non ?

Jeanfi Janssens : Comment ?

!!! Ça balance aux GROSSES TÊTES

Stéphane Plaza : Je peux vous dire que la mère d'Emmanuel est en forme.

Emmanuel Chaunu : Tu l'as bien connue quand même…

Arielle Dombasle : Elle a eu un problème de logis ?

Stéphane Plaza : Non pourquoi ? Je rencontre des gens sans les loger. Je fais des états des lieux…

Emmanuel Chaunu : Chère Arielle, beaucoup de gens, nés en 1923, ont eu un problème de logis dans les années 1940. Surtout dans les zones bombardées !

Muriel Robin : Je me demande si Emmanuel n'est pas plus drôle que Geluck…

JEUDI 5 MARS

SAINTE OLIVIA

LES AUDITEURS FACE AUX GROSSES TÊTES

Laurent Ruquier : Marina, à Saint-Malo, va-t-elle décrocher ?
Auditrice : Allô ?
Olivier de Kersauson : C'est ma petite Marina… Bonjour !
Auditrice : Qui est-ce ?
Olivier de Kersauson : Devine ! T'as envoyé ton numéro pour te faire appeler, tu te fais appeler, c'est tout… Devine qui t'appelle.
Laurent Ruquier : Quelqu'un qui connaît bien Saint-Malo en plus…
Olivier de Kersauson : Qui va te faire des cadeaux peut-être, la version rurale du Prince Charmant.
Laurent Ruquier : Ou la version maritime, en tout cas, Marina…
Olivier de Kersauson : Marina ?
Michèle Bernier : Marina ?
Laurent Ruquier : Allô Marina ? Vous lui avez fait peur, elle a raccroché !
Caroline Diament : S'il y a bien une voix de pervers, c'est celle d'Olivier…
Laurent Ruquier : Je savais qu'il ne fallait pas lui donner la valise !
(Ils rappellent Marina.)
Laurent Ruquier : Marina, c'est Laurent Ruquier à l'appareil. Vous n'avez pas reconnu Olivier de Kersauson qui vous parlait ?
Auditrice : Pas du tout !
Olivier de Kersauson : T'as perdu la valise, Marina !
Laurent Ruquier : Pourquoi avez-vous raccroché ?
Auditrice : Parce que je ne savais pas qui c'était.
Olivier de Kersauson : Et nous, tu crois qu'on savait qui c'était quand on a appelé ? On n'a pas raccroché pour autant.
Laurent Ruquier : Olivier de Kersauson va vous poser une question qu'il n'a encore jamais posée à une jeune femme…
Olivier de Kersauson : Marina, je n'ai jamais demandé ça à une femme… Vous êtes prête ?
Auditrice : Je suis prête, Olivier.
Olivier de Kersauson : Ce que je vais vous demander va peut-être vous troubler, mais il va falloir me répondre honnêtement… Marina, qu'est-ce qu'il y a dans la valise ?
Auditrice : Je ne sais pas du tout !

Question du jour

Quel est le nom de la déesse de la Victoire dans la mythologie grecque ?

Niké. C'est l'origine du nom de la marque Nike.

Citation

Qui a dit : « La musique de Wagner est bien meilleure qu'on pourrait le croire à l'entendre » ?

Mark Twain

François Renucci ?

Une Grosse Tête, réalisateur de l'émission, qui remplace parfois une Grosse Tête manquante ; c'est alors nous qui comprenons qu'il est tout aussi bon.

Question du jour

Quel point commun relie Jack l'Éventreur, le prince Charles, Charlie Chaplin, Jean-Sébastien Bach et Jimi Hendrix ?

Ils étaient tous gauchers.

INVITÉ MYSTÈRE

Auriez-vous retrouvé le nom de Gabriel Hanotaux ?
– Évidemment.
Évidemment ! Vous êtes un garçon, vous ?! – Oui.
Êtes-vous un homme grand ? – Du tout.
Combien mesurez-vous ? – 1,66 m.
Vous arrive-t-il de courir avec une marinière et un porte-clés sur un fort ? – Pas que je sache.
Portez-vous un pseudonyme ? – Non.
Êtes-vous marié avec quelqu'un de célèbre ? – Non.
Êtes-vous sur les réseaux sociaux ? – À peu près.
Êtes-vous plutôt blond ou brun ? – Entre les deux.
Êtes-vous la seule personnalité connue dans votre famille ?
– Oui.
Vous produisez-vous sur scène ? – Oui.
Êtes-vous chanteur ? – Non.
Comique ? Acteur ? – À peu près. Acteur et humoriste.
Avez-vous travaillé avec Jean-Pierre Coffe ? – Oui.
Faisiez-vous des apparitions sur les plateaux télé pour faire rire les gens ? – Oui, ça m'est arrivé.

Jonathan Lambert

Les statistiques

2,5 millions de Français sont adeptes du yoga, dont 70 % de femmes.

LES AUDITEURS FACE AUX GROSSES TÊTES

Laurent Ruquier : Rémi est au téléphone. Il habite Lille, dans le Nord. Bonjour Rémi !
Auditeur : Bonjour !
Laurent Ruquier : Vous allez bien ? Vous êtes en forme ?
Auditeur : Au taquet !
Christophe Dechavanne : M. et Mme Fasol ont un fils, comment s'appelle-t-il ?
Laurent Ruquier : Oui, Rémi. *Do ré mi fa sol…* Écoutez Christophe…
Auditeur : Excellent… Il est aussi drôle à la radio qu'au téléphone.
Laurent Ruquier : Christophe, vous avez un ami manifestement.

Défi du jour

Citez les trois plus grands stades britanniques, en termes de capacité ?

Wembley Stadium, Twickenham et Old Trafford.

SAMEDI 7 / DIMANCHE 8 MARS

SAINTE FÉLICITÉ — *SAINT JEAN DE DIEU*

!!!

Ça balance aux **GROSSES TÊTES**

Bernard Mabille : À un an, j'étais en couveuse.
Éric Laugérias : T'es resté un an en couveuse ?
Bernard Mabille : Avec des verres teintés parce que j'étais très laid.
Laurent Ruquier : Il est temps de sortir !

Citation

Qui a dit : « On sait gré à la mémoire pour ce qu'elle nous permet de retenir, il faut lui être reconnaissant pour ce qu'elle nous permet d'oublier » ?

Édouard Herriot

Question du jour

Pour quelle raison la presse a-t-elle beaucoup parlé du comédien ukrainien Volodymyr Zelensky ?

Il s'est présenté aux élections présidentielles ukrainiennes.

JOURNÉE INTERNATIONALE DES DROITS DE LA FEMME

Question du jour

Quel est le nom du courant artistique dont les peintres le Greco, le Tintoret, Arcimboldo faisaient partie et qui s'étend de 1520 à 1580 ?

Le maniérisme

LES AUDITEURS FACE AUX GROSSES TÊTES

Laurent Ruquier : Fanny est au téléphone. Bonjour Fanny !
Auditrice : Bonjour ?…
Laurent Ruquier : Laurent !
Florian Gazan : C'est Laurent !
Christophe Dechavanne : Pour l'instant, c'est encore Laurent…
Auditrice : Bonjour les Grosses Têtes ! Bonjour tout le monde !
Laurent Ruquier : Fanny, vous habitez dans l'Eure. Une Normande donc !
Auditrice : Tout à fait !
Laurent Ruquier : Que faites-vous dans la vie ?
Auditrice : Je suis assistante comptable.
Melha Bedia : 6 × 7 ?
Auditrice : Quarante-deux.
Christophe Dechavanne : Ok, j'en ai une autre. 9 × 8 ?
Auditrice : Soixante… trois.
Christophe Dechavanne : Soixante-douze ! Soixante-douze, pas soixante-trois !
Auditrice : Pardon, pardon…
Christophe Dechavanne : Ah oui, « assistante » comptable en même temps !
Auditrice : C'est l'angoisse…

Le jeu de mots

de Jean-Jacques Peroni

Marlon Brando est une contrepèterie : « Branlons Mado ! »

!!! Ça balance aux GROSSES TÊTES

Élie Semoun ***(après une discussion sur un comédien mort sur scène, sous les rires du public qui pensait que c'était fictif) :*** Un jour, un projecteur est tombé à deux centimètres de moi et les gens étaient là : « Ah, ah ! Excellent, le coup du projo ! »
Laurent Ruquier : Ils riaient parce qu'ils se disaient : « Ça y est, enfin, c'est bientôt terminé ! »
Jean Benguigui : On est débarrassé.
Élie Semoun : Salauds, va !

LES PÉPITES

Laurent Ruquier : Gad, il paraît que votre maman, qui écoute *Les Grosses Têtes*, est fan de Florian Gazan, c'est vrai ?
Gad Elmaleh : Oui, elle est fan, elle est fascinée, admirative…
Laurent Ruquier : Que dit-elle sur Florian Gazan ?
Gad Elmaleh : Je reviens des États-Unis où j'ai fait des trucs de fou, et elle me dit : « Il faut écouter Florian Gazan, ce garçon est incroyable. » Je lui réponds : « Maman, tu sais ce que je viens de faire là ? Je viens de jouer au Carnegie Hall ! Tu peux me parler de ça ? – Non mais Gazan, il les a battus… »
Laurent Ruquier : On est toujours battu par quelqu'un !

MARDI 10 MARS

SAINT VIVIEN

L'anecdote de Laurent Ruquier

Pendant deux ou trois jours – je ne renouvellerai jamais cette expérience – j'ai eu le duo Jeanfi Janssens/Stéphane Plaza en vacances avec moi, au Brésil, aux chutes d'Iguazú précisément. J'ai eu la honte de ma vie auprès de tous les touristes qui étaient dans les mêmes restaurants que nous… Car ce M. Plaza, que je ne connais que très peu au fond, est un total déjanté ! Il hurle dans les restaurants, au point que même les enfants sont embarrassés ! Et, allez savoir pourquoi, il glapit : « La papaye ! » à tout bout de champ.

Question du jour

Comment appelle-t-on l'officier marinier chargé, dans un sous-marin, d'écouter les bruits provenant de l'extérieur du bâtiment grâce au sonar et de les identifier.

L'oreille d'or

INVITÉ MYSTÈRE

Êtes-vous un garçon ? – Oui.
Pourriez-vous épeler votre nom ? – *(en riant)* Non.
Combien mesurez-vous ? – 1,70 m.
Avez-vous des enfants ? – Oui, un.
Êtes-vous né à Paris ? – Non.
Gagnez-vous beaucoup d'argent ? – *(en riant)* Par rapport à Laurent, non.
Êtes-vous venu de loin pour atteindre le studio de RTL ? – Non.
Êtes-vous sportif ? – Oui.
Quel sport ? – Je n'en fais plus maintenant.
« Plus maintenant », ça veut dire que vous avez eu une carrière sportive à un moment de votre vie ? – Une petite.
De haut niveau ? – Oui.
Vous en avez fait votre métier ? – Non.
Portez-vous un pseudonyme ? – Non.
Montez-vous sur scène, invité mystère ? – Oui.
On a entendu la chanson *La Mer*, est-ce que votre sport a eu un rapport avec la mer ? – Oui.
Avez-vous été connu grâce à une émission de télé ? – Oui.
Avez-vous gagné un concours ? – Non.

Florent Peyre

Citation

Qui a dit : « Il y en a qui sont faits pour commander et d'autres pour obéir. Moi, je suis fait pour les deux : ce midi, j'ai obéi à mes instincts en commandant un deuxième pastis » ?

Pierre Dac

Défi du jour

Citez le nom de l'oiseau le plus rapide du monde ?

Le faucon pèlerin. Sa vitesse de vol peut aller jusqu'à 360 km/h.

MERCREDI 11 MARS

SAINTE ROSINE

Question du jour

Quelle est la particularité des commentaires du journaliste sportif Yoann Riou ?

On le voit commenter le match à la télévision, mais on ne voit pas les images du match, car la chaîne L'Équipe n'en a pas les droits.

INVITÉ MYSTÈRE

Êtes-vous un homme ? – Oui.
Avez-vous fait des études littéraires ? – Oui.
Avez-vous des enfants ? – Oui.
Déclarés ? – Un.
Vous intéressez-vous à l'art dramatique ? – Oui.
Habitez-vous Paris ? Êtes-vous né en France ? – Oui et oui.
Regrettez-vous la rue Bayard ? – Oui.
Avez-vous encore beaucoup de cheveux ? – Oui.
Connaissez-vous personnellement Jean-Paul Rouve ? – Oui.
Avez-vous déjà tourné avec Jean-Paul Rouve ? – Non.
Êtes-vous plus jeune que Jean-Paul Rouve ? – Oh ! Oh ! Oui !
Avez-vous fait de la scène ? – Oui. J'ai fait du théâtre.

Pierre Niney

Le jeu de mots

de Laurent Ruquier

Samedi, ce sera la journée nationale de l'audition, enfin… pour Alexandre Benalla, c'est tous les jours.

LES AUDITEURS FACE AUX GROSSES TÊTES

Laurent Ruquier : Sébastien, j'étais en train de dire que je connaissais très bien Fontaine-la-Mallet. C'est tout près du Havre. J'y allais à bicyclette !
Bernard Mabille : Faites-nous Bourvil ! *À bicyclette !*
Laurent Ruquier : N'est-ce pas qu'on peut aller à vélo du Havre à Fontaine-la-Mallet ?
Auditeur : Oui, c'est tout proche.
Laurent Ruquier : Vous écoutez *Les Grosses Têtes* régulièrement ?
Auditeur : Oui, depuis quelques années avec vous et depuis tout petit avec mes parents. Je connais bien M. de Kersauson, il a bercé ma jeunesse !
Olivier de Kersauson : Je suis bien content d'avoir bercé ta jeunesse ! Surtout au Havre… Qu'est-ce qu'on devait se faire chier là-bas…
Laurent Ruquier : Ce n'est pas vrai ! Regardez les forces de la nature que ça procure !
Titoff : J'ai remarqué que, souvent, quand les gens sortent du Havre, ils n'y retournent plus jamais !

Citation

Qui a dit : « Un académicien, c'est un type qui a un pied dans la tombe et qui écrit avec l'autre » ?

Jacques Martin

JEUDI 12 MARS

SAINTE JUSTINE

LES PÉPITES

Laurent Ruquier : Marcela, que mettez-vous comme formule de politesse à la fin de vos lettres ?

Marcela Iacub : Je mets : « Votre servante »…

Gad Elmaleh : J'ai eu une image de film porno, là… C'est fou parce que l'accent plus le terme « Votre servante », ça a fait *Ding Dong* ! Laurent, je suis désolé d'avoir mentionné la pornographie surtout que je me rends compte à quel point elle fausse vraiment l'idée de la sexualité chez les jeunes et totalement l'idée du monde…

Laurent Ruquier : Pourquoi ?

Gad Elmaleh : Parce qu'ils se méprennent sur la vitesse à laquelle un plombier peut arriver chez toi. Je trouve que, vraiment, on fausse chez les jeunes, cette perception de la vie, de ce métier – que je respecte – mais c'est très très rare que tu te penches vers le lavabo et que, *Ding Dong*, le plombier arrive. Ce n'est pas vrai, ça n'arrive pas. Il faut protéger les gamins de cette vision du monde assez erronée.

Question du jour

Pour quelle raison Algernon Norman O'Nyme et Alvina Nancy O'Nyme sont-ils un couple célèbre à travers le monde ?

Ce sont ceux qui invitent les dix personnes sur l'île dans *Les Dix Petits Nègres* d'Agatha Christie.

Muriel Robin ?

Une Grosse Tête exceptionnelle qui, après avoir retrouvé Pierre Palmade sur scène, va le retrouver dans le Grand Studio.

L'histoire drôle de Laurent Baffie

C'est un type qui doit partir en voyage, mais il adore son chat alors il appelle un copain : « Est-ce que tu peux garder mon chat ? Il a besoin de beaucoup d'attention. – Oui, avec plaisir. – Je vais te demander un autre service… J'appelle ma grand-mère tous les jours, mais je pars loin et je ne sais pas si le portable va passer. Est-ce que tu peux l'appeler pour moi ? – Oui. » Le mec rentre au bout d'une semaine, il sonne chez son pote et il lui demande : « Où est mon chat ? – Ton chat est mort. – Comment ça ? – Il est tombé du balcon… – Tu ne te rends pas compte de l'amour que j'avais pour ce chat. Tu pourrais me l'annoncer autrement… – Il est crevé, tu voulais que je te dise quoi ? – Je ne sais pas. Un peu de diplomatie. Tu aurais pu me dire : "Ton chat jouait avec un bouchon, le bouchon a roulé sur le balcon, et en voulant l'attraper, il a basculé et voilà !" Et ma grand-mère, tu l'as appelée, tu as des nouvelles ? – Alors justement, ta grand-mère, elle jouait avec un bouchon… »

!!! Ça balance aux GROSSES TÊTES

Pierre Bénichou : Quand j'y étais pour mes dents, j'habitais le Prado à Marseille.

Laurent Ruquier : Vous avez toujours vos provisoires ?

Pierre Bénichou : J'ai mes provisoires, ouais.

Laurent Ruquier : Ça s'entend.

Pierre Bénichou : C'est vrai…

Laurent Ruquier : Quand vont-ils vous les enlever ?

Pierre Bénichou : Ils ne me les enlèveront plus maintenant, ils m'ont dit que ce n'était plus la peine.

Bernard Mabille : Mais pourquoi vas-tu à Marseille pour ça ?

Pierre Bénichou : Parce que c'est plus cher !

Bernard Mabille : Le comble du snobisme…

Question du jour

En musique, comment appelle-t-on une mise en doigt quand il s'agit d'un clavier ?

Une toccata

INVITÉ MYSTÈRE

Êtes-vous un homme ? – Je suis une femme.
Vous a-t-on reconnue dans la rue ? – Un peu.
Êtes-vous venue à pied de chez vous ? – Oh non !
Êtes-vous une femme à brushing ? – Je connais beaucoup de tumulte capillaire.
Êtes-vous une bobo ? – Non, je suis une bio-bo.
Changez-vous de coupe de cheveux par rapport à votre métier ou par envie personnelle ? – Par rapport à mon métier.
Êtes-vous chanteuse ? – Non.
Êtes-vous actrice ? – Oui.
Avez-vous dit des textes de Pierre Palmade ? – Oui.
Avez-vous eu des récompenses au cinéma ? – Oui.
Est-ce que vous-même vous écrivez des textes ? – Non.
Jouez-vous plutôt accompagnée ou seule ? – Accompagnée.
Formez-vous un duo sur scène ? – Non.
Avez-vous fait partie d'une troupe ? – Oui.

Camille Cottin

Stéphane Plaza ?

Une Grosse Tête au nom de Palace, mais qui préfère nous vendre un appartement que de nous louer une chambre.

!!! Ça balance aux GROSSES TÊTES

(Pendant la recherche de l'invité mystère, Patrick Mille)

Laurent Ruquier : Jean Benguigui vous a identifié… mais ça paraît un peu normal qu'il sache qui vous êtes. Arielle Dombasle propose un nom, elle aussi… Elle vous a identifié à son tour ! Ça me paraît tout aussi normal… Elle a l'air surprise, Arielle.

Arielle Dombasle : Non, non, mais ça me fait plaisir…

Chantal Ladesou : Pourquoi est-ce normal ?

Laurent Ruquier : C'est normal que Jean et Arielle… Mais vous devriez trouver aussi, Chantal.

Chantal Ladesou : C'est vrai ? Vu ma carrière ?

Laurent Ruquier : Non ! Ça, non.

LES PÉPITES

Laurent Ruquier : À la fin de l'émission, un auditeur gagnera un magnifique voyage sur la Croisière des *Grosses Têtes*…

Bernard Mabille : Mais on l'a déjà faite…

Laurent Ruquier : Vous y retournez !

Bernard Mabille : Il y en a une nouvelle ?

Laurent Ruquier : Vous avez dû signer parce que je vous vois en photo sur l'affiche.

Bernard Mabille : Faut que je fasse marin comme métier, alors…

Laurent Ruquier : Soyez marrant d'abord et puis, après, on verra !

Bernard Mabille : Je crois que c'est la journée des vieux aujourd'hui, traitez-moi bien !

Gérard Jugnot *(en parlant plus fort)* : C'est la journée des vieux !

LES AUDITEURS FACE AUX GROSSES TÊTES

Laurent Ruquier : Arielle Dombasle se remaquille, elle a compris que c'était le moment où elle allait téléphoner. Le moment de la valise !
Arielle Dombasle : Le moment où le rouge à lèvres compte.
Laurent Ruquier : Nous allons appeler Paul, à Lizières. Ça sonne.
Auditeur : Allô ?
Arielle Dombasle : Allô ! Est-ce que je suis en présence de Paul ?
Auditeur : Oui, bonjour. De quoi s'agit-il, madame ?
Titoff : Vous avez commandé une prostituée…
Arielle Dombasle : Est-ce que vous avez deviné pourquoi on vous appelle ?
Auditeur : Pas du tout !
Arielle Dombasle : Mais, est-ce que vous aimeriez l'apprendre ?
Auditeur : Je ne suis pas sur cette longueur d'onde.
Laurent Ruquier : Est-ce que vous écoutez RTL ?
Auditeur : Quelquefois, oui.
Laurent Ruquier : Connaissez-vous *Les Grosses Têtes* ?
Auditeur : Bien sûr !
Laurent Ruquier : Est-ce que vous avez reconnu la voix d'Arielle Dombasle, car c'est elle qui est en train de vous parler… Enfin, pas là, là c'est moi, mais elle…
Auditeur : J'avais un doute, mais je me suis demandé si c'était sérieux…
Laurent Ruquier : Vous connaissez peut-être la voix de M. de Kersauson ?
Olivier de Kersauson *(imitant Jeanfi)* : Qu'est-ce que tu fais, là ? Tu vas te déboucher les oreilles, quand même, merde !
Laurent Ruquier : Non, ça, c'est Olivier qui imite Jeanfi…
Arielle Dombasle : Monsieur, ne vous inquiétez pas… Ce n'est pas à vous que sont destinés ces calembours… Mais avez-vous deviné pourquoi on vous appelle ?
Auditeur : Non !
Arielle Dombasle : Monsieur, connaissez-vous le montant de la valise ?
Auditeur : Pas du tout !
Titoff : Je crois qu'il n'est même pas au courant qu'il y a une valise…

Question du jour

Quel était le slogan de la campagne pour la Sécurité routière de 2008 sur laquelle Karl Lagerfeld apparaissait en gilet jaune ?

« C'est jaune, c'est moche, ça ne va avec rien, mais ça peut vous sauver la vie. »

Citation

Qui a dit : « La fortune vient en dormant, mais pas en dormant seule » ?

Caroline Otéro

Le jeu de mots

de Laurent Ruquier

(Parlant football)
Langlet, qui joue à Barcelone, est français.

Question du jour

À quoi se réfèrent les lettres QPV à la prison de la Santé ?

Le Quartier des Personnes Vulnérables

Les statistiques

Le jour de la Saint-Patrick, les recherches contenant le mot « leprechaun » augmentent de

1 238 %

sur Pornhub.

Défi du jour

Citez le prénom de l'inspecteur Columbo. Il n'est prononcé qu'une seule fois dans tous les épisodes.

Bob, en français, et Franck, en américain.

LES AUDITEURS FACE AUX GROSSES TÊTES

Laurent Ruquier : Au téléphone, Rebecca… Quel joli prénom ! Rebecca, bonjour !

Auditrice : Bonjour !

Arielle Dombasle : Rebecca, c'est un très joli prénom. Vous avez lu le roman de Daphné du Maurier, *Rebecca* ?

Auditrice : Oui, oui… C'est d'ailleurs pour cela que je m'appelle ainsi !

Arielle Dombasle : Ça, c'est joli… Et vous avez aussi vu le film, j'imagine ?

Auditrice : Je n'ai pas vu le film.

Jeanfi Janssens : Et le dessin animé, vous l'avez vu ?

Laurent Ruquier : Que faites-vous dans la vie, Rebecca ?

Auditrice : Je travaille aux Finances publiques, plus particulièrement au cadastre à Châlons-sur-Saône.

Laurent Ruquier : Je n'en demande pas plus !

Arielle Dombasle : Ça me plaît beaucoup parce qu'on avait un château à Châlons-sur-Saône ! Le château de Chaintré, vous connaissez ?

Auditrice : Oui, mais c'est plus vers Mâcon.

Bernard Mabille : Il était trop petit. On l'a vendu pour acheter Chambord.

!!! Ça balance aux GROSSES TÊTES

Yoann Riou : Pourquoi aimez-vous autant la nature ?

Laurent Baffie : Je fréquente beaucoup de blaireaux.

Yoann Riou : Comment fait-il ? Il a une vanne toutes les deux secondes et demie… Depuis 40 ans, putain… T'arrives toujours à te renouveler, c'est quand même incroyable ! Il y en a plein qui sont devenus *has been* et pas toi…

Laurent Baffie : Ah là, tu m'as rendu *has been* en deux secondes…

L'histoire drôle de Florian Gazan

Vous savez la dernière chose qui passe par la tête d'un moustique qui s'écrase contre un pare-brise ? Son cul.

MARDI 17 MARS

SAINT PATRICE

Citation

Qui a dit : « Mon garagiste affirme que ma batterie a besoin d'une nouvelle voiture » ?

Luis Rego

Le jeu de mots

de Karine Le Marchand et Florian Gazan

(Parlant de Lilian Thuram)

– Je ne savais qu'il était footballeur quand je l'ai rencontré.

– Comme il s'appelle Thuram, peut-être que tu pensais qu'il faisait du kayak à la base.

Question du jour

Qui joue le personnage de Napoléon dans le film *La Belle Espionne* d'après l'œuvre de Victor Hugo, sorti en 1953 ?

Gérard Oury

JOURNÉE NATIONALE DU SOMMEIL.

MERCREDI 18 MARS

SAINT CYRILLE

Question du jour

Quel était le prénom de Coco Chanel ?

Gabrielle

LES PÉPITES

Laurent Ruquier : Les chercheurs ont mis au point une thérapie pour soigner les chagrins d'amour. Au départ, ils l'ont testée avec les victimes des attentats. Certains ont accepté d'essayer cette pilule, le Propranolol, pour tenter d'oublier ou en tout cas survivre plus facilement à ces drames… Et ça marche aussi, a fortiori, pour les chagrins d'amour comme le raconte une dame : « Grâce au Prona… »

Christophe Beaugrand : Propranolol.

Michèle Bernier : Il faudrait changer le nom.

Florian Gazan : Oui, parce que le Propofol, c'est Michael Jackson et il en est mort…

Jean-Jacques Peroni : Ils n'ont qu'à l'appeler « Youpi ».

Florian Gazan : Ou « Enfin seul ».

Titoff : Ils n'ont qu'à appeler ça l'alcool.

Laurent Ruquier : Pour tout vous dire, je suis un peu contre.

Christophe Beaugrand : Vous préférez souffrir ?

Laurent Ruquier : Autant, évidemment, pour les victimes des attentats, je trouve ça très bien… Mais je pense qu'il faut vivre avec un chagrin d'amour.

Christophe Beaugrand : J'ai le meilleur des médicaments pour un chagrin d'amour. C'est Hélène Ségara. Parce qu'on n'oublie jamais rien, on vit avec. *(En chantant) On a plusieurs vies / Mais une seule grande histoire de cœur / Quand l'amour s'enfuit, / Il n'y a jamais de vainqueur / Si on pouvait tout refaire, / Balayer nos erreurs / On n'oublie jamais rien, on vit avec…*

Florian Gazan : Ce qui me rappelle que ce médicament, à l'origine, était fait pour la migraine et ça marche pour toi aussi.

!!!

Ça balance aux GROSSES TÊTES

(Après une bonne réponse de Caroline Diament.)

Christophe Beaugrand : Elle est maligne ! Elle n'est pas… mais maligne quand même.

Caroline Diament : Vas-y, finis ta phrase… Elle n'est pas quoi ?

Florian Gazan : Elle n'est pas fute-fute, mais elle est maligne.

Melha Bedia : Ils se permettent beaucoup trop de choses…

Caroline Diament : Je m'en fous, j'ai un quotient intellectuel très élevé…

Florian Gazan : Que tu laisses chez toi.

Christophe Beaugrand : Elle vient avec son gros Q… I à chaque fois.

Caroline Diament : Tu sais où je vais te le foutre le I ?

LES AUDITEURS FACE AUX GROSSES TÊTES

Laurent Ruquier : Guillaume est au téléphone. Bonjour Guillaume !

Auditeur : Bonjour…

Laurent Ruquier : Vous avez l'air tout timide, je me trompe ?

Auditeur : Angoissé.

Laurent Ruquier : Angoissé, impressionné… Par Arielle Dombasle, par Yoann Riou, par Olivier de Kersauson ?

Auditeur : En particulier, oui.

Olivier de Kersauson : T'as intérêt à le rester, angoissé.

Philippe Geluck ?

Une Grosse Tête qui, même quand il pose son crayon, continue les traits d'humour sur RTL.

L'anecdote de Michel Boujenah

Il y a deux ans, j'ai été à Malmö, en Suède, pour recevoir un prix pour un film. Là-bas, les types parlent une fois par semaine. Je suis arrivé le lendemain du jour où ils avaient parlé… Moi, je suis méditerranéen : chez nous, il faut qu'on parle. Même la nuit, on parle. S'il y a un silence la nuit, je me réveille, je ne peux pas dormir. Ils ont voulu m'interner, mais je me suis échappé par la Norvège. Ce n'était pas une bonne idée… Parce que là-bas, non seulement, ils ne parlent pas… mais, quand il fait 4 °C, ils pensent que c'est le printemps et ils courent tout nus dans la rue. C'est une catastrophe !

Question du jour

D'où vient l'expression tchèque : « Je ne vais pas mourir comme Tycho Brahe » ?

Il est mort d'un éclatement de la vessie après avoir trop bu lors d'un dîner avec l'empereur Rodolphe II. Malgré une envie de plus en plus pressante, il n'a pas osé quitter la table de l'empereur.

Le jeu de mots

de Caroline Diament et Éric Laugérias

(Cherchant où Cristiano Ronaldo investit)
– Est-ce quelque chose de typiquement espagnol ?
– Comme du café Olé ?!

Défi du jour

Citez le nom du sélectionneur français de rugby resté, à ce jour, le plus longtemps à la tête de l'équipe de France ?

Jacques Fouroux

INVITÉ MYSTÈRE

Appréciez-vous les remarques érudites de Lorànt Deutsch ?
– Oui.
Êtes-vous un homme ou une femme ? – Je suis un homme.
Plume ou clavier ? – Plume.
Êtes-vous considéré comme un intellectuel ? – Non.
Êtes-vous Enrico Macias ? – Non.
Êtes-vous pied-noir ? – Non.
Lisez-vous un livre par semaine ? – Ce n'est pas aussi régulier.
Votre physique vous a-t-il beaucoup aidé ? – Non.
Êtes-vous sportif ? – Non.
Êtes-vous sur les réseaux sociaux ? – Non.
Êtes-vous brun, blond… ou plutôt chauve ? – Chauve.
Travaillez-vous dans l'humour ? – Oui.
Avez-vous présenté une émission de télévision ?
– Quelquefois.

Patrick Bosso

VENDREDI 20 MARS

SAINT HERBERT

Question du jour

Que signifie l'expression « becqueter à la table qui recule » ?

Rester à jeun

Le jeu de mots

de Laurent Ruquier

(Devant trouver la particularité de la règle de Jean Teulé)
Il l'a achetée dans la ville de Troyes ? C'est une règle de trois.

Citation

Qui a dit : « L'amitié est une embarcation assez grande pour porter deux personnes par beau temps, mais une seule en cas de tempête » ?

Ambrose Bierce

INVITÉ MYSTÈRE

Êtes-vous un homme ? – Non.
Avez-vous des enfants ? – Oui, j'en ai eu plein.
C'est-à-dire ? – Deux.
Les amenez-vous encore à l'école ? – Ah non !
Vos enfants ont-ils des enfants ? – Oui.
Utilisez-vous un pseudonyme ? – Non.
Chantez-vous ? – C'est déjà arrivé.
Mais ce n'est pas votre source principale de revenus ? – Non.
Êtes-vous du Nord ? – Oh oui !
Avez-vous eu une récompense ? – J'en ai plein !
Êtes-vous actrice ? – Oui.
Combien de césars avez-vous eus ? – Trois.
Peut-on dire que vous êtes proche de Jean Dujardin ? – C'est arrivé, oui.

Yolande Moreau

Question du jour

À qui doit-on l'ouvrage *La Cuisine cannibale* où l'on pouvait trouver des recettes telles que « le myope au gratin », le « foie de Suisse à la poêle », le « pâté de campagnard » ?

Roland Topor

Éric Laugérias ?

Une Grosse Tête qui, dès qu'il chante, nous fait l'Eurovision à lui tout seul.

LES PÉPITES

Gad Elmaleh : Invité mystère, pardon, mais je viens de tendre mon papier à une très jolie jeune fille qui m'a dit qu'elle s'appelait Siranouch… C'est votre prénom ?

Florian Gazan : Siranouch de Bergerac en plus, incroyable !

Gad Elmaleh : Non !… de Bergerouc ! Eh bien, écoutez Siranouch, très bien… Et vos parents, … ?

Michèle Bernier : Ses parents, c'est Roxanouch et Christonouch !

Laurent Ruquier : C'est elle qui ramasse les noms que proposent…

Florian Gazan : Les papiouches !

Gad Elmaleh *(en chantant)* : « Laissez parler les petits papiouches… »

Laurent Ruquier : Et ça tombe bien parce que Gad Elmaleh a trouvé l'invité mystère !

!!! Ça balance aux GROSSES TÊTES

Olivier de Kersauson *(devant décrire l'invité mystère)* : J'aime bien ce qu'il fait, ce qu'il est…
Muriel Robin : Question génération… Plutôt moi, ou plus jeune ?
Olivier de Kersauson : Plus vieux, c'est difficile, mais…
Muriel Robin : J'ai tendu la perche.
Olivier de Kersauson : Je l'ai prise pour ne pas décevoir ma petite Muriel que j'adore.
Valérie Mairesse : Mais t'aimes tout le monde ! T'es complètement Alzheimer maintenant !
Olivier de Kersauson : Ouais, et je te trouve sympa, c'est te dire à quel point je le suis !

LUNDI 23 MARS

SAINT VICTORIEN

Question du jour

Au bistro, que signifie l'expression « écorcher le renard » ?

Vomir

L'histoire drôle de Michèle Bernier

Deux golfeurs arrivent au dernier trou du parcours, sur le bord d'une route et un des deux va jouer pour la victoire. À ce moment-là, sur la route, passe un corbillard et l'un des deux golfeurs, celui qui va lancer sa balle, salue le corbillard. L'autre lui dit : « Attends, on est au dernier trou et tu salues un corbillard. – C'est quand même ma femme qui est dans le cercueil. »

LE BILLET DE PHILIPPE MANOEUVRE

La chanson *Vertige de l'amour* d'Alain Bashung a été reprise en anglais sous le titre *Casualty of Love* par Johnny Hallyday. Johnny adorait cette chanson, mais il ne voulait pas faire la même immédiatement après Bashung, donc il l'a fait traduire en anglais.

Le proverbe

de Steevy Boulay

Tempête en novembre,
t'en chie en décembre.

LES PÉPITES

Laurent Ruquier : Une Grosse Tête qu'il vaut mieux ne pas inviter au buffet du film *All Inclusive*… Bernard Mabille !

Bernard Mabille : Bonjour !

Laurent Ruquier : Bernard, vous devez en profiter dans un club de vacances quand tout est compris, *all inclusive* ?

Bernard Mabille : C'est tellement dégueulasse.

Pierre Bénichou : C'est bien meilleur que chez les gens !

Bernard Mabille : Je n'ai jamais été invité chez toi…

Laurent Ruquier : Pourquoi ? Ce n'est pas bon chez les gens ?

Pierre Bénichou : C'est ce qu'il y a de pire. Il ne faut jamais ni coucher ni manger chez les gens !

Roselyne Bachelot : Ah bon ?

Pierre Bénichou : Il faut coucher à l'hôtel, manger au restaurant et voir les gens dix minutes pour essayer de leur piquer un peu de pognon, c'est tout.

Franck Dubosc : Ça donne envie d'être son ami !

!!! Ça balance aux GROSSES TÊTES

Valérie Mairesse *(à l'invité mystère)* : Pourrais-je être votre mère au niveau de l'âge ?

Chantal Ladesou : On ne demande pas l'âge, ma grosse…

(Les Grosses Têtes et le public éclatent de rire.)

Laurent Ruquier : Franchement, Chantal !

Chantal Ladesou : J'enlève… Parce que ce n'est pas bien ! En plus, je t'aime bien !

Valérie Mairesse : C'est marrant parce que, comme les gens ont ri, je n'ai pas entendu…

Chantal Ladesou : Tant mieux.

MARDI 24 MARS

SAINTE CATHERINE DE SUÈDE

INVITÉ MYSTÈRE

Bienvenue aux *Grosses Têtes*, êtes-vous prêt ou prête à répondre aux questions de mes camarades ? – Oui.
Vous êtes prêt ou prête ? – Je suis prête.
Vous êtes donc une femme ! – Quelle déduction !
Auriez-vous trouvé les frères Jacques *(comme moi)* ou plutôt les Frères ennemis ? – Les Fréro Delavega.
Êtes-vous née en France ? – Oui.
Avez-vous des enfants ? – Non.
Êtes-vous plus de la génération des Fréro Delavega que de celle des Frères Jacques ? – Certainement, oui.
Les Compagnons de la chanson, ça ne vous dit rien ? – Non.
C'est Stéphane, pourrait-on avoir un enfant ensemble ?
– Oui… Techniquement.
Donc on se connaît déjà ? – Oui, on se connaît, Stéphane.
Êtes-vous née dans une région où l'on a un accent particulier ? – Non.
Portez-vous un pseudonyme ? – Oui.
Votre pseudonyme est-il en un seul mot ? – On pourrait le dire.
Pourquoi « on pourrait le dire » ? – Parce qu'il se prononce comme un seul mot.
Êtes-vous chanteuse ? – Oui.
Est-ce qu'en plus d'être chanteuse, vous écrivez vos textes ou vos musiques ? – Ça m'est arrivé dans ce dernier album.
Êtes-vous de la même famille musicale qu'Amel Bent ? – Oui.

Shy'm

L'anecdote d'Élie Semoun

Un homme devait faire sa demande en mariage sur ma scène. J'avais demandé à mon régisseur, dit « La Flèche », de me prévenir, pour que je les fasse monter sur scène, etc. Et La Flèche a oublié ! Il a fallu les inviter le lendemain et il a fait sa demande en mariage comme prévu. Mais ça a été un imbroglio : il a fallu qu'il dise à sa compagne qu'il voulait revenir voir le spectacle une deuxième fois, parce qu'ils étaient mal placés…

Question du jour

Pourquoi les dix-huit pages dactylographiées de la main de Charlotte Drake Cardeza sont-elles restées célèbres ?

Ce sont les dix-huit pages de réclamation contenant la liste de ses bagages perdus lors du naufrage du *Titanic*.

Le jeu de mots

de Laurent Ruquier et Laurent Baffie

– La grande rivale de Violette Morris était Lucienne Velu.
– Elle était rasoir !

Citation

Qui a dit : « Le bonheur, c'est un rêve d'enfant réalisé quand on est adulte » ?

Sigmund Freud

MERCREDI 25 MARS

SAINT HUMBERT

Question du jour

Quel élément Jean Dutourd a-t-il modifié dans sa traduction du livre *Le Vieil Homme et la mer* d'Ernest Hemingway ?

Il a changé le nom du poisson. L'espadon de la version française était un marlin dans la version originale.

Le jeu de mots

de Laurent Ruquier

Tous mes amis portugais écoutent et, croyez-moi, sur ce cliché des Portugais poilus, ils sont chatouilleux.

Défi du jour

Citez dans l'ordre les noms des cinq plus grands musées du monde.

Le Louvre à Paris, l'Ermitage à Saint-Pétersbourg, le musée de Pékin, le Metropolitan à New York, les musées du Vatican à Rome.

JOURNÉE DE LA PROCRASTINATION

JEUDI 26 MARS

SAINTE LARISSA

LES AUDITEURS FACE AUX GROSSES TÊTES

Arielle Dombasle : Allô, allô, allô…
Auditeur : Allô.
Arielle Dombasle : Est-ce que je suis en présence de Quentin ?
Auditeur : Oui…
Arielle Dombasle : Vous êtes bien dans les Ardennes ?
Auditeur : Oui.
Arielle Dombasle : À Sedan ?
Auditeur : Oui, c'est ça.
Laurent Ruquier : Elle a l'art du suspense…
Arielle Dombasle : Monsieur, savez-vous pourquoi on vous appelle ?
Auditeur : Pour la valise. Mais je n'ai pas le contenu, car je suis routier et je n'ai pas pu écouter hier. Je devais écouter cet après-midi, en *replay*.
Laurent Ruquier : Il en a fait perdre des gens, ce *replay* ! Je vais vous offrir une montre RTL. Qu'est-ce que vous trimballez ?
Jean-Jacques Peroni : Mais dis donc !
Auditeur : Des voitures…
Jean-Jacques Peroni : Monsieur Ruquier ! Est-ce une façon de traiter un auditeur qui, en plus, vient de perdre la valise ! « Qu'est-ce que vous trimballez ? » Non, mais franchement…
Laurent Ruquier : Vous avez des voitures à bord de votre camion ?
Auditeur : C'est ça.
Laurent Ruquier : Ça m'a toujours impressionné, pas vous ? Ça fait toujours peur de doubler un camion avec des voitures dessus, on se dit : « Il y en a peut-être une qui va glisser… » On va vous envoyer une montre RTL.
Yoann Riou : Laurent, pourquoi vous ne le faites pas gagner, parce que ce n'est pas de sa faute ?
Jean-Jacques Peroni : Mais, de quoi tu te mêles !
Laurent Ruquier : Vous pouvez peut-être lui envoyer un abonnement à *L'Équipe* ?
Yoann Riou : On fait ça, Laurent ?
Laurent Ruquier : Ils vont bien vouloir à votre direction ?
Yoann Riou : Franchement, on va le faire…
Olivier de Kersauson : On sait pourquoi Riou va être viré : « A engagé le groupe dans des dépenses inconsidérées. »

Question du jour

Quel magazine mensuel a fêté ses 40 ans en mars 2019 ?

Le magazine GEO

Les statistiques

17 000 chats sont retrouvés sur les 52 000 perdus chaque année.

!!! Ça balance aux GROSSES TÊTES

Laurent Ruquier : Je ne sais même pas si j'ai été allaité ou pas.
Michèle Bernier : Votre maman ne vous l'a pas dit ?
Laurent Ruquier : Non.
Chantal Ladesou : Vous seriez plus intelligent.
Laurent Ruquier : Et vous, Chantal ?
Chantal Ladesou : J'ai allaité mes trois enfants.
Laurent Ruquier *(en riant)* : Ça se voit !… Ils ont dû tirer fort !

VENDREDI 27 MARS

SAINT HABIB

Question du jour

Pourquoi Cléopâtre utilisait-elle un cornet de papyrus rempli d'abeilles ?

C'est le vibromasseur de l'époque.

Les statistiques

Chaque Français consomme 2,8 kg de kiwis par an.

Défi du jour

Citez les noms qui marquent dix ans, vingt ans, trente ans, quarante ans et cinquante ans de mariage.

Les noces d'étain, de porcelaine, de perle, d'émeraude et d'or.

LES AUDITEURS FACE AUX GROSSES TÊTES

Chantal Ladesou : Bonjour Patrice.
Auditeur : Ah non, ce n'est pas Patrice.
Christophe Beaugrand : Mais qui est à l'appareil ?
Auditeur : Moi, c'est David. Patrice ne travaille plus ici.
Christophe Beaugrand : Il a laissé son numéro de boulot…
Élie Semoun : Vous écoutez RTL ?
Auditeur : Non, pas vraiment.
Chantal Ladesou : C'est dommage. Où est-ce qu'on peut trouver Patrice ?
Auditeur : Bonne question.
Christophe Beaugrand : Vous n'avez pas gardé son numéro ?
Auditeur : Pas du tout. Je ne le connais même pas. J'ai juste récupéré son téléphone.
Élie Semoun : Vous savez qui vous appelle ?
Auditeur : Non.
Élie Semoun : Ce sont *Les Grosses Têtes*.
Laurent Ruquier : Pourquoi n'écoutez-vous pas *Les Grosses Têtes* ?
Auditeur : À l'avenir, j'écouterai. Mais je regardais *Les Grosses Têtes*, il y a quelque temps quand ça passait à la télé.
Laurent Ruquier : Eh bien, il faut venir nous réécouter l'après-midi sur RTL.
Élie Semoun : Ce n'est plus Bouvard qui présente.
Laurent Ruquier : Pour vous servir, Laurent Ruquier.
Auditeur : D'accord…
Christophe Beaugrand : Ah ! Il aime moins là…
Laurent Ruquier : Je vais vous offrir une montre RTL pour vous convaincre d'écouter l'émission… À deux conditions : un, vous écoutez *Les Grosses Têtes*. Et deux, vous rendez son téléphone à Patrice quand même. Comment se fait-il qu'on passe son téléphone à quelqu'un ?
Auditeur : C'est un téléphone professionnel fourni par l'entreprise.
Élie Semoun : Il est au chômage ? Il a été viré, c'est ça ?
Auditeur : Non, il est à la retraite.
Laurent Ruquier : Le pire, c'est qu'il est peut-être en train de nous écouter !
Élie Semoun : Mais… Il s'est inscrit il y a combien de temps ? Dix ans ?
Christophe Beaugrand : Ça fait longtemps qu'il est parti ?
Auditeur : Cinq ans, je crois.

L'histoire drôle de Jean-Marie Bigard

C'est un mec qui a une petite bite et une couille énorme… et ça fait rire tous ses potes. Alors, il décide d'aller chez le médecin. Il lui dit : « J'ai un problème, j'ai une grosse couille et ça fait rire tout le monde. On se moque de moi. » Le médecin lui dit : « Montrez-moi ! – Bah non, si je vous la montre, vous allez rigoler et vous moquer. – Non, je suis médecin, je ne vais sûrement pas rire. » L'homme se lève, déboutonne sa braguette, il extirpe une couille, un melon, et la pose sur le bureau. Là, le médecin part dans une crise de rire et dit : « En effet, je n'ai jamais vu ça. – Vous voyez, vous avez rigolé ! Eh bien, je ne vous montrerai pas la grosse ! »

Question du jour

Quelle actrice va incarner Simone Veil dans le biopic réalisé par Olivier Dahan ?

Elsa Zylberstein

Citation

Qui a dit : « Si les singes savaient s'ennuyer, ils pourraient devenir des hommes » ?

Goethe

!!! Ça balance aux GROSSES TÊTES

Roselyne Bachelot : Quand on veut cacher quelque chose d'indécent, on dit toujours : « couvrir du manteau de Noé ».
Franck Dubosc : On ne le dit pas toujours non plus…
Jeanfi Janssens : On dit : « Mets une culotte ! », on ne dit pas : « Couvrir du manteau de Noé »…
Roselyne Bachelot : Tu connais l'expression quand même, Jeanfi ?
Bernard Mabille : Jamais entendu parler. Tu n'es pas un peu bourge, toi, ma petite Roselyne ?
Roselyne Bachelot : Non… Un peu cultivée, simplement…

LUNDI 30 MARS

SAINT AMÉDÉE

Question du jour

Quelle grosse erreur figure dès le début dans les paroles de la chanson *Les Sunlights des tropiques* de Gilbert Montagné ?

On ne peut pas « vivre sous l'équateur du Brésil entre Cuba et Manille », car Cuba et Manille sont au-dessus de l'équateur.

INVITÉ MYSTÈRE

Portez-vous la barbe ? – Non.
Êtes-vous un homme ? – Non.
Vous êtes très connue, vous a-t-on reconnue à votre arrivée ? – Il n'y avait personne.
Utilisez-vous un pseudonyme ? – Non.
Vous arrive-t-il d'être sur scène ? – Oui !
Avez-vous déjà eu plusieurs vies ? – En quelque sorte, oui.
Êtes-vous chanteuse ? – Oui.
Chantez-vous en anglais ? – Oui, en anglais et en français.
Pourriez-vous chanter dans d'autres langues ? – Peut-être, oui.

Véronic DiCaire

LES PÉPITES

Jérémy Ferrari : Je voudrais envoyer Philippe Croizon sur la Lune. C'est mon nouvel objectif.

Florian Gazan : Il ne pourra pas marcher sur la Lune, il n'a pas de pieds.

Jérémy Ferrari : Il pourra rouler sur la Lune. Ça ne s'est jamais fait.

Laurent Ruquier : Pourquoi voulez-vous envoyer votre ami Croizon sur la Lune ?

Jérémy Ferrari : Parce que je cherche de nouveaux défis et que le seul truc qui n'a pas encore été fait par une personne handicapée, c'est d'aller dans l'espace. J'essaie de trouver un moyen de l'envoyer sur la Lune. Même s'il ne revient pas, mais qu'il y aille…

Laurent Ruquier : C'est curieux quand même.

Florian Gazan : Comment vas-tu l'y envoyer ? Une catapulte ?

Jérémy Ferrari : Je ne sais pas. On réfléchit à un moyen. On va trouver.

Laurent Ruquier : Vous pourriez l'envoyer sur une autre planète…

Jérémy Ferrari : Oui, où il veut.

Laurent Ruquier : Impossible sur une autre planète : « Pas de bras, pas de Mars. »

!!! Ça balance aux GROSSES TÊTES

Laurent Ruquier : Chantal, vous aimeriez qu'Olivier de Kersauson déchire votre chemise manifestement…

Chantal Ladesou : J'aimerais bien… Sa femme doit très très belle, non ? Parce que, en général, les femmes belles aiment les moches.

Christophe Beaugrand : Ton mari n'est pas si beau…

Olivier de Kersauson : Toi, ton mari doit être intelligent parce que les mecs intelligents adorent les connes !

Laurent Ruquier : Écoutez, moi qui connais les deux… Non.

LES AUDITEURS FACE AUX GROSSES TÊTES

Laurent Ruquier : Christian, vous allez peut-être partir au Futuroscope, le temps d'un week-end, pour un séjour avec vos deux enfants. Vous avez des enfants ?
Auditeur : Non, enfin, ils sont âgés.
Jean-Jacques Peroni : Vous ne pouvez pas en refaire d'ici là ?
Laurent Ruquier : Qu'est-ce que vous appelez « âgés » ?
Auditeur : Trente et trente-cinq ans.
Laurent Ruquier : Vous les avez faits tôt quand même alors, Christian !
Auditeur : Voilà.
Camille Lellouche : Coquin.
Caroline Diament : Pourquoi ? Il a quel âge, Christian ?
Laurent Ruquier : Trente-deux ans !
Auditeur : Non, non.
Caroline Diament : Christian, vous êtes un miracle !
Laurent Ruquier : Non, il a cinquante-six ans, Christian… Je pensais qu'il pouvait avoir des adolescents. Vous êtes prêt, Christian ? Ça vaut le coup, je vous jure, j'y suis allé il y a quelques années, je rêve d'y retourner.
Olivier de Kersauson : T'as qu'à gagner à une de tes questions !
Caroline Diament : Il a raison, vous n'avez qu'à répondre pour une fois.

Question du jour

Quel était le nom du premier présentateur de journal télévisé qui parut à l'écran, le 4 novembre 1954 ?

Claude Darget

Le jeu de mots

de Laurent Ruquier et Melha Bedia

– Une question pour Mme Atout…
– Mais pourquoi on l'appelle ? Si elle a tout…

Yves Calvi ?

Une Grosse Tête qui pose des questions à ses invités et qui, pour une fois, va devoir y répondre.

L'anecdote de Jeanfi Janssens

À côté du Machu Picchu, il y a une grande ferme à papillons avec des papillons énormes ! C'est beau, on dirait des gros oiseaux… Il y a toute une saison où ils se reproduisent et où ils s'en vont vers le Machu Picchu. Et toi, t'es comme dans un rêve, c'est beau !

L'histoire drôle de Gérard Jugnot

C'est un dîner avec des membres de la Wehrmacht. L'un d'eux dit : « J'aime beaucoup ce pays : la culture, les musées, les tableaux, l'art, le cinéma… J'aime beaucoup la France. » Et sa voisine de lui répondre : « Écoutez, quand vous serez partis… revenez ! »

MERCREDI 1ER AVRIL

SAINT HUGUES

Question du jour

Pour quelle raison a-t-on retenu le nom de Laurent Mourguet, qui était arracheur de dents à la fin du XVIIIe siècle ?

Il a créé la marionnette Guignol pour détourner l'attention de ses clients.

Le jeu de mots

de Jean-Jacques Peroni

Moi, je n'ai qu'une peur avec les déménageurs, c'est qu'il y en ait un qui lâche une caisse.

Citation

Qui a dit : « En politique, la sagesse est de ne point répondre aux questions. L'art est de ne pas se les laisser poser » ?

André Suarès

JEUDI 2 AVRIL

SAINTE SANDRINE

INVITÉ MYSTÈRE

Êtes-vous un homme ou une femme ? – Je suis une femme.
Êtes-vous comédienne ? – Non.
Êtes-vous célibataire ? – Non.
Sortez-vous un album prochainement ? – Pas tout de suite.
Avez-vous des enfants ? – Oui.
La chanson est-elle votre activité principale ? – Oui.
Êtes-vous plutôt blonde ou brune ? – J'ai souvent changé.
Êtes-vous de la génération de Jeanne Mas ? – Non. Je suis un peu plus jeune.
Vous arrive-t-il d'être sur des écrans ? – C'est-à-dire ?
Faites-vous des films ? – Des films, non.
Avez-vous tourné avec Muriel Robin ? – Oui.
Avez-vous déjà été jury de quelque chose ? – Oui.
Avez-vous fait une publicité dernièrement ? – Oui.
Faites-vous partie des Enfoirés ? – J'en ai fait partie pendant dix-sept ans.

Hélène Ségara

Question du jour

Quel film a obtenu le césar du Meilleur film de l'année en 2019 ?

Jusqu'à la garde de Xavier Legrand

Jean-Luc Lemoine ?

Une Grosse Tête qui va retrouver des têtes qu'il connaît déjà et des nouvelles têtes.

LES PÉPITES

Laurent Ruquier : Avez-vous déjà entendu parler de Chateaubriand, Steevy ?

Steevy Boulay : Oui ! C'est une cité au Mans aussi, donc…

Caroline Diament : Tu ne nous déçois jamais !

Laurent Baffie : Lui en viande, il est plutôt tournedos…

Steevy Boulay : C'est vrai, c'est sur l'avenue Bollée ; il y a Châteaubriand…

Laurent Ruquier : Il a été ambassadeur de France, pour votre gouverne…

!!! Ça balance aux GROSSES TÊTES

Laurent Ruquier : Monsieur Chaunu, c'est votre deuxième fois…

Emmanuel Chaunu : Oui, alors, en tant que caricaturiste, j'ai en face de moi Bernard et, à ma droite, Peroni, donc j'ai du boulot… Je vais m'y mettre tout de suite !

Laurent Ruquier : Oui, mais vous savez qu'on fait de la radio ici…

Arielle Dombasle : Donc vous allez croquer vos camarades ?

Emmanuel Chaunu : Oui, mais là, il y a du boulot !

Florian Gazan : Ah oui, pour croquer Bernard, il faut du temps !

VENDREDI 3 AVRIL

SAINT RICHARD

Question du jour

Avec qui Gene Kelly dansait-il dans le film *Escale à Hollywood* ?

Jerry, la souris de Tom et Jerry

L'histoire drôle d'Antoine Duléry

(Imitant la voix de Fabrice Luchini) Cet épouvantable pompon me rappelle l'histoire du mec qui dit : « Si tu te réveilles un matin avec quatre couilles au cul, ne te dis pas que tu es un surhomme ! Mais peut-être que tu es en train de te faire enculer… »

LES PÉPITES

Laurent Ruquier : Bigflo et Oli étaient bien nos invités mystère !

Bernard Mabille : Je ne savais pas qu'on avait les moyens d'avoir les deux.

Caroline Diament : On ne les sépare pas !

Florian Gazan : On est RTL ou quoi ?

Bernard Mabille : C'est pour cela que je pensais qu'il n'y avait qu'Oli.

Laurent Baffie : Mais Bigflo, c'est dommage, moi je me serai appelé « Un suppo »

Bigflo et Oli :… et Oli, oui.

Caroline Diament *(affligée)* : Oui, oui…

Bigflo et Oli : Je n'en peux plus…

Caroline Diament : Nous, on vient de se taper ça pendant deux heures !

!!!

Ça balance aux GROSSES TÊTES

Laurent Ruquier : Avouez qu'on nous fait des articles sur le trou noir auxquels on ne comprend rien !

Jean-Jacques Peroni : Mais c'est parce qu'on n'a pas été éduqués pour… À l'école, on nous apprend des conneries qui ne servent à rien.

Jeanfi Janssens : Les Bogdanov ont essayé de nous expliquer avec *Temps X*, regarde comment ils sont devenus !

LE BILLET DE LORÀNT DEUTSCH

À la Renaissance, le français a explosé. Après la guerre de Cent Ans, le français s'est inspiré du latin, mais aussi de l'italien, pour nourrir son vocabulaire, qui a augmenté de moitié. À l'époque, il n'y avait pas d'Académie pour fixer les choses, donc ça partait dans tous les sens ! Et Rabelais, qui était un amoureux de la langue, n'hésitait pas à inventer des mots avec des néologismes, comme le mot « torcheculatif », qui était donc un système pour s'essuyer les fesses. Il en a inventé une trentaine et tous sont plus drôles les uns que les autres.

SAMEDI 4 / DIMANCHE 5 AVRIL

SAINT ISIDORE — *SAINTE IRÈNE*

INVITÉ MYSTÈRE

Êtes-vous un homme ? – A priori, oui.
Avez-vous signé des autographes quand vous êtes arrivé ? – Si je dois vous dire la vérité, oui.
Êtes-vous né en France ? – Oui.
Avez-vous des enfants ? – Oui.
Vos enfants sont-ils connus ? – L'une de mes deux filles commence à être un petit peu connue.
Fait-elle le même métier que vous ? – Oui et non.
Vous voit-on sur scène ou sur des écrans ? – De temps en temps.
Vous n'êtes pas comédien ? – Non, même si dans mon métier, ça se voit parfois.
Travaillez-vous à la radio ? – Parfois.
Dans cette maison ? – Non, mais j'ai pas mal d'amis dans cette maison que j'apprécie beaucoup.
Êtes-vous chroniqueur à la télévision ? – Chroniqueur, non.
Êtes-vous animateur plutôt ? – Pas tout à fait, non plus.
On vient d'entendre Ringo chanter. Avez-vous un rapport avec Sheila ? – Non.
Chantez-vous ? – Oui, mais ce n'est pas mon métier principal.
Êtes-vous expert dans un domaine que l'on invite pour un sujet spécifique ? – Oui et non.
Êtes-vous un vulgarisateur scientifique ? – Non.
Êtes-vous spécialiste du ciel ? – Oui, enfin, je le suis devenu…
Êtes-vous astrologue ? – Non.
Avez-vous travaillé sous les ordres de Franz-Olivier Giesbert ? – Non et je le regrette.
Êtes-vous proche de Philippe Candeloro ? – Oui.

Nelson Monfort

Question du jour

Qui Kylian Mbappé a-t-il détrôné en devenant le plus jeune joueur de l'histoire à avoir marqué plus de 50 buts en Ligue 1 ?

Yannick Stopyra

Le jeu de mots

de Roselyne Bachelot et Laurent Ruquier

– La Fontaine n'était pas un libertin, mais il était un homme réputé pour avoir des mœurs assez libres…
– Vous aussi, vous êtes une femme affable !

Citation

Qui a dit : « Un grand écrivain se remarque au nombre de pages qu'il ne publie pas » ?

Stéphane Mallarmé

LUNDI 6 AVRIL

SAINT MARCELLIN

Question du jour

Quelle actrice est repartie, pour la septième fois, bredouille de la cérémonie des Oscars 2019 ?

Glenn Close

Les statistiques

Dans Paris intra-muros, les lignes de bus vont de 20 à 99. Les lignes de métro, elles, vont de 1 à 19.

Défi du jour

Citez le nom de la ville fictive dont est originaire la famille des films *Les Tuche*.

Bouzolles

LES AUDITEURS FACE AUX GROSSES TÊTES

Laurent Ruquier : Vous avez gagné grâce à une question sportive, Christophe. Vous faites du sport vous-même ?
Auditeur : J'en ai fait… Maintenant, je suis un petit peu vieux.
Laurent Ruquier : Mais, vous avez mon âge !
Auditeur : Je jouais au rugby donc, maintenant, ça devient plus difficile.
Caroline Diament : Faut changer de sport !
Laurent Ruquier : Demandez à Roselyne, c'est la spécialiste du rugby !
Roselyne Bachelot : Oui…
Caroline Diament : Des calendriers !
Roselyne Bachelot : Disons que j'aime bien les rugbymen…
Laurent Ruquier : Le nouveau là, le Dupont ?
Roselyne Bachelot : Il n'est pas mal !
Laurent Ruquier : J'étais sûr que vous l'aviez repéré.
Roselyne Bachelot : C'est vrai que je le préfère à Bastareaud.
Laurent Ruquier : Ah oui ?
Caroline Diament : Je l'adore, Bastareaud…
Laurent Ruquier : Pourquoi ?
Caroline Diament : Parce que je voulais faire semblant de le connaître.

L'histoire drôle de Jean-Marie Bigard

C'est un mec qui déteste le chat de sa femme. Il attend que sa femme soit occupée, il prend le chat, le met dans la voiture. Il fait plusieurs kilomètres, en allant à gauche, à droite… et abandonne le chat. Il rentre à la maison et, là, il voit le chat sur le perron de sa maison. Il se dit : « Putain, toi, tu vas morfler. » Il le reprend, lui bande les yeux, lui met des boules Quiès pour qu'il ne puisse pas se repérer et le met dans une caisse fermée. Il fait trente kilomètres. Gauche, droite, nord, sud. Il dépose le chat, il ouvre la caisse. Il remonte dans sa bagnole, il arrive à la maison et, sur le perron, il y a le chat, tranquille, avec presque un petit sourire moqueur. Il le reprend ! Il fait quarante bornes au nord, quarante bornes au sud, à l'ouest, à l'est… Il tourne en rond. Il fait quatre fois le tour du rond point, il repart sur cinquante kilomètres. À un moment, il s'arrête, il dépose le chat et, là, il téléphone à sa femme quand même, pour être sûr, et dit : « Chérie, ton petit chat, il est à la maison ? – Oui, il est sur le perron, tranquille. » Il lui dit : « Passe-moi ce connard, parce que je suis perdu ! »

MARDI 7 AVRIL

SAINT JEAN-BAPTISTE DE LA SALLE

L'anecdote d'Élie Semoun

C'est ma tante, tata Colette, qui m'a fait découvrir l'opéra. En fait, ça a commencé par une histoire horrible. Il y a dix ans de liste d'attente pour aller à Bayreuth, et mon oncle a reçu ses places deux ans après sa mort… C'est comme ça que j'ai pu y aller !

Question du jour

À qui le *Green Book*, publié aux États-Unis de 1936 à 1966, était-il destiné ?

Aux Noirs. Il leur indiquait les adresses où ils avaient le droit de se rendre lors de leurs voyages.

Le jeu de mots

de Laurent Ruquier et Jean-Jacques Peroni

– L'opéra ce n'est pas votre genre, monsieur Peroni, n'est-ce pas ?

– Il y a les chanteurs d'opéra mais, moi, je suis chanteur d'apéro.

Citation

Qui a dit : « Ça coûte vachement cher les études, et pourtant, moi, j'ai fait gaffe, j'étais l'un de ceux qui étudiait le moins » ?

Coluche

MERCREDI 8 AVRIL

SAINTE JULIE

Question du jour

Quel artiste s'est retrouvé sur les listes des élections municipales à Moissy-Cramayel, en Seine-et-Marne, avant de se désister en juillet 2019 ?

Francky Vincent

INVITÉ MYSTÈRE

Êtes-vous un homme ? – Un peu les deux.
Êtes-vous né en France ? – Oui… et non.
Êtes-vous un animal ? – Oui, un peu aussi.
Portez-vous un pseudonyme ? – Oui.
Avez-vous collaboré avec Mickey 3D ? – Non.
Avez-vous collaboré avec les Allemands ? – Non.
Êtes-vous un ou deux invités ? – Deux aujourd'hui, mais on est plusieurs.
Peut-on dire que vous êtes dans la chanson ? – Oui.
Êtes-vous quatre ? – Non.
Êtes-vous cinq ? – Non.
Avez-vous un travail récemment illustré par un singe ? – On fait ça tout le temps.
Composez-vous vos musiques ? – Oui.
Faites-vous du rock ? – On fait du rock entre autres.
Avez-vous récemment eu un discours très très écolo ? – Oui.
Avez-vous déjà reçu une récompense ? – Oui.

Shaka Ponk

Le jeu de mots

de Bernard Mabille

L'art topiaire, c'est quelqu'un qui donne l'heure au quatrième top ?

LES AUDITEURS FACE AUX GROSSES TÊTES

Laurent Ruquier : Maryse nous appelle depuis Moisdon-la-Rivière. Bonjour ! Comment appelle-t-on les habitants de Moisdon, Maryse ?
Auditrice : Bonjour à tous ! Les Moisdonnais et les Moisdonnaises…
Laurent Ruquier : Vous êtes une Moisdonnaise de la rivière alors ! Que faites-vous dans la vie ? Vous avez 36 ans, vous êtes toute jeune !
Auditrice : Merci ! Je suis actuellement en reconversion professionnelle. Je prépare un concours pour devenir professeur des écoles.
Laurent Ruquier : Que faisiez-vous auparavant ?
Auditrice : Je travaillais dans les assurances.
Laurent Ruquier : Vous allez apprendre aux enfants à lire tout petit en bas des contrats d'assurance. Ça peut être très utile dans la vie !

Citation

Qui a dit : « Même le jour de ma mort je ne croirai pas en Dieu, j'attendrai le lendemain » ?

Jean-Marie Gourio

LES PÉPITES

Laurent Ruquier : Le Super Bowl, un des événements sportifs les plus médiatisés du monde, se déroulera dimanche prochain, à Atlanta, dans un immense stade. Lors de cet événement, il y a des *pom-pom girls*, des *cheerleaders* aux États-Unis. Comment appelle-t-on ce qu'elles ont dans les mains et qu'elles agitent ?

Philippe Geluck : Des cheveux de Valérie Mairesse.

Laurent Ruquier : Vous avez été *pom-pom girl*, Valérie ?

Valérie Mairesse : Non, mais j'aurais pu.

Laurent Ruquier : Eh bien, cette année, il y aura quelque chose de différent chez les *pom-pom girls*…

Philippe Geluck : Il y aura un *pom-pom boy* ! Avec des *super balls*…

Laurent Ruquier : Pas un, mais deux ! Il y aura, pour la première fois, des *pom-pom boys*. Bonne réponse de Philippe Geluck !

Laurent Baffie : Jeanfi, tu t'entraînes un peu ?

Jeanfi Janssens : Oui. Je fais : « Nous sommes hôtesses ! Nous sommes hôtesse ! O-T-S ! »

Laurent Ruquier : J'ai même leurs noms : Quinton Peron et Napoleon Jinnies.

Philippe Geluck *(en riant)* : Quand tes parents te nomment Napoleon Jinnies, tu ne peux pas devenir autre chose que *pom-pom boy* !

Laurent Ruquier : Les parents ont donné à leur enfant un prénom prestigieux en pensant : « On a un fils, on va l'appeler Napoléon parce que comme ça, il fera une grande carrière… » et là, à dix-huit ans, il leur annonce : « Je vais faire *pom-pom boy.* » Génial ! Les deux amis de lycée ont été sélectionnés parmi 76 candidats.

Jeanfi Janssens : Ils sont gays, non ?

Philippe Geluck : Ils sont joyeux en tout cas !

Jeanfi Janssens : C'est bien, ils ouvrent la voie à de nouveaux métiers !

L'anecdote de Jeanfi Janssens

J'ai eu un petit copain américain qui connaissait le gardien de la tour Eiffel. Il avait eu les clés et, un soir, il m'a emmené boire une coupe de champagne au sommet de la tour Eiffel pendant que le machin clignotait ! C'était très romantique…

Question du jour

Comment le père d'Icare s'appelait-il ?

Dédale

Charlotte de Turckheim ?

Une Grosse Tête, égérie des chauffages Atlantic, sur qui on peut aussi compter pour faire monter la température dans le Grand Studio.

!!! Ça balance aux GROSSES TÊTES

Laurent Ruquier : Les Grosses Têtes bossent tous comme des fous. Regardez l'autre, là, elle donne même des conseils beauté ou je ne sais pas quoi…

Caroline Diament : Non, des courriers du cœur !

Christophe Beaugrand : Elle fait les courriers du cœur, j'adore !

Caroline Diament : Merci mon Cricri !

Christophe Beaugrand : C'est étonnant quelqu'un qui a totalement raté sa vie affective et qui fait le courrier du cœur, mais c'est formidable !

Florian Gazan : C'est parce qu'elle a du temps libre !

VENDREDI 10 AVRIL

SAINT FULBERT

Question du jour

Sous quel nom connaît-on mieux le célèbre faussaire Van Ryssel ?

Le Dr Paul Gachet

Citation

Qui a dit : « J'ai lu un truc sur les méfaits de l'alcool. Du coup, j'ai arrêté de lire » ?

Jean Carmet

LES AUDITEURS FACE AUX GROSSES TÊTES

Auditrice : Bonjour Laurent !
Laurent Ruquier : Vous avez un sourire dans la voix, Marie-Angélique…
Auditrice : Je réalise mon rêve en vous parlant aujourd'hui !
Caroline Diament : Il y a quand même des rêves plus beaux que ça !
Auditrice : Et il y a Olivier de Kersauson avec qui je rêve de voyager…
Olivier de Kersauson : T'as aucune chance.
Laurent Ruquier : Que faites-vous dans la vie ?
Auditrice : Je suis conseillère en formation.
Laurent Ruquier : Très bien ! Vous pourrez peut-être voyager… Si ce n'est avec Olivier de Kersauson, au moins en tout cas, jusqu'en Corse. C'est un endroit qui vous fait rêver ?
Auditrice : Oui, tout à fait. Tous mes collègues sont sur les ordinateurs, les portables en train de chercher…
Laurent Ruquier : Combien avez-vous de collègues avec vous ?
Auditrice : On est deux dans le bureau et j'ai des collègues qui sont avec leur portable dans leur salle de cours : ils ont mis les élèves en pause exprès.
Jeanfi Janssens : Sacrée formation !
Caroline Diament : Moi, j'aime bien !
Olivier de Kersauson : Ils sont organisés, putain.

!!! Ça balance aux GROSSES TÊTES

Laurent Ruquier : Marcela, est-ce qu'avec votre voix sensuelle vous pourriez fredonner « Bon anniversaire » à Florian Gazan ?
Marcela Iacub : Mais c'est affreux comme je chante.
Stéphane Plaza : C'est comme ta voix normale.

LES PÉPITES

(Après avoir posé une question sportive sur le « crunch » en rugby)

Jean-Jacques Peroni : Je me demande comment ils font pour mettre les grains de riz dans le Crunch…
Laurent Ruquier : Ça se vend toujours, le Crunch ?
Florian Gazan : Bien sûr !
Éric Laugérias : Quand je prends l'autoroute et que je m'arrête à une station-service, j'achète à chaque fois du Crunch, c'est terrible !
Florian Gazan : Et quand tu le manges, il y a toujours un bâtiment qui s'effondre ?
Éric Laugérias : Toujours !
Florian Gazan : D'accord.
Éric Laugérias : C'est pour cela qu'il n'y a pas de bâtiments le long des autoroutes !

INVITÉ MYSTÈRE

Portez-vous une grosse barbe ? – Non.
Êtes-vous un homme pour commencer ? – Oui.
Et pour finir… Ça se finira comme ça aussi ? – Oui.
Êtes-vous plutôt brun, ou poivre et sel maintenant ? – Plutôt neige…
Étiez-vous déjà venu à Neuilly ? – Non.
Vous êtes un gilet jaune, alors ? – Non.
Soutenez-vous les gilets jaunes ? – Oui.
Avez-vous des enfants ? – Oui.
Venez-vous des États-Unis ? – Non.
Avez-vous des lunettes de soleil blanches ? – Non.
Avez-vous reçu de nombreuses récompenses dans votre grande carrière ? – J'en ai eu quelques-unes que je ne suis pas allé chercher.
Était-ce une médaille agricole ? – Non, pas du tout.
Venez-vous du pays de Céline Dion ? – Non.
Vous arrive-t-il d'être sur des écrans ? – Non, pas tellement.
Chantez-vous ? – Oui.
Dit-on souvent que vous avez un côté bougon ? – On dit souvent que je suis un gentil garçon.

Daniel Guichard

Question du jour

De quoi le mathématicien russe Nikolaï Zak parle-t-il avec des centaines de personnes sur un groupe Facebook ?

Il discute de son hypothèse qui prétend que Jeanne Calment n'était pas Jeanne Calment, mais sa fille… et que par conséquent, elle n'était pas la doyenne de l'humanité.

Le jeu de mots

de Laurent Ruquier

La chanson *Fais comme l'oiseau* est une adaptation d'une autre chanson qui s'appelait « Chie sur ma voiture ».

L'anecdote d'Arielle Dombasle

J'ai fait du parachute sur ski nautique… On s'envole ! Et j'étais si légère que, c'est vrai, je n'arrivais pas à redescendre !

Défi du jour

Citez la couleur de la robe des quatre chevaux de l'Apocalypse.

Blanc, roux, noir et pâle (ou blême).

L'histoire drôle de Philippe Geluck

Savez-vous où les femmes sont le plus frisées ? En Afrique.

LUNDI 13 AVRIL

SAINTE IDA

Question du jour

Quel célèbre Italien fut pendu par l'armée napoléonienne le 10 novembre 1806 à Naples ?

Fra Diavolo

Citation

Qui a dit : « Ma femme est sans défense : heureusement pour elle, sinon on la confondrait avec un éléphant » ?

Pierre Doris

Défi du jour

Citez le nom de la partie de la paume de la main, voisine du poignet, où on peut lire les lignes transversales qui servent à la chiromancie.

La rascette

MARDI 14 AVRIL

SAINT MAXIME

LES AUDITEURS FACE AUX GROSSES TÊTES

Laurent Ruquier : Monsieur Janssens, notez bien le numéro qui va être choisi par M. Jugnot. Gérard, un numéro entre 1 et 20 ?
Gérard Jugnot : À chaque fois, ces responsabilités… 2 !
Laurent Ruquier : Nous allons appeler Bertrand, à Grasse.
Auditeur : Allô ?
Jeanfi Janssens : Allô, Bertrand ?
Auditeur : Lui-même !
Jeanfi Janssens : Vous allez bien ? Vous êtes bien de Grasse ?
Auditeur : Comment tu vas, Jeanfi ?
Stéphane Plaza : On a retrouvé l'Américain de la tour Eiffel !
Laurent Ruquier : Il a les clés de la tour Eiffel !
Stéphane Plaza : C'est lui, on l'a retrouvé ! Vous clignotez à quelle heure ?
Laurent Ruquier : Maintenant, ce sera un nom de code… Dieu sait qu'avec Pierre Bénichou on en a appris des allégories : « T'es de la fanfare », « de la contre-allée »… Maintenant, on dira : « Je crois qu'il a les clés de la tour Eiffel… »
Jeanfi Janssens : Revenons à nos moutons… Comment ça va à Grasse ?
Auditeur : Tout va bien. Pour tout vous dire, je suis en clientèle…
Laurent Ruquier : En clientèle ? De quoi ? De qui ? Que faites-vous, Bertrand ?
Auditeur : Je vends tout ce qui est véranda, menuiserie… Tout ce qui ferme l'habitation.
Laurent Ruquier : Ah ! Mais c'est Stéphane Bern ! On a appelé Stéphane Bern !

Les statistiques

En Australie, 46 millions de billets de 50 dollars ont été imprimés avec une faute d'orthographe.

Question du jour

Pour quel film, Alfonso Cuarón, oscarisé en 2019, avait-il déjà eu un oscar ?

Gravity

Le jeu de mots

de Bernard Mabille

Ça va mal pour les sportifs français en ce moment… Regardez le tennis, c'est parti en Pouille.

!!! Ça balance aux GROSSES TÊTES

Laurent Ruquier : Je ne savais pas que vous étiez beaucoup plus jeune que Franck Dubosc.
François-Xavier Demaison : Je fais beaucoup plus vieux, c'est pour ça.
Laurent Ruquier : Vous êtes quadra alors qu'il est quinqua…
François-Xavier Demaison : Oui.
Franck Dubosc : Ta gueule !
Laurent Ruquier : Un quinqua nerveux !

MERCREDI 15 AVRIL

SAINT PATERNE

Question du jour

▼

Quel est le symbole de l'Écosse ?

Le chardon

INVITÉ MYSTÈRE

Avez-vous déjà croisé Caroline Diament ? – Euh… oui.
Êtes-vous un monsieur ? – Oui.
Caroline vous a-t-elle croisé autour d'une table de poker ? – Non, pas du tout.
Êtes-vous brun ou blond ? – J'ai été…
Plutôt sel ou poivre ? – Plutôt sel.
Portez-vous un pseudonyme ? – Non.
Un membre de votre famille est-il célèbre ? – Oui.
Porte-t-il le même patronyme ou a-t-il changé ? – Le même nom.
Qui a été célèbre en premier : vous ou l'autre ? – Moi.
Êtes-vous acteur ? – Pas vraiment.
Avez-vous travaillé avec Dalida ? – J'ai fait des émissions de télé avec elle.
Étiez-vous animateur ou invité de ces émissions ? – Invité.
Êtes-vous journaliste ? – Moitié-moitié.
Avez-vous déjà eu une carte de presse ? – Non.
Chantez-vous ? – Accessoirement, oui.
Avez-vous écrit ? – J'ai écrit, mais…
Humoriste ? – Oui.
Avez-vous déjà fait des émissions de radio comme *Les Grosses Têtes* ? – Oui !
Avez-vous souvent fait *Les Grosses Têtes* ? – Oui, souvent.

Jacques Mailhot

Le jeu de mots

de Cristina Córdula et Laurent Ruquier

(Après une question sur les pommes de terre)
– Mais je l'ai dit : « Patate », je l'ai dit deux fois !
– Il fallait le dire trois fois, c'était plus sûr !

LES PÉPITES

Michèle Bernier : On reconnaît la chanson qui a fait connaître cette artiste ?

Laurent Ruquier : Je vais vous faire écouter la chanson. Vous allez la reconnaître…

(Extrait de la chanson* Le temps est bon, le ciel est bleu, j'ai deux amis qui sont aussi mes amoureux…*)

Florian Gazan : Catherine Laborde ?

!!!

Ça balance aux GROSSES TÊTES

Cristina Córdula : Vous ne devriez pas poser des questions de sport quand Florian est là !
Laurent Ruquier : Le rugby, je pensais qu'il n'y connaissait rien.
Cristina Córdula : Il sait tout.
Bernard Mabille : Dès que vous sortez de la culture, il sait tout…
Laurent Ruquier : Ah, ça, c'est dégueulasse !

JEUDI 16 AVRIL

SAINT BENOÎT LABRE

LES AUDITEURS FACE AUX GROSSES TÊTES

Laurent Ruquier : Benoît est au téléphone. Bonjour Benoît !

Auditeur : Bonjour tout le monde !

Laurent Ruquier : Il est à Thue-et-Mue, dans le Calvados. Je ne connais pas Thue-et-Mue.

Auditeur : C'est une commune nouvelle à côté de Caen.

Laurent Ruquier : Comment on appelle les habitants de Thue-et-Mue ?

Auditeur : Les politiques n'ont pas encore choisi.

Laurent Ruquier : Ils n'ont pas encore choisi votre nom alors… Que faites-vous dans la vie ?

Auditeur : Je suis père au foyer !

Marcela Iacub : J'adore ça ! Est-ce que ça vous plaît ?

Auditeur : Oh oui ! Énormément !

Laurent Ruquier : Combien avez-vous d'enfants ? – Aucun !

Caroline Diament : L'arnaque !

Auditeur : Trois filles !

Caroline Diament : C'est magnifique !

Question du jour

Qu'appelle-t-on une « vanité » en peinture ?

Une représentation allégorique de la mort, du passage du temps et de la vacuité des passions humaines.

Citation

Qui a dit : « Plutôt que des pendaisons de crémaillères, on ferait mieux de pendre directement certains architectes » ?

Dany Boon

Arielle Dombasle ?

Une Grosse Tête qui aime regarder les étoiles dans le ciel parce que ça lui permet de savoir à quoi ressemble une grande casserole.

L'anecdote de Pierre Palmade

Un jour, alors que je prenais l'avion, l'hôtesse qui m'avait reconnu, a très gentiment voulu me surclasser. « Attendez, je vais demander à ma chef de cabine ! » Et tout d'un coup, j'entends la chef de cabine lui répondre : « Bah, pourquoi on le surclasserait ? Je m'en fous qu'il s'appelle Palmade ! »… Je n'avais rien demandé.

L'histoire drôle de Christophe Dechavanne

Le « baby » est une très très ancienne expression qui date de l'époque où Jean-Sébastien Bach et Wolfgang Amadeus Mozart, des musiciens assez potes, se réunissaient le soir après avoir composé un petit peu… Le barman arrivait : « Qu'est-ce que vous prenez ? » Jean-Sébastien répondait : « Je vais prendre un baby… – Et vous, monsieur Mozart ? – Un baby, comme Bach. »

Question du jour

Quelle fable de La Fontaine contient pour morale : « Aide-toi, le ciel t'aidera » ?

Le Chartier embourbé

L'anecdote de Jeanfi Janssens

Beaucoup de gens prient dans un avion. Surtout pour l'Amérique du Sud, car ils sont très pieux. Ils ont toujours des chapelets qu'ils égrainent avant le décollage ou des scapulaires avec la Vierge ici et le Christ là. Quand j'arrivais, je bénissais tout le monde : « Ça va aller, ça va aller ». Avant le 11 septembre, quand la porte du cockpit était encore ouverte, j'avais coutume de faire une blague. J'ouvrais le rideau de la classe économique, je faisais un signe de croix et je refermais le rideau. Les gens étaient inquiets : « Il y a un souci ? Il y a un souci ? »

Le jeu de mots

de Lorànt Deutsch
et Jean-Jacques Peroni

– Les Français ne voulaient plus de la famille des Bourbons.
– Moi, en tout cas, je préfère les bourbons !

Citation

Qui a dit : « Si un homme fouille dans son chapeau et y trouve un lapin, c'est un tour de magie ; si une femme fouille dans son sac et y trouve ses clés, c'est un miracle » ?

Maurice Biraud

INVITÉ MYSTÈRE

Êtes-vous une femme ? – Oui.
Êtes-vous célibataire ? – Oui…
Divorcée ? – Non.
Connaissez-vous Valérie Mairesse ? – Tout le monde connaît Valérie Mairesse.
Vous arrive-t-il d'être sur les planches ? – Oui.
Êtes-vous rouquine ? – Je l'ai été.
Avez-vous joué dans *Comme un avion sans elle* ? – Oui.
Avez-vous joué avec Bernard Tapie ? – Oui, au théâtre.

Agnès Soral

Question du jour

Qui remplaça le pilote argentin de Formule 1 Juan Manuel Fangio au volant de sa voiture le jour où il fut kidnappé par des partisans de Fidel Castro en 1958 ?

Maurice Trintignant

Marcela Iacub ?

Une Grosse Tête qu'on peut lire dans *Libération* et entendre se libérer sur RTL.

LES PÉPITES

Laurent Ruquier : C'est une belle histoire *L'Arche de Noé*. Il a fait sortir une colombe de l'Arche. Vous vous souvenez de ce moment ?

Franck Dubosc : C'est Éric Antoine !

Laurent Ruquier : Mais non ! Vous tournez tout en dérision, alors que c'est quand même grâce à eux qu'on est encore là…

Christine Ockrent : Parlez pour vous !

Franck Dubosc : On ne descend pas tous de la girafe ou de…

Laurent Ruquier : C'était rigolo de prendre une girafe mâle et une girafe femelle…

Bernard Mabille : Et vous en faites quoi ?

Laurent Ruquier : Des petits girafons !

Franck Dubosc : Vous y croyez à ce truc-là ?

Laurent Ruquier : Oui j'y crois, c'est beau, il faut croire à ces choses-là…

Jeanfi Janssens : Cela donne de l'espoir.

Pierre Bénichou : Pourquoi vous n'y croiriez pas ?

Bernard Mabille *(sur la défensive)* : J'y crois, moi, Pierre…

Jeanfi Janssens : S'ils n'avaient pas pris un mâle et une femelle ours, on n'aurait jamais eu Pierre Bénichou !

!!! Ça balance aux GROSSES TÊTES

Invitée mystère : J'ai tourné dans le clip de Usher.

Chantal Ladesou : Stephan Eicher ?

Caroline Diament *(en riant)* : Celle-là, elle vaut 800 000… C'est ta meilleure vanne *ever* !

Laurent Ruquier *(en riant)* : Elle n'en loupe pas une… Elle ne m'a jamais autant fait rire depuis… Je crois que, la dernière fois, c'était quand elle m'a donné son âge.

LUNDI 20 AVRIL

SAINTE ODETTE

Question du jour

Comment s'appelle le célèbre duo de la pièce de Samuel Beckett *En attendant Godot* ?

Vladimir et Estragon

Citation

Qui a dit : « Je dis non aux drogues, mais elles ne m'écoutent pas » ?

Marylin Manson

INVITÉ MYSTÈRE

Auriez-vous retrouvé le nom de Pierre Louki, pour la citation précédente ? – Oui.
Vous êtes donc très cultivé ! – Non, je suis très vieux.
Portez-vous la barbe ? – On ne peut pas appeler ça une barbe, mais… je ne suis pas tout à fait rasé.
Vous êtes un homme en tout cas ?! – Oui !
Jouez-vous d'un instrument de musique ? – Oui.
Êtes-vous engagé politiquement ? – Non.
Vous-même vous servez-vous d'un stylo ? – Oui.
Connaissez-vous Céline Dion ? – Non, pas personnellement.
Êtes-vous suisse ? – Oui.
Avez-vous représenté votre pays à l'Eurovision ? – Oui.
En quelle année ? – En 1970.
Donc vous êtes chanteur ? – Oui.
Êtes-vous chanteur solo ou faites-vous partie d'un groupe ? – Les deux.
Écrivez-vous vous-même vos chansons ? – Oui.

Henri Dès

LES AUDITEURS FACE AUX GROSSES TÊTES

Laurent Ruquier : Vous venez de gagner la valise RTL, bravo !
Auditeur : GÉ-NIAL ! Je suis un fan de la première heure, depuis France Inter !
Laurent Ruquier : Ça ne nous rajeunit pas, dites donc !
Auditeur : Je suis super heureux, je vous écoutais encore ce matin en *replay*.
Laurent Ruquier : Évidemment ! Moi, ce n'est pas Henri Plet, c'est Laurent Ruquier mon nom.
Caroline Diament *(après avoir éclaté de rire)* : Il y a sûrement des gens qui s'appellent Henri Plet…

Le jeu de mots

de Laurent Ruquier et Florian Gazan

– Messieurs Poulet-Malassis et Pinard ont des noms que l'on retient…
– Tu mélanges les deux, ça fait un coq au vin !

LES PÉPITES

Laurent Ruquier : Le 10 juin de chaque année, l'Empire State Building est rouge, jaune et vert, car c'est la journée du Portugal.

Steevy Boulay : Je l'ai dit !

Laurent Ruquier : Ah non ! Non, non, vous n'avez pas dit « Portugal ».

Steevy Boulay : Je l'ai pensé tellement fort…

Éric Laugérias : C'est ça, oui !

Steevy Boulay : Mais je vous jure !

Laurent Ruquier : Vous avez peut-être connu un « porc tout gay » mais…

Steevy Boulay : Vous êtes sûr que je ne l'ai pas dit ?

Jérémy Ferrari : On est sûr !

Caroline Diament : Ça veut dire qu'il y a un jour où l'Empire State Building arbore les couleurs du drapeau français ? Je ne savais pas qu'il y avait une journée avec le drapeau de chaque pays.

Laurent Ruquier : Pas de chaque pays, mais pour quelques-uns comme ça.

Jérémy Ferrari : Pourquoi le Portugal ?

Sophie Davant : Parce qu'ils sont très nombreux à New York ?

Jérémy Ferrari : Parce que ce sont eux qui ont construit l'Empire State Building.

Question du jour

Qui est le réalisateur du film *Once Upon a Time… in Hollywood*, le dernier film où Luke Perry apparaît ?

Quentin Tarantino

Francis Huster ?

Une Grosse Tête qui peut se vanter d'avoir Molière, Musset, Racine, Corneille et Ruquier dans son répertoire.

L'histoire drôle de Jean-Jacques Peroni

C'est un petit gosse, à la maison qui appelle sa mère et lui dit : « Tiens regarde, il y a pépé qui va faire caca… » La mère demande : « Qu'est-ce qui te fait dire ça ? – Il a le journal sous le bras. – Et alors ? – Pépé, il ne sait pas lire. »

L'anecdote de Chantal Ladesou

J'ai monté les marches à Cannes avec Julie Gayet lors de la présentation d'un film. J'étais tellement belle que les gens ne m'ont pas reconnue ! Tous les photographes internationaux étaient là, bien entendu, et ils appelaient : « Julie ! Julie ! Julie ! », mais personne ne disait mon nom. Heureusement, il y a Gérard de *La Voix du Nord* qui m'a reconnue !

!!! Ça balance aux GROSSES TÊTES

Jean-Jacques Peroni *(alors que Bernard se propose pour profiter d'un séjour spa avec une auditrice)* **:** Vous voyez Bernard avec un enveloppement d'algues ?

Laurent Ruquier : Il n'y aura pas assez d'algues pour envelopper Bernard !

Florian Gazan : T'imagines, t'enveloppes Bernard avec des algues… Vise la gueule du maki !

Laurent Ruquier : C'est ce qui s'appelle faire des gros sushis !

MERCREDI 22 AVRIL

SAINT ALEXANDRE

Question du jour

De quelle invention due à Ferdinand Monoyer se sert-on encore aujourd'hui ?

L'échelle optométrique, qui sert à mesurer l'acuité visuelle.

Le jeu de mots

de Jean-Jacques Peroni

(Après une question sur le chanteur Scott Walker)
Je connais mieux son frère, Johnny.

Défi du jour

Citez les noms des deux apôtres qui sont chacun à une extrémité de la table dans le tableau *La Cène* peint par Léonard de Vinci ?

Simon et Barthélemy

JOURNÉE MONDIALE DE LA TERRE

JEUDI 23 AVRIL

SAINT GEORGES

!!!
Ça balance aux
GROSSES TÊTES

Marcela Iacub : Qu'est-ce que tu fais chaque jour ?
Olivier de Kersauson : J'oublie que des gens comme toi existent.

Citation

Qui a dit : « En amour, les jeunes veulent être fidèles et ne le peuvent pas. Les vieillards veulent être infidèles et ne le peuvent pas davantage » ?

Oscar Wilde

Question du jour

Quelle poétesse fut à la fois la maîtresse de Gustave Flaubert, d'Alfred de Vigny, d'Alfred de Musset et poignarda le journaliste Alphonse Karr qui avait dénoncé son adultère ?

Louise Colet

Question du jour

Quel est l'autre nom de la marjolaine ?

L'origan

Citation

Qui a dit : « La source désapprouve presque toujours l'itinéraire du fleuve » ?

Jean Cocteau

!!!

Ça balance aux GROSSES TÊTES

Laurent Ruquier : Vous y êtes allée, vous, j'imagine, au Machu Picchu, Arielle ?
Arielle Dombasle : Eh bien, non, figurez-vous !
Muriel Robin : Mais qu'est-ce que t'as foutu ?!
Arielle Dombasle : En revanche, je suis allée en Tchétchénie.
Florian Gazan : Et moi, je suis allé à Angoulême ! À Niort aussi !
Emmanuel Chaunu : Si Arielle y va, elle va être sacrifiée… Parce que vous avez quelque chose d'une Vierge pure.
Stéphane Plaza : Oh, vierge… Vieille vierge.
Emmanuel Chaunu : J'imagine le grand prêtre…
Arielle Dombasle : Ça me plaît assez ce que vous dites !
Stéphane Plaza : T'aimerais être sacrifiée ?!

LES AUDITEURS FACE AUX GROSSES TÊTES

Laurent Ruquier : Bonjour Romain !
Auditeur : Bonjour Laurent, bonjour les Grosses Têtes, bonjour le public !
Laurent Ruquier : Le public vous salue aussi.
(Aucun applaudissement.)
Laurent Ruquier : Eh bien, pas aujourd'hui, mais d'habitude ils saluent… Le public ne vous aime pas, Romain.
Auditeur : Ce n'est pas grave, je ne l'aime pas non plus.
(Le public hue.)
Auditeur : Je plaisante !
Laurent Ruquier : Vous les avez réveillés ! Que faites-vous dans la vie, Romain ?
Auditeur : Je fais un nouveau métier, je peux vous en parler quelques secondes ?
Laurent Ruquier : Oh… Non… Mais si, allez-y, Romain.
Auditeur : J'ai créé une petite entreprise, qui s'appelle Mon Assistant Numérique, pour former et accompagner les particuliers et les petites entreprises dans l'utilisation des nouvelles technologies.
Melha Bedia : Les vieux, quoi !
Laurent Ruquier : Ce n'est pas bête…
Steevy Boulay : « Dis Romain ! » Non, ça ne marche pas…
Laurent Ruquier : Quoi ?
Steevy Boulay : C'est comme « Dis Siri », « Dis Romain ». Vous n'utilisez jamais votre téléphone « Dis Siri » ?
Laurent Ruquier : Moi, quand je veux une blague dans l'émission, je dis : « Dis Gogole », et vous me répondez.
Auditeur : Si Steevy veut, je dois avoir un collègue au Mans, je pourrais le lui envoyer.
Steevy Boulay : Pourquoi pas…
Laurent Ruquier : C'est un code, ce que vous venez dire ?
Roselyne Bachelot : Ça drague sur RTL.

SAMEDI 25 / DIMANCHE 26 AVRIL

SAINT MARC — *SAINTE ALIDA*

LES PÉPITES

Laurent Ruquier : Je suis sûr qu'on vous a déjà lu les lignes de la main, Caroline.

Caroline Diament : Non.

Laurent Ruquier : Steevy ?

Steevy Boulay : Non plus.

Laurent Ruquier : Sophie ?

Sophie Davant : Oui… Moi, j'ai tout essayé.

Laurent Ruquier : Et qu'est-ce qu'on vous a dit quand on a lu les lignes de votre main ?

Caroline Diament : Qu'elle travaillerait sur TF1.

Sophie Davant : Nous avons tous trois rascettes, non ?

Laurent Ruquier : Ce sont les petites lignes qu'on a autour du poignet.

Jérémy Ferrari : Ça dépend de ton nombre de tentatives de suicide.

Laurent Ruquier : Puisqu'on est dans les différentes techniques divinatoires, qu'est-ce que la ptarmoscopie ?

Sophie Davant : La lecture à travers le marc de café.

Laurent Ruquier : Non, mais ce n'est pas bête, bravo. Vous l'avez fait aussi, Sophie ? C'est pour ça qu'elle s'appelle Davant, elle veut savoir ce qu'il va y avoir après.

Sophie Davant : Celle-là, on ne me l'avait jamais faite…

Question du jour

Qu'est-ce que la Sécurité sociale rembourse mieux depuis le 2 avril 2019 aux 50 000 personnes concernées en moyenne chaque année ?

Les perruques, pour les personnes souffrant d'un cancer.

Le jeu de mots

de Jean-Jacques Peroni

Est-ce que vous pensez que c'est de bon goût d'inviter les représentants chinois pendant l'affaire des Gilets jaunes ?

INVITÉ MYSTÈRE

Êtes-vous un homme ? – Non.
Avez-vous les cheveux noirs ? – Châtains.
Êtes-vous plutôt baskets ou talons ? – Ça dépend des circonstances.
Avez-vous de vieux enfants ? – Non.
Combien d'enfants avez-vous ? – Quatre.
Avez-vous figuré dans un film en costume récemment ? – Ah peut-être, d'une certaine façon.
Avez-vous déjà rencontré Franz-Olivier Giesbert ? – Oui, récemment.

Ségolène Royal

Défi du jour

Citez le nom de la fable de Jean de La Fontaine qui se termine par : « Tel est pris qui croyait prendre » ?

Le Rat et l'Huître

LUNDI 27 AVRIL

SAINTE ZITA

Question du jour

Pour quelle raison Antoine Roquentin, célibataire, vivant seul à Bouville en Normandie et qui tenait son journal intime, est-il célèbre ?

C'est le personnage de *La Nausée* de Jean-Paul Sartre.

LES AUDITEURS FACE AUX GROSSES TÊTES

Roselyne Bachelot : Bonjour monsieur. Je vous appelle pour quelque chose d'assez spécial… Est-ce que vous pouvez deviner de quoi il s'agit ?
Auditeur : Je pense à RTL.
Roselyne Bachelot : Exactement !
Laurent Ruquier : Roselyne va vous poser la question, monsieur…
Roselyne Bachelot : Qui y a-t-il dans la valise RTL ?
Laurent Ruquier : Pas « qui y a-t-il… » On n'a découpé personne !
Roselyne Bachelot : Que contient la valise RTL ?
Auditeur : 1 029 €
Laurent Ruquier : Aïe, aïe, aïe… Ça, c'est une vieille valise…
Auditeur : Ah non, je n'ai pas pris la bonne feuille. Pardon ! Alors 1 100 €, un album photo, le livre de Foenkinos…
Laurent Ruquier : Oui, qui s'appelle ?
Auditeur : Il est dur, il est dur…
Laurent Ruquier : Dans le meilleur des cas.

Les statistiques

En 2018, la définition la plus recherchée sur Google est celle du mot « procrastination ».

Défi du jour

Citez le nombre d'étapes d'une désintoxication chez les Alcooliques anonymes, association créée en 1935.

Douze

L'histoire drôle de Roselyne Bachelot

Des petits lapins vont à l'école. Un gros loup derrière un buisson dit : « Oh les petits lapins ! Leur maman n'est pas là… Si elle était là, je l'enculerais. » Terrorisés, les petits lapins rentrent vite dans leur terrier. La maman leur dit : « Il ne faut pas avoir peur du loup, il dit ça mais c'est une plaisanterie. Je vais aller avec vous à l'école. » Alors la maman accompagne les petits lapins à l'école. Le loup est toujours dans les buissons. Il dit : « La maman est revenue ! Je vais l'enculer. » Tout le monde a peur. Les petits lapins se jettent dans le terrier, mais hélas la maman reste coincée dans l'entrée. Le loup s'approche et dit : « Ce n'est pas que j'en ai tellement envie, mais je l'ai promis aux enfants… »

MARDI 28 AVRIL

SAINTE VALÉRIE

Citation

Qui a dit : « La France est un pays extrêmement fertile : on y plante des fonctionnaires et il y pousse des impôts » ?

Georges Clemenceau

Le jeu de mots

de Laurent Ruquier

(À Philippe Manœuvre)
Vous connaissez plus Johnny que Verdi, vous…

Question du jour

Comment le roi de Pologne, Stanislas Leszczynski, est-il mort à Lunéville en France le 23 février 1766, à l'âge de 88 ans ?

Sa robe de chambre a pris feu.

JOURNÉE MONDIALE DE LA SÉCURITÉ ET DE LA SANTÉ AU TRAVAIL

Question du jour

Quelle est la particularité d'un ange séraphin ?

Il a trois paires d'ailes.

L'histoire drôle de Christophe Dechavanne

C'est un gars qui va voir le médecin, car il a des problèmes pour dormir. Il lui dit : « Écoutez, j'ai tout essayé… Je ne peux pas dormir. » Le médecin répond : « Je vais vous faire une prescription, vous allez voir, c'est très efficace ! C'est TRÈS efficace ! C'est en suppo, mais c'est très efficace. » Une semaine après, le gars retourne chez le médecin et lui dit : « C'est très très efficace ! – Ah vous voyez, je vous l'avais dit ! – C'est tellement efficace que tous les matins, je me réveille le doigt dans le cul ! »

LE BILLET DE LORÀNT DEUTSCH

Vous connaissez tous Danton, le grand révolutionnaire. Il a été guillotiné avec le grand poète Fabre d'Églantine, à qui l'on doit *Il pleut, il pleut bergère*. Alors qu'ils vont au tombereau pour se faire couper la tête, Fabre tremble, tremble, tremble… Danton le regarde et lui demande : « Qu'est-ce que t'as, Fabre, t'as peur ? » Fabre lui répond : « Non, non… Il me manque un mot pour finir mon vers. » Et Danton de rétorquer : « Ne t'inquiète pas, sous huit jours, des vers, tu n'en manqueras pas. »

Le proverbe

de Roselyne Bachelot

Il vaut mieux être plusieurs sur des bons coups que tout seul sur un mauvais.

LES PÉPITES

Gérard Jugnot : Je vais jouer à Lille ce soir, et à Cambrai. Je penserai à toi, Jeanfi.

Jeanfi Janssens : Ils vont bien t'accueillir, ils aiment bien Gérard Jugnot dans le Nord.

Caroline Diament : Cambrai, c'est dans le Nord ?

Jeanfi Janssens : Oui ! C'est là que j'ai fait mes trois jours de l'armée… J'ai été réformé.

Laurent Ruquier *(en riant)* : Quelqu'un a dit : « Tu m'étonnes » !

Jeanfi Janssens : Eh bien, le public ! Qu'est-ce que c'est que ça ?!

Caroline Diament : C'est sorti du cœur en plus…

Laurent Ruquier : Bravo, madame !

!!! Ça balance aux GROSSES TÊTES

Laurent Ruquier : Loránt, un numéro entre 1 et 20, si vous le voulez bien…

Loránt Deutsch : Le département du Cher !

Laurent Ruquier : C'est quoi le département du Cher ?

Loránt Deutsch : C'est un numéro entre 1 et 20.

Karine Le Marchand : Oh, la vache, il est chiant !

Chantal Ladesou : T'es quand même pénible à vivre…

Jean-Jacques Peroni : C'est le 18.

JEUDI 30 AVRIL

SAINT ROBERT

INVITÉ MYSTÈRE

Êtes-vous un homme ? – Oui.
Êtes-vous né en France ? – Oui.
Êtes-vous un artiste ? – Oui, on peut le dire.
Combien avez-vous d'enfants ? – Six.
Êtes-vous chanteur ? – Non, je n'ai jamais chanté.
Avez-vous un physique à faire tomber les femmes ? – On le dit, oui.
Vous êtes humble… Avez-vous une chronique à la télévision ? – Ça m'arrive.
Êtes-vous journaliste ? – J'ai été pigiste pour la presse, au *Quotidien de Paris* notamment.
Vous est-il arrivé d'animer une émission où vous étiez seul avec l'invité ? – Non.
A-t-on raté votre activité principale ? – Oui.
Êtes-vous écrivain ? – Non.
Vous n'écrivez pas du tout ? – Pas de roman.
Vous est-il arrivé d'être seul en scène ? – Oui.
Avez-vous travaillé avec Rika Zaraï ? – Oui.
Vous est-il arrivé de jouer avec d'autres personnes sur scène ? – Oui.
D'autres personnes de votre famille sont-elles célèbres ? – Mon fils, un petit peu.
Êtes-vous actuellement en scène ? – Oui.
Avez-vous déjà fait *Les Grosses Têtes* ? – Oui.
Depuis que Laurent est arrivé ou avant ? – Avant et après.
Êtes-vous plus connu comme acteur ou comme journaliste ? – Plutôt comme humoriste.
Êtes-vous né un 28 mai ? – Oui.
Bernard Mabille *(Grosse Tête dans le studio)* : Mais attendez, c'est moi ! C'est quoi cette histoire ? Je suis né un 28 mai, j'étais au *Quotidien de Paris*… C'est quoi ce truc ?
Êtes-vous l'alias de quelqu'un qui est assis ici, avec nous ? – Oui.
Êtes-vous Bernard Mabille ? – Oui !
Laurent Ruquier : On vous a piégés, parce qu'aujourd'hui on a eu un problème d'invité mystère et on s'est dit qu'on allait mettre Bernard Mabille dans la loge.

Question du jour

Quel écrivain français fit quelques semaines de prison en 1939 pour avoir refusé de partir sous les drapeaux ?

Jean Giono, l'auteur notamment du roman *Le Hussard sur le toit*.

Le jeu de mots

de Florian Gazan

Quand Claude Debussy souhaitait la mort de Richard Strauss, il disait : « Vivement que Strauss cane ! »

Citation

Qui a dit : « Dans ton bureau, si tu as un diplôme tu as l'air intelligent. Si tu as un climatiseur, tu as l'air conditionné » ?

Pierre Légaré

VENDREDI 1ER MAI

SAINT JÉRÉMIE, FÊTE DU TRAVAIL

Question du jour

Comment appelle-t-on les célèbres chansons interprétées par les gondoliers à Venise ?

Les barcarolles

L'histoire drôle de Philippe Geluck

Un pilote d'avion annonce : « Mesdames, messieurs, c'est aujourd'hui mon dernier vol. Demain, je prends ma retraite. Et je voudrais tenter quelque chose que je n'ai jamais fait. Il n'y a aucun danger, je vous le certifie, j'ai quelques heures de vol. Simplement, je vais vous demander d'attacher vos ceintures, parce que je vais tenter un looping. » Les gens sont un peu inquiets, l'hôtesse de l'air les rassure. Tout le monde s'attache. Le pilote fait le looping. Les gens applaudissent, ovation pour le pilote… sauf un mec, furieux, qui sort des toilettes.

Élie Semoun ?

Une Grosse Tête passionnée par son jardin, ses ruches et les blondes à forte poitrine.

Le jeu de mots

de Jean-Jacques Peroni

Vous savez que sainte Thérèse de Lisieux est née en face du golf ? Elle avait les yeux en face des trous.

!!!
Ça balance aux
GROSSES TÊTES

Steevy Boulay : Je ne suis pas très vanité. Je ne suis pas très crâne, moi.
Roselyne Bachelot : On s'en était rendu compte.

Citation

Qui a dit : « Je sais maintenant pourquoi les Anglais préfèrent le thé : je viens de goûter leur café » ?

Pierre-Jean Vaillard

Question du jour

Pour quelle raison Roger Moucheboume, qui n'accordait jamais d'augmentations à ses employés, est-il connu ?

C'est le patron du père de Nicolas dans *Le Petit Nicolas*.

Question du jour

Dans l'Antiquité, que faisait-on au septième jour de la vie d'un nouveau-né ?

On lui donnait un prénom. On attendait ce délai pour être sûr qu'il soit viable.

Le jeu de mots

de Roselyne Bachelot et Laurent Ruquier

– Elle est née au XIe et a vécu au XIIe…

– Oui, elle a déménagé.

INVITÉ MYSTÈRE

Êtes-vous une femme ? – Non.

Donc vous êtes un homme… Grand ? – De taille moyenne.

Beau ? – Super beau !

Êtes-vous blond ? – Non.

Avez-vous des enfants ? – Non.

Avez-vous des cheveux ? – Oui.

Avez-vous des problèmes d'alcool ? – Non.

Avez-vous travaillé avec Sofia Essaïdi ? – C'est l'une de mes muses.

Avez-vous participé à une émission telle que *The Voice* ou *La Nouvelle Star* ? – *The Voice* et *La Nouvelle Star*, non… Mais la *Star Academy*, oui ? – Oui.

Avez-vous écrit le morceau *Mon amour* que l'on vient d'entendre ? – Non.

Êtes-vous chanteur ? – Non.

Êtes-vous compositeur ? – Non.

Kamel Ouali

LES PÉPITES

Laurent Ruquier : Au festival de cinéma de Berlin, on reçoit des « ours ». Vous n'avez pas reçu d'ours pour votre film ?

Stéphane Plaza : Pas encore…

Arielle Dombasle : Moi j'ai eu un ours ! Enfin, pour un film dans lequel je jouais… *Pauline à la plage* de Rohmer.

Florian Gazan : Un ours en peluche ou un normal ?

Arielle Dombasle : J'étais très émue de le recevoir…

Jeanfi Janssens : Ça doit être impressionnant de recevoir un ours !

Stéphane Plaza : Il faut faire attention à ses papattes…

Jeanfi Janssens : Il faut être prêt quand même !

Laurent Ruquier : Vous avez reçu un ours, vous ?

Jeanfi Janssens : J'en reçois souvent.

Laurent Ruquier : Grâce à vous, ils repartent bien léchés…

!!! Ça balance aux GROSSES TÊTES

Laurent Ruquier : Steevy, quand comptez-vous vous rendre au Salon de l'agriculture ?

Steevy Boulay : Mardi !

Laurent Ruquier : C'est un passage obligé ?

Steevy Boulay : Oui, j'y vais tous les ans.

Marcela Iacub : Qu'est-ce que tu cherches là-bas ?

Florian Gazan : Son enclos.

MARDI 5 MAI

SAINTE JUDITH

LES AUDITEURS FACE AUX GROSSES TÊTES

Laurent Ruquier : Que faites-vous dans la vie, Nathalie ?
Auditrice : Je suis responsable de communication dans une entreprise de sécurité privée.
Melha Bedia : Vous connaissez Benalla ?
Auditrice : Non.
Laurent Ruquier : Vous êtes à Rouen, en Seine-Maritime. Où habitez-vous à Rouen ? Moi qui connais bien la ville…
(Bernard Mabille rit.)
Auditrice : À Rouen.
Laurent Ruquier : Oui, d'accord.
Éric Laugérias : Dans quel quartier ?
Auditrice : Dans le quartier Jouvenet.
Laurent Ruquier : Ah, très bien, parfait. Qu'est-ce qu'il y a, Bernard ?
Bernard Mabille : Vous m'amusez parce que vous connaissez bien la ville… C'est bien… Vous connaissez bien Rouen ?
Laurent Ruquier : Oui, j'y ai vécu deux ans.
Bernard Mabille : Ah oui, vous connaissez bien.
Laurent Ruquier : J'étais rive gauche. Vous, vous êtes plutôt… ?
Auditrice : Rive droite.
Melha Bedia : Il y a des rives en province aussi ? Je pensais que c'était seulement à la capitale…
Titoff : Tu sais quoi, à chaque fois qu'il y a un fleuve, il y a deux rives…
Éric Laugérias : C'est même assez mathématique !

Question du jour

Quelle est la particularité de l'aéroport de la Nouvelle-Orléans ?

Il porte un nom d'artiste, Louis Armstrong, ce qui est rare pour un aéroport.

Citation

Qui a dit : « Si Christophe Colomb n'avait rien découvert, Kennedy serait toujours vivant » ?

Francis Blanche

Melha Bedia ?

Une Grosse Tête dont les références philosophiques vont de Coluche à Jamel Debbouze.

L'anecdote d'Arielle Dombasle

Je suis allée deux fois au Vatican, dont une en visite privée, parce que ma marraine avait fait travailler le pape Jean-Paul II dans ses usines.

L'histoire drôle de Pierre Palmade

Je connaissais une contrepèterie : « La tapeuse de tennis a le coup trop lent »… Ce qui donne : « La tateuse de pénis a le trou collant. »

Question du jour

▼

Quel jeu japonais porte un nom qui signifie « un, deux, trois » dans son pays d'origine ?

Le chifoumi, autrement appelé « pierre-feuille-ciseaux ».

INVITÉ MYSTÈRE

Auriez-vous trouvé le nom d'Eugène Scribe pour la citation précédente ? – Évidemment.
Vous êtes un peu bluffeur, non ? – Absolument pas ! *(en riant)* Évidemment, oui.
Êtes-vous un homme ? – Je suis un homme… de culture, mais je suis avant tout un homme politique.
Je vous ai d'ailleurs proposé d'être Grosse Tête ici, pour l'instant sans succès… – À ce moment-là, j'avais des petits problèmes avec la justice, donc je n'ai pas encore pu participer aux *Grosses Têtes*.
À mon avis, c'est un humoriste qui nous fait une blague… n'est-ce pas ? – Oui ! Comme ce n'est pas la première fois que je suis l'invité mystère, j'avais envie de me faire passer pour DSK, mais ça n'a pas marché…
Mais vous n'êtes pas « tout jeune tout jeune », non ? – Je t'emmerde !
Vous voit-on sur une scène ? – Non.
Sur un écran ? – Plutôt oui.
Êtes-vous acteur ? – Je suis acteur.
Et un peu chanteur ? – Un petit peu… Enfin, en tout cas, je fais des chansons… enfin, je vends des disques plutôt…
Vous vendez des disques ? – Oui, je travaille à la Fnac.
Avez-vous déjà chanté avec Gérard Jugnot ? – Oui ! Il me croise tous les ans pendant une semaine… mais il ne se souvient pas de moi.

Michaël Youn

Le jeu de mots

de Cristina Córdula et Jean-Jacques Peroni

– Pour cette collection printemps-été, nous sommes très colorés. Le vert est très tendance…
– Ça fait longtemps que le verre est tendance chez moi.

Citation

Qui a dit : « La politique, c'est le show-business des moches » ?

Jay Leno

L'histoire drôle de Christophe Dechavanne

Deux œufs sur le plat sont en train de frire dans la poêle. L'un dit à l'autre : « Dis donc, il ne fait pas un peu chaud ? » Le second se barre en courant et crie : « Aaah ! Un œuf qui parle ! »

LES PÉPITES

Laurent Ruquier : Arielle, êtes-vous heureuse de revoir Olivier ?
Arielle Dombasle : Absolument ! J'étais dans les airs puisque j'arrive de New York.
Laurent Ruquier : Ce n'était pas la question !
Florian Gazan : Oui, mais c'est sa réponse.
Arielle Dombasle : J'ai regardé l'océan comme ça, très loin, en bas…
Christine Ockrent : Et tu l'as reconnu ?
Laurent Ruquier : Mais vous savez qu'il n'est pas venu…
Florian Gazan : …avec des migrants. Il n'est pas venu en Zodiac.
Laurent Ruquier : Il était en avion, comme vous !
Stéphane Plaza : Où est-il ce bateau ? On aimerait bien le savoir… Parce qu'on y va bientôt, alors si on pouvait visiter…
Laurent Ruquier : Oh, les deux clowns, là-bas !
Jeanfi Janssens : Il est arrimé quelque part ton bateau ?
Arielle Dombasle : Il doit être dans les paradis fiscaux…
Laurent Ruquier : Elle s'y connaît !

Question du jour

De quelle femme a-t-on célébré le centième anniversaire de la naissance, le 7 mai 2019 ?

Eva Perón

LES AUDITEURS FACE AUX GROSSES TÊTES

Laurent Ruquier : Que faites-vous dans la vie, David ?
Auditeur : Je travaille dans une entreprise adaptée avec des personnes handicapées et on s'occupe de l'entretien d'espaces verts.
Laurent Ruquier : Et vous écoutez *Les Grosses Têtes* pour vous distraire un peu l'après-midi…
Auditeur : Exactement.
Laurent Ruquier : … ou vous cultiver, allez savoir.
Auditeur : Aussi, oui.
Laurent Ruquier : Vous avez des chouchous parmi les Grosses Têtes ?
Auditeur : Pedro, déjà… J'ai beaucoup de respect pour cette personne.
Pierre Bénichou : Tu peux ! C'est la première fois de ma vie qu'on me dit ça.
Bernard Mabille : Il s'occupe des handicapés, alors t'es un peu de la famille…

Michel Boujenah ?

Une Grosse Tête qui vient nous rendre une petite visite entre deux spectacles de sa tournée *Ma vie encore plus rêvée*.

!!! Ça balance aux GROSSES TÊTES

Laurent Ruquier : J'ai lu au moins trois articles sur ces fameux trous noirs. Je n'y comprends rien ! Un trou noir se forme lorsqu'une masse devient si concentrée… Prenez Bernard par exemple…
Florian Gazan : C'est un trouduc !
Bernard Mabille : Oh ! Un trouduc, attends… C'est vrai qu'à l'ouverture du *Trouvère*, j'ai la *Flûte enchantée*…

VENDREDI 8 MAI

VICTOIRE 1945

Question du jour

Comment appelle-t-on le filet fixe qui sert à pêcher le thon en bordure des côtes ?

La madrague

Le jeu de mots

de Laurent Ruquier

Ça sonne chez Mme Body… à son corps défendant

[Répondeur] Eh bien, *nobody* !

Défi du jour

Citez le nom du dernier fou du roi, qui fut celui de Louis XIII puis de Louis XIV.

L'Angély

LES AUDITEURS FACE AUX GROSSES TÊTES

Laurent Ruquier : Chère Chantal, c'est vous qui allez appeler pour la valise pendant que M. Titoff va donner un numéro entre 1 et 20.
Titoff : 20.
Laurent Ruquier : On va appeler Anthony, qui habite Levallois-Perret. Chantal, attention !
Auditeur : Allô ?
Chantal Ladesou : Oui, bonjour !… Qui c'est ? Qui c'est ? Je ne m'en souviens plus…
Florian Gazan : Anthony…
Chantal Ladesou : Anthony ! Anthony, ça va ?
Auditeur : C'est Chantal ?
Christophe Beaugrand : Ça, on la reconnaît tout de suite ! Bravo !
Auditeur : Non ! Attendez ! Je suis au boulot, là… Mais non, ce n'est pas vrai !
Chantal Ladesou : Ça ne fait rien si vous êtes au boulot, c'est important, on vous appelle d'où ? Alors ? Réponse !
Auditeur : Oui, c'est pour la valise !
Laurent Ruquier : Il répond même aux questions qu'elle ne sait pas poser !
Auditeur : Non, mais attendez… J'y ai pensé mille fois à cet appel, je me suis dit : « J'ai plein de choses à dire », et là, je n'ai aucune blague qui sort !
Chantal Ladesou : C'est comme ça, ce n'est pas très grave.
Laurent Ruquier : Ça leur arrive à eux aussi !
Chantal Ladesou : On ne te demande pas des vannes, on te demande le contenu de la valise, mon chéri.

Question du jour

Qu'est-ce que Daisy Kennedy a forcé son fils Edward à faire, ce qu'il ne regretta pas par la suite ?

Elle l'a forcé à apprendre le piano. Edward Kennedy Ellington est le nom de Duke Ellington.

!!! Ça balance aux GROSSES TÊTES

Laurent Ruquier : Vous êtes fière d'être à côté d'Olivier de Kersauson ?
Melha Bedia : Hyper fière, mais plus fière d'être à côté de Christophe Dechavanne !
Laurent Ruquier : Pourquoi ?
Melha Bedia : Parce que j'ai grandi avec lui à la télé… Alors que Kersauson…
Olivier de Kersauson : Tu ne pouvais pas grandir avec moi, c'est sûr.
Melha Bedia : Je pouvais grossir avec toi !
Olivier de Kersauson : Tu l'as fait sans moi.

Les statistiques

10 pilotes

britanniques ont été champions du monde de Formule 1. C'est, de loin, le record pour un même pays.

LUNDI 11 MAI

SAINTE ESTELLE

Question du jour

De quelle œuvre célèbre le film *La Folie des grandeurs* de Gérard Oury est-il inspiré ?

Ruy Blas de Victor Hugo

INVITÉ MYSTÈRE

Êtes-vous un homme ? – Oui.
Avez-vous des enfants ? – Oui, trois.
Avez-vous travaillé avec le groupe Il était une fois ? – Non.
Vous voit-on souvent à la télévision ? – Oh oui !
Écrivez-vous ? – Oui.
Des livres ? – Oui, ça m'arrive.
Et des pièces de théâtre ? – Je coécris.
Êtes-vous connu essentiellement pour vos livres ? – Non.
Pour vos films ? – Non plus.
Vous êtes connu pour ce que vous écrivez ? – Disons que j'écris ce que je fais.
Écrivez-vous des sketchs de Robert Lamoureux sur scène, par exemple ? – Oui.
Est-ce que quand vous arriverez sur le plateau, on peut s'engueuler ? – C'est possible.
Mais on s'aime quand même ? – Oui.
Avez-vous déjà croisé Stéphane Plaza ? – Oui.

Jean-Marie Bigard

Les statistiques

736 joueurs de football ont pris part à la Coupe du monde 2018.

LES AUDITEURS FACE AUX GROSSES TÊTES

Laurent Ruquier : Il y a longtemps que vous écoutez RTL, Anthony ?
Auditeur : Depuis que vous êtes arrivé ! Je dois avouer que j'ai traversé la route avec vous…
Laurent Ruquier : Vous suivez les conseils du président de la République, il faut savoir traverser la route…
Auditeur : J'entends qui aujourd'hui avec vous ?
Laurent Ruquier : Vous avez Chantal Ladesou en magasin…
Auditeur : Bonjour Chantal !
Chantal Ladesou : Bonjour Éric…
Auditeur : Non, c'est Anthony.
Florian Gazan : Et c'est elle qui a appelé en plus !
Christophe Beaugrand : C'est la preuve que c'est bien Chantal…

Défi du jour

Citez les deux monts qui entourent le rocher de Gibraltar, côté européen et côté marocain.

Le mont Calpe, côté européen, et le mons Abyla, aussi appelé le djebel Musa, côté marocain.

MARDI 12 MAI

SAINT ACHILLE

Question du jour

Quel était le nom de jeune fille de la femme de Victor Hugo ?

Adèle Foucher

!!!

Ça balance aux GROSSES TÊTES

Stéphane Plaza (à l'invité mystère) : Est-ce que vous avez… Oooooh ! Mais que je suis con ! Ça y est, je l'ai !
Bernard Mabille : T'as eu un moment de lucidité, dis donc.
Laurent Ruquier : Pas quand il a dit : « Je l'ai », mais quand il a dit : « Je suis con ! »

Question du jour

De quelle célébrité Carlos Santana, guitariste américain, a-t-il déclaré qu'il avait entendu la voix à Paris ?

La Joconde

LE BILLET DE LAURENT RUQUIER

Il y a une version de la *Valse à mille temps* de Jacques Brel, parodiée par Jean Poiret qui s'appelle *La Vache à mille francs*. C'était à une époque où le prix du bœuf augmentait. Et j'ai même découvert que Jacques Brel, à l'Olympia, en 1961, au milieu de la *Valse à mille temps* – cela prouve qu'il avait de l'humour –, s'est mis à glisser quelques phrases de la version parodiée de Jean Poiret.

L'histoire drôle de Pierre Bénichou

C'est un mec qui dit : « J'ai failli baiser Brigitte Bardot. » Son ami lui demande : « Mais pourquoi ? – Je l'ai croisée sur les Champs-Élysées, je lui ai dit : "Tu baises ?", elle m'a dit non. Elle m'aurait dit oui, je la baisais. »

Le proverbe

de Chantal Ladesou

Mieux vaut un pet bruyant qu'un doux zéphir qui vous trahit tout bas.

LES PÉPITES

Laurent Ruquier : Quel genre de bateau avez-vous en Polynésie ?

Olivier de Kersauson : Un bateau de pêche.

Jeanfi Janssens : On peut mettre un petit transat sur le pont ?

Olivier de Kersauson : Non, ce n'est pas le genre. Ce n'est pas un promène-couillon.

Stéphane Plaza : C'est dommage, sinon, on serait venus…

Laurent Ruquier : Parce que vous allez en Polynésie ?

Jeanfi Janssens : On a une surprise pour toi, on y va en juin.

Olivier de Kersauson : Ils y vont à la mauvaise époque…

Jeanfi Janssens : On y va ensemble et on s'est dit : « Allons voir Kersauson, c'est l'occasion ou jamais ! »

Olivier de Kersauson : Je ne suis jamais en Polynésie au mois de juin, c'est le solstice d'été.

Jeanfi Janssens : Eh bien, préviens ta femme ! On ira la voir.

Stéphane Plaza : C'est la mauvaise saison en juin ?!

Olivier de Kersauson : C'est l'arrivée des trous du cul, en général, à cette époque-là…

!!! Ça balance aux GROSSES TÊTES

(Alors qu'Éric Laugérias dit un poème « en allemand ».)

Steevy Boulay : J'ai demandé au Professeur si c'était vraiment de l'allemand, parce que je ne parle pas allemand.

François Rollin : Si c'était de l'allemand, ce serait joli…

Steevy Boulay : Alors tu racontes n'importe quoi, en fait !

Laurent Baffie : Vous êtes deux sur ce créneau…

JEUDI 14 MAI

SAINT MATTHIAS

INVITÉ MYSTÈRE

Êtes-vous un homme ou une femme ? – Je suis un homme.
Avez-vous des enfants ? – Non.
Vous a-t-on reconnu quand vous avez passé la porte de RTL ? – Oui, on m'a gentiment accueilli.
C'est Muriel, nous sommes-nous déjà rencontrés ? – Oui.
On s'apprécie ? – Oui, je crois… Enfin, moi, je vous adore !
Alors ça doit être réciproque… Avez-vous des chiens ? – J'ai eu une chienne.
Comment s'appelait-elle ? – Elle s'appelait Phœbé. C'est la personnification de la Lune dans la mythologie grecque.
Vous n'êtes pas chanteur… Êtes-vous un homme de lettres ? – Il m'est arrivé d'écrire des livres, oui.
Ont-ils été adaptés au cinéma ou à la télévision ? – J'ai cru qu'un livre serait adapté, mais finalement il ne l'a pas été.
Il y a longtemps ? – Il y a quinze ans.
Avez-vous écrit des chansons aussi ? – Oui, livres et chansons. Je suis en train de préparer un spectacle musical.
On vient d'entendre une chanson de la comédie musicale *Le Roi Soleil*, connaissez-vous bien Versailles ? – Oui, particulièrement bien.
Êtes-vous scénariste ? – Je l'ai été aussi.
Philippe Geluck pensait à Alain Baraton, mais vous n'êtes pas M. Baraton ? – Non, mais c'est un ami.
Steevy propose Stéphane Bern, êtes-vous Stéphane Bern ? – Non, mais c'est également un grand ami.
Vous dites que vous préparez un spectacle musical, vous allez chanter à ce moment-là ? – Ah non, je ne chante pas.
C'est Philippe Geluck, nous connaissons-nous ? – Nous nous sommes croisés, mais je ne sais pas si vous vous souvenez de cette rencontre.
Travaillez-vous à Versailles ? – J'y ai passé beaucoup de temps.
Avez-vous exposé ou organisé des expositions ? – Non, mais j'ai écrit quatre ou cinq livres sur Versailles.

Franck Ferrand

Question du jour

Dans quel château Léonard de Vinci est-il mort à Amboise en 1519 ?

Le château du Clos-Lucé

Le jeu de mots

de Roselyne Bachelot

(Après une discussion sur les 700 dents du brochet)
Quand tu as sept vieux dans un EHPAD, tu as sept sans-dents.

Valérie Mairesse ?

Une Grosse Tête aussi ingénue qu'un génie, mais jamais gênée.

Citation

Qui a dit : « Le TGV est une superbe invention, ça permet d'arriver plus vite en retard » ?

Jean Yanne

Question du jour

Quel est le nom de scène du rappeur dont le père Dennis Graham, un batteur, a travaillé avec Jerry Lee Lewis, et qui remplit Bercy ?

Drake

Les statistiques

1 fois

sur 4,7 milliards, une femme accouche de sextuplés.

Défi du jour

Citez le court-métrage réalisé par Laurel et Hardy en 1932, seul film pour lequel ils ont obtenu un oscar.

Livreurs, sachez livrer ! ou *Les Déménageurs*

LES AUDITEURS FACE AUX GROSSES TÊTES

Laurent Ruquier : Parmi les Grosses Têtes du jour, Florian Gazan est là…
Florian Gazan : Bonjour !
Auditeur : Ah Florian ! J'adore Florian !
Laurent Ruquier : Ah oui, pourquoi ?
Stéphane Plaza : Depuis mercredi et la défaite du PSG, il aime moins de monde…
Auditeur : Moi aussi, je suis un peu déprimé, Florian, depuis mercredi et j'espère qu'en écoutant l'émission tout à l'heure, je vais rigoler.
Florian Gazan : On se retrouvera aux Supporteurs anonymes.
Laurent Ruquier : Il y a aussi Stéphane Plaza.
Auditeur : Stéphane, enchanté !
Stéphane Plaza : « Enchanté », j'ai eu peur…
Christophe Beaugrand : Il aime moins là…
Auditeur : Non, je regarde ses émissions. D'ailleurs, j'ai un appartement à vendre si ça l'intéresse aussi !
Stéphane Plaza : Je savais que c'était mon jour ! Vous voyez, pas toujours de bonnes réponses, mais une vente avec une commission.
Auditeur : Il s'améliore le Stéphane, il donne des réponses à des questions dès que ça a un rapport avec le sexe.
Stéphane Plaza : Toujours !
Laurent Ruquier : Donnez-moi un nouveau montant pour la prochaine valise…
Auditeur : 10 000…
Florian Gazan : Oh ! la ! Oh ! la, la ! Hop ! Hop ! Hop !
Laurent Ruquier : Ne vous emballez pas, Anthony…
Auditeur : 1 099 €.

!!! Ça balance aux GROSSES TÊTES

Laurent Ruquier : Camille Lellouche, vous êtes sérieuse dans le film *Damien veut changer le monde*. Vous n'êtes pas du tout drôle…
Camille Lellouche : Très sérieuse ! Je ne suis pas du tout drôle.
Olivier de Kersauson : T'es comme ici alors !

SAMEDI 16 / DIMANCHE 17 MAI

SAINT HONORÉ — SAINT PASCAL

Citation

Qui a dit : « Le bruit ne fait pas de bien, mais le bien ne fait pas de bruit » ?

Saint François de Sales

Le jeu de mots

de Laurent Ruquier et Laurent Baffie

– Une question pour M. Chalumeau…
– Sa femme est une allumeuse !

Question du jour

Quel roman de Michel Bussi, paru en février 2019, porte un titre qui reprend une phrase extraite d'une chanson d'Alain Bashung ?

J'ai dû rêver trop fort.

LUNDI 18 MAI

SAINT ÉRIC

Question du jour

Quel est le nom du chat de Gepetto dans *Pinocchio* ?

Figaro

Citation

Qui a dit : « À notre époque, on se refuse à croire que le plomb puisse être transformé en or… jusqu'au moment où on reçoit la facture du plombier » ?

George Bernard Shaw

!!! Ça balance aux GROSSES TÊTES

Laurent Ruquier : On vous parle des *Grosses Têtes* chez le coiffeur ?
Jean-Luc Lemoine : Est-ce qu'on vous parle chez le coiffeur ?
Marcela Iacub : Parfois, ils me parlent anglais. Ils imaginent qu'ils peuvent mieux communiquer avec moi en anglais… Et pourtant, ça fait toute ma vie que je vis ici, mais je n'ai pas la facilité pour les langues…
Karine Le Marchand : Ça dépend lesquelles…

LES AUDITEURS FACE AUX GROSSES TÊTES

Laurent Ruquier : Avez-vous un petit message à faire passer aux Grosses Têtes avant que je pose la question, Nadine ?
Auditrice : Je vous adore, merci beaucoup d'exister !
Christophe Beaugrand : C'est mignon !
Florian Gazan : C'est gentil. Ça ne va pas nous amadouer, mais c'est gentil !
Auditrice *(en riant)* : Dommage !
Laurent Ruquier : Vous regarderez peut-être, ce soir, une nouvelle série qui démarre sur France 2 avec notre ami Marc Lavoine : *Kepler(s)* avec un s, car, un peu comme Yoann Riou d'ailleurs, il est plusieurs dans sa tête…
Christophe Beaugrand : Il est plus calme quand même, Marc Lavoine…
Laurent Ruquier : Dans ce feuilleton, on pourra aussi voir Yasmine, mais pourquoi je vous parle de cette jeune fille qui a 21 ans ?
Arielle Dombasle : Peut-être parce que c'est sa fille ?
Laurent Ruquier : Oui, alors c'est la question à laquelle la dame aurait dû répondre…
Arielle Dombasle : Zut alors…
Florian Gazan : Eh bien, Arielle, tu pars en Corse !
Christophe Beaugrand : Nadine, vous avez perdu.
Arielle Dombasle : Oh non ! J'ai répondu, mais vous connaissiez sûrement la réponse…
Auditrice : Tout à fait ! Bien sûr !
Arielle Dombasle : Je suis désolée… mais elle va quand même en Corse avec la piscine sur le toit ?!

LES PÉPITES

Laurent Ruquier : La question nous emmène au Vatican. C'est Mgr Melchor Sánchez de Toca y Alameda…
Gad Elmaleh : Oui, oui…
Laurent Ruquier : Je vous jure que je n'invente pas son nom ! Il est donc au Vatican et il a un rêve…
Gad Elmaleh : Changer de nom ?

L'histoire drôle de Christophe Dechavanne

Un mec passe devant une palissade et, derrière la palissade, il entend : « Trente-trois… Trente-trois… Trente-trois… ». Il se rapproche et se dit : « C'est quoi ce bordel ? » et il continue d'entendre : « Trente-trois… Trente-trois… Trente-trois… » Plus il se rapproche et plus il entend un nombre conséquent de voix qui disent : « Trente-trois… Trente-trois… Trente-trois… » Il se dit : « Mais ce n'est pas possible ! » Tout d'un coup, il cherche, il veut voir quelque chose. La palissade est bien fermée. Il continue à entendre : « Trente-trois… Trente-trois… Trente-trois… » Tout d'un coup, il voit un petit trou ! Il regarde et là… Il y a un doigt qui s'enfonce dans son œil, mais jusqu'au bout ! Il se retire, il tombe par terre, il a son œil qui pend ! Derrière, il entend : « Trente-quatre… Trente-quatre… Trente-quatre… »

Question du jour

Quel point commun Phil Collins, Barbra Streisand, Éric Clapton et le guitariste des Who, Pete Townshend, ont-ils ?

Ils souffrent d'acouphènes.

Le jeu de mots

de Laurent Baffie

Roselyne, elle prend un martini gin avec un zeste déplacé, toujours.

INVITÉ MYSTÈRE

Êtes-vous mariée ? – Pas encore.
« Pas encore », ça veut dire que vous êtes en couple ? – Oui.
Avec un homme ou une femme ? – Ah, ah…
Elle veut rester mystérieuse… Habitez-vous « Gouinetanamo » ? – Pas du tout.
Avez-vous déjà participé à un concours ? – Oui.
Êtes-vous chanteuse ? – Je ne suis pas chanteuse.
Êtes-vous proche de la cuisine ? – Oui, tout à fait.
Dans votre métier ? – Pas dans le mien.
Votre compagnon est cuisinier, c'est ça ? – Exactement.
Avez-vous une écharpe dans votre garde-robe ? – Tout à fait.
Vous êtes sportive ? – Oui.
Est-ce que votre compagnon aime le piment d'Espelette ? – Oui, tout comme moi.
C'est Laurent Baffie, avons-nous déjà couché ensemble ? – Sûrement pas !

Laury Thilleman

Défi du jour

Citez les noms des précieuses ridicules dans la pièce de Molière.

Magdelon et Cathos

Question du jour

Quel est le nom romain de la déesse des Saisons, dont le nom grec est Perséphone ?

Proserpine

Le jeu de mots

de Laurent Ruquier et Olivier de Kersauson

– C'est vrai qu'il y a du « black » dans l'immobilier, tout le monde le sait !
– On ne dit plus du « black », on dit du « Plaz' » !

Citation

Qui a dit : « Il n'y a rien de plus beau qu'une clé, tant qu'on ne sait pas ce qu'elle ouvre » ?

Maurice Maeterlinck

INVITÉ MYSTÈRE

Êtes-vous un homme ? – Oui.
Avez-vous des enfants ? – Oui.
Vous avez donc de nombreux enfants ? – Douze.
Wow ! Avec la même femme ? – Non.
Êtes-vous né en France, invité mystère ? – Non, pas du tout.
Mais vous habitez dans un pays francophone ? – En effet.
Êtes-vous chanteur ? – Oui.
Et vous travaillez souvent en France ? – Partout. Dans le monde, aux États-Unis, au Canada, au Brésil…
Venez-vous d'Afrique ? – Voilà.
Mais vous avez fait des musiques pour le cinéma ? – Une fois.
Animez-vous une émission de radio ? – Dans mon pays, oui.
Vous avez même une station de radio qui porte votre nom dans votre pays ? – En effet.
Avez-vous connu Bob Marley ? – Non, mais j'ai travaillé avec ses musiciens.

Alpha Blondy

Question du jour

Sous quel nom Melle MacDonald, qui se maria en premières noces à l'âge de 13 ans, fut-elle par la suite connue ?

Joséphine Baker. Son nom lui vient de son deuxième mari.

Fabrice Éboué ?

Une Grosse Tête qui n'a pas besoin de gilet pour franchir la ligne jaune.

LES PÉPITES

Laurent Ruquier : Bonjour Bernard !

Gérard Jugnot *(à Bernard Mabille)* : Dis bonjour, Bernard !

Bernard Mabille : Celle-là, je l'attendais…

Laurent Ruquier : Ce n'est pas à vous, Bernard, que je parle… C'est à l'autre Bernard qui est dans le Calvados. Bernard ?

Florian Gazan : C'est la valise, Laurent…

Gaël Tchakaloff : Il faut qu'on appelle.

Laurent Ruquier : Oh non ! Je me suis trompé !

Florian Gazan : Il fait tout lui-même ! Ce matin, il s'est dit : « C'est toujours les autres, je vais me choisir un petit numéro avec mon café, je vais l'appeler directement… »

Laurent Ruquier : Ah non ! J'ai de l'avance ! Bernard, c'est le candidat qui vous affrontera tout à l'heure… C'est d'abord la valise que l'on va confier à Gaël Tchakaloff.

!!! Ça balance aux GROSSES TÊTES

Laurent Ruquier *(à Yoann Riou)* : On vous a proposé *Fort Boyard* ! Ce type est devenu une vedette en quinze jours !

Élie Semoun : C'est dingue…

Laurent Baffie : À cause de vous, Laurent !

Laurent Ruquier : On vous a proposé, il paraît aussi, *Danse avec…*

Yoann Riou : Ne le dites pas !

Caroline Diament : *Danse avec les stars* ! C'est dingue !

Laurent Baffie : Non, mais il va faire *Roule avec les stars…*

VENDREDI 22 MAI

SAINT ÉMILE

Question du jour

Quel acteur fut le premier à incarner Zorro ?

Douglas Fairbanks

INVITÉ MYSTÈRE

Êtes-vous un homme ? – Oui.
Êtes-vous plutôt brun ? – Non.
Plutôt blond ? – Non plus.
Êtes-vous déjà père de famille ? – Oui, de trois enfants.
Vous arrive-t-il d'être sur des planches ? – Ça m'est arrivé deux fois.
Voyagez-vous beaucoup ? – Pas spécialement.
Êtes-vous artiste ou intellectuel ? – Artiste.
Êtes-vous connu pour un rôle de policier ? – Oui, entre autres.
Avez-vous joué dans le film *Polisse* ? – Oui.
Avez-vous déjà eu un prix pour le cinéma ? – Oui.
Avez-vous commencé votre carrière en tant que très jeune acteur ? – Oui, il y a dix-huit ans.

Nicolas Duvauchelle

Les statistiques

73 % de Français regardent régulièrement des émissions de télévision en replay.

LES AUDITEURS FACE AUX GROSSES TÊTES

Laurent Ruquier : Florian, vous écoutez *Les Grosses Têtes* et vous avez 23 ans. Avez-vous des chouchous ? J'aime bien demander aux jeunes, ça me permet de savoir qui je garde ou pas dans l'équipe pour les attirer dans l'émission.
Auditeur : J'adore Laurent Baffie et, sinon, j'aime bien Yoann Riou, le petit nouveau qui vient d'arriver.
Laurent Ruquier : Qu'est-ce que vous aimez chez Yoann Riou ? Parce que tout le monde s'interroge…
Auditeur : Il me fait beaucoup rire dans son émission sur *L'Équipe*.
Caroline Diament : Ah ! Donc il ne vous fait pas rire ici dans *Les Grosses Têtes* !
Christophe Beaugrand : Rassurez-nous…
Auditeur : Il vient d'arriver, il faut lui laisser le temps…
Caroline Diament : Mais en même temps, il a déjà pris la parole pour l'équivalent de vingt-sept émissions !

Défi du jour

Citez la chanson qu'Adolphe Adam, un compositeur français, a popularisée dans l'opéra-comique *Le Sourd ou L'Auberge pleine*.

Sur le pont d'Avignon

!!! Ça balance aux GROSSES TÊTES

Laurent Ruquier : Arielle, c'est la seule qui peut monter dans un ascenseur avec Bernard Mabille sans risque.
Bernard Mabille : Non, parce que, quand je suis là, l'ascenseur ne monte pas.

Citation

Qui a dit : « Quand quelqu'un va parler sans savoir ce qu'il va dire, parle sans savoir ce qu'il dit et finit de parler sans savoir ce qu'il a dit ; il est mûr pour la politique » ?

Jean Rigaux

Question du jour

Quelle chanson de Michel Depech, dans laquelle on trouve cinq enfants dont quatre fils perdus, aurait pu être utilisée par la presse pour annoncer le départ du préfet de police Michel Delpuech ?

Que Marianne était jolie

LUNDI 25 MAI

SAINTE SOPHIE

Question du jour

À quel peuple Vercingétorix appartenait-il ?

Les Arvernes

Bernard Werber ?

Une Grosse Tête qui en a dans le crâne, mais plus au-dessus.

INVITÉ MYSTÈRE

Faites-vous pipi debout ? – Non.
Vous êtes une dame donc ? – Oui, on dit comme ça.
Êtes-vous plutôt coquette ? – Oui, mais pas plus que ça.
Le stylo est-il important pour vous ? – Oui, fondamental.
Écrivez-vous beaucoup ? – J'écris oui, mais ce n'est pas pour cela que je suis connue.
Êtes-vous blonde ? – Non.
Brune ? – Oui.
Peut-on vous voir sur des écrans ? – Oui.
Faites-vous du ski ? – Pas du tout, je déteste la neige.
Avez-vous un rapport avec l'Afrique ? – Non.
Jouez-vous dans *Plus belle la vie* ? – Non.
Jouez-vous à l'OM ? – Non.
Habitez-vous Marseille ? – J'ai habité à Marseille.
Êtes-vous marseillaise de cœur ou de naissance ? – De naissance.
Faites-vous des trucs avec votre mari ? – Oui !

Ariane Ascaride

!!! Ça balance aux GROSSES TÊTES

Bernard Mabille *(en proposant une réponse à une question)* : C'est parce qu'ils ont fait une *remontada* magnifique. Là, on pouvait revenir, mais on n'est pas revenus… et je pense que c'est McEnroe qui devait être dans une équipe…
Laurent Ruquier : Non, pas du tout.
Bernard Mabille : Pourquoi vous me laissez continuer le truc, alors ?
Cristina Córdula : Parce qu'il veut remplir l'espace !
Laurent Ruquier : Et, avec vous, ça remplit vite fait !
Cristina Córdula : Il a une émission à faire, il veut remplir dix minutes, alors il laisse les gens dire des conneries…
Laurent Ruquier : Pendant deux heures même !

L'anecdote d'Antoine Duléry

J'ai joué avec Jean Marais dans *Le Cid*. Il interprétait Don Diègue, le rôle le plus sérieux de la pièce. Le premier jour de représentation, c'était au mois d'août, il faisait très chaud, il avait un petit ventilateur. Je lui demande un peu bêtement : « Qu'est-ce que tu fais avec ce ventilo ? » Et il me dit : « Écoute, il fait tellement chaud que je me le fous dans le cul et je m'envole… On m'appelle Maya l'abeille ! Ah, ah, ah ! » Et on est rentré en scène, c'était très très drôle.

MARDI 26 MAI

SAINT BÉRENGER

LES AUDITEURS FACE AUX GROSSES TÊTES

(Après être tombé trois fois de suite sur des répondeurs téléphoniques.)

Laurent Ruquier : On va appeler Anne, à Paris dans le 5e. Là, on n'est pas loin, on reste dans la capitale.

Pierre Palmade : Et si ça ne répond pas, je sonne à sa porte.

Auditrice : Oui ?

Valérie Mairesse : Allô ? Anne ?

Auditrice : Non, du tout.

Valérie Mairesse : Vous n'êtes pas Anne ?

Auditrice : Non.

Valérie Mairesse : On m'a dit qu'il fallait que j'appelle Anne pour lui demander ce qu'il y avait dans la valise…

Auditrice : Madame Mergault, bonjour !

Valérie Mairesse : Ce n'est pas Mme Mergault, c'est Melle Mairesse !

Auditrice : Pardon, excusez-moi…

Valérie Mairesse : Ce n'est pas grave, on est dans l'aigu.

Laurent Ruquier : Madame, vous écoutez RTL de temps en temps ?

Auditrice : Bien sûr, tous les jours quasiment !

Gérard Jugnot : Vous n'avez pas envoyé de lettre ?

Valérie Mairesse : Est-ce que vous pouvez nous dire ce qu'il y a dans la valise ?

Laurent Ruquier : Gérard, on n'envoie plus de lettre depuis 1975…

Auditrice : Si j'ai bonne mémoire, il y a 1 099 €, une gamme complète de soins et un canapé ajouté par Julien Courbet !

Laurent Ruquier : Mais vous avez gagné la valise RTL !… Alors ça, on ne s'y attendait pas !

Gérard Jugnot : Attendez, quel est le mystère ? On devait appeler Anne, mais on est tombé sur vous… et vous savez tout. Vous vous étiez inscrite ?

Auditrice : Bien sûr !

Gérard Jugnot : Sous un faux nom alors !

Pierre Palmade : Ou alors elle a tué Anne, en lui extorquant les informations…

Auditrice : Vous rigolez, mais je travaille dans une mairie et je m'occupe des cimetières !

Laurent Ruquier : C'est vous qui avez tué toutes les personnes que nous avons essayé d'appeler avant vous !

Question du jour

Quelle est la différence entre un cocher et un postillon ?

Le postillon est assis sur le cheval alors que le cocher l'est sur la voiture.

Citation

Qui a dit : « La banque est un endroit où l'on vous prête de l'argent si vous parvenez à prouver que vous n'en avez pas besoin » ?

Bob Hope

Le jeu de mots

de Laurent Ruquier

(À Karine Le Marchand)

Ce qui me surprend, c'est que vous dites : « J'ai l'habitude de faire semblant », mais depuis que Thuram est parti, vous avez plutôt l'habitude de faire sans noir.

MERCREDI 27 MAI

SAINT AUGUSTIN DE CANTORBÉRY

Question du jour

Quel quintuple champion olympique français a fait son entrée au musée Grévin en 2019 ?

Martin Fourcade

Le jeu de mots

de Yoann Riou

(Après avoir parlé des bébés nés depuis L'amour est dans le pré)

Karine est habituée,

Desailly et Thuram !

(deux saillies et tu rames)

INVITÉ MYSTÈRE

Homme ou femme ? – Femme.

Intellectuelle ? – Pas vraiment.

Vous chantez ? – Quelquefois, mais ce n'est pas mon métier.

Eh bien dansez maintenant ! – Avec plaisir !

Vous avez donc un métier artistique ? – Oui.

Venez-vous de faire un film ? – Non.

Portez-vous un pseudonyme ? – Non.

Avez-vous des enfants ? – Oui.

Ils sont grands ou tout petits ? – Ils sont grands.

Ont-ils une activité artistique également ? – Oui, surtout un. Une.

Ont-ils le même nom que vous ? – Non, ils portent le nom de leur père.

Le père vous verse-t-il une pension alimentaire ? – Oui.

Êtes-vous actrice ? – Oui.

Jouez-vous plutôt des trucs drôles ? – Oui.

Avez-vous fait de la radio ? – Oui.

Avez-vous été une voix de radio ? – Non.

Faites-vous aussi beaucoup de théâtre ? – Oui.

Michèle Bernier

LES PÉPITES

Laurent Ruquier : Monsieur de Kersauson, je suis certain que vous connaissez des poèmes de Louise de Vilmorin.

Jeanfi Janssens : Oh oui ! Déclame-moi un poème !

Olivier de Kersauson : « Je me promène dans le Nord, je me souviens de ton corps, et je vois ton cœur qui s'envoie en l'air, j'espère te revoir, tu pourrais être père… » Elle avait fait un très long truc comme ça, c'était un poème sur une espèce de crétin qui était… steward, qui est mort dans un accident d'avion en 1970 et dont le fantôme hante le studio.

Citation

Qui a dit : « La réussite, c'est un peu de savoir, un peu de savoir-faire et beaucoup de faire-savoir » ?

Jean Nohain

LES AUDITEURS FACE AUX GROSSES TÊTES

Laurent Ruquier : Que faites-vous dans la vie ?
Auditrice : Je suis conseillère à Pôle Emploi.
Laurent Ruquier : Vous avez une jolie voix… Même quand vous dites : « Je n'ai pas trouvé de travail pour vous… », je suis sûr que ça passe mieux…
Caroline Diament : C'est vrai… Vous donnez la pêche !
Auditrice : Quelle vision vous avez de Pôle Emploi… C'est terrible !
Laurent Ruquier : Je n'ai pas de vision de Pôle Emploi, mais ce n'est pas le meilleur endroit où l'on puisse se retrouver quand même, Stéphanie… sauf quand on y travaille, évidemment ! …D'ailleurs, le jour où vous aurez retrouvé du travail à tout le monde, vous n'aurez plus de travail, vous…
Auditrice : Oui, mais ce sera une bonne nouvelle !
Laurent Ruquier : C'est vrai ! En tout cas, vous écoutez *Les Grosses Têtes* de temps en temps…
Auditrice : En podcast, tous les jours…
Laurent Ruquier : En podcast, à Pôle Emploi… Vous faites tout en « Po »…
Caroline Diament : Non mais « vous faites tout en "Po" », Laurent…
Laurent Ruquier : Je ne sais pas, je trouve des trucs, je suis animateur quoi ! Stéphanie, vous allez peut-être partir en Crête…
Gérard Jugnot : Si elle a du pot !

Question du jour

Dans quel film, sorti en 2019, peut-on voir réunis le petit-fils de Jean-Paul Belmondo et la petite-fille de Marie Laforêt ?

Mon bébé de Lisa Azuelos

Lorànt Deutsch ?

Une Grosse Tête exceptionnelle qui, après les ouvrages *Métronome* et *Hexagone*, a publié *Romanesque* sur la folle aventure de la langue française.

L'histoire drôle de Jean-Marie Bigard

C'est un Corse qui dit à son pote : « Mon fils de trois ans sait compter… Vas-y, compte ! » Le petit garçon : « Un, deux, trois… quatre. – Vas-y, continue. – Cinq, six, sept… – Vas-y, encore… – Huit, neuf, dix… – Allez, encore… – Valet, dame, roi. »

L'anecdote de Philippe Geluck

L'autre jour, j'ai fait une expérience. J'ai mis l'émission de Yoann Riou sur une télé et, sur l'autre, j'ai mis le vrai match… avec les images. Et je n'ai rien compris. Je m'étais trompé de match, j'avais mis un autre match sur la télé !

!!! Ça balance aux GROSSES TÊTES

Yoann Riou : Je découvre trois Grosses Têtes aujourd'hui : Laurent Baffie, Michèle et Sophie !
Laurent Ruquier : Michèle Bernier, ça vous fait quelque chose ? Vous n'avez encore rien dit de gentil sur Michèle…
Yoann Riou : Évidemment, c'est mon enfance !
(Les Grosses Têtes éclatent de rire.)
Caroline Diament : Je crois qu'on a trouvé quelqu'un qui fait d'aussi beaux compliments que Steevy !

VENDREDI 29 MAI

SAINT AYMAR

Question du jour

Quel est le premier vers de la célèbre chanson d'Alain Bashung *Vertige de l'amour* ?

« J'ai crevé l'oreiller. »

Les statistiques

7 Français sur 10 ont déjà entré leur nom sur un moteur de recherche.

Défi du jour

Citez les noms des trois pays limitrophes de la république de Djibouti ?

L'Éthiopie, l'Érythrée et la Somalie.

LES AUDITEURS FACE AUX GROSSES TÊTES

Laurent Ruquier : Arielle, c'est vous qui allez faire la valise et Muriel Robin va choisir un numéro entre 1 et 20 pour porter bonheur à l'un de nos auditeurs…

Muriel Robin : Évidemment, je choisirai l'infini…

Arielle Dombasle : C'est-à-dire le 0 !

Muriel Robin : Le 8 enfin ! Personne ne se comprend dans cette boîte.

Laurent Ruquier : Non, mais j'ai le 8 ! C'est Sylvain…

Muriel Robin : Oui, entre 1 et 20 vous l'avez normalement ! Si vous ne l'avez pas, c'est que vous avez vraiment décidé de me faire chier !

Arielle Dombasle : Allô ! Allô ! Allô ! Vous êtes bien Sylvain ?

Auditeur : Oui.

Arielle Dombasle : Vous êtes bien à Amiens ?

Auditeur : Oui.

Arielle Dombasle : Dans la Somme ?

Auditeur : Oui…

Élie Semoun : C'est la police à l'appareil.

Arielle Dombasle : Eh bien, Sylvain, savez-vous pourquoi on vous appelle ?

Auditeur : Pour la valise RTL.

Arielle Dombasle : Oui ! On vous a porté chance, j'espère que vous allez pouvoir nous donner le contenu.

Auditeur : Absolument pas.

Élie Semoun : Pourquoi ne l'avez-vous pas ?

Auditeur : Je n'ai pas écouté vraiment en ce début de semaine.

Muriel Robin : C'est la boulette !

Laurent Ruquier : Que faites-vous dans la vie, Sylvain ?

Muriel Robin : Des boulettes !

L'anecdote de Yoann Riou

Je vais faire le marathon de Rome. J'ai fait le marathon de New York, le 4 novembre… Mais là, j'ai décidé de faire celui de Rome. Pendant un an, quand je préparais le marathon de New York, on m'a dit : « Mais Yoann, tu vas le faire en voiture ? » Je l'ai fait à pied, en 10 heures. C'est un voyage initiatique, on apprend tellement sur soi.

Citation

Qui a dit : « Il faut mépriser l'argent, surtout la petite monnaie » ?

Anthony Kavanagh

Le jeu de mots

de Jean-Jacques Peroni

Avec Pierre Légaré, j'ai failli me perdre.

Question du jour

Dans quelle œuvre célèbre Odile et son sosie Odette figurent-elles ?

Le Lac des cygnes

LUNDI 1ER JUIN

SAINT JUSTIN

Question du jour

Quand dit-on d'un animal qu'il chauvit ?

Quand il dresse les oreilles.

INVITÉ MYSTÈRE

Êtes-vous un homme ? – Je suis un homme.
Utilisez-vous un pseudonyme ? – J'utilise un pseudonyme.
Vous reconnaît-on dans la rue ? – Ça dépend des quartiers.
Votre pseudonyme est-il composé d'un seul nom, ou est-ce un prénom-nom ? – Un prénom et un nom.
Écrivez-vous ? – Oui, je sais écrire.
Écrivez-vous des livres ? – Non.
Des *scénarii* ? – Oui, parfois, effectivement.
Avez-vous des enfants ? – Je n'ai pas d'enfant.
D'autres membres de votre famille sont-ils connus ?
– Ma famille est plutôt très connue, oui.
Êtes-vous acteur ? – Ça m'arrive.
Votre famille est-elle est une famille de fiction ? – Oui.
Jouez-vous dans une série ? – J'ai joué dans une série.
Faites-vous des *one man shows* ? – Oui.

Kev Adams

Le jeu de mots

de Steevy Boulay et Laurent Ruquier

– André Rieu, il est d'où ?
– Je ne sais pas s'il est doux, je ne l'ai jamais caressé, mais…

LES PÉPITES

Laurent Ruquier : Vous connaissez le château d'Olivier de Kersauson ?
Melha Bedia : Il a un château ? ! *(À Olivier de Kersauson)* On n'a pas été présenté. Enchantée. Je vais aller voir son château sur Internet.
Laurent Ruquier : On voit votre château sur Internet ?
Olivier de Kersauson : Je ne l'ai plus de toute façon. Je l'ai vendu.
Florian Gazan : Ah bon ? ! Mais tu ne nous dis rien !
Laurent Ruquier : C'est Stéphane Plaza qui vous l'a vendu ?
Olivier de Kersauson : Non.
Florian Gazan : C'est Stéphane Bern !
Olivier de Kersauson : Je l'ai vendu à des Anglais…
Florian Gazan : Tu l'as vendu cher ? Tu as fait une petite plus-value ou pas ?
Laurent Ruquier : Il a dû le vendre très cher parce qu'il n'aime pas les Anglais d'habitude.
Christophe Dechavanne : Oui, mais ceux-là, il les aime bien !
Laurent Ruquier : Vous avez vendu à des Anglais ! Vous ! Vous avez trahi notre pays, monsieur de Kersauson…

LES AUDITEURS FACE AUX GROSSES TÊTES

Laurent Ruquier : Ça sonne chez notre auditeur pour la valise.
Florian Gazan : À vos cassettes !
Auditeur : Allô ?
Pierre Bénichou : Allô, monsieur Chauveau ?
Auditeur : Oui, bonjour monsieur.
Pierre Bénichou : Vous êtes parent avec Albert Chauveau ?
Auditeur : Non, je n'ai pas cette chance, monsieur Bénichou.
Pierre Bénichou : Vous aimeriez être aussi célèbre que moi ?
Laurent Ruquier : J'ai trouvé un truc pour faire plaisir à Pierre, c'est que les gens le reconnaissent au téléphone.
Caroline Diament : Ah oui ! Le sourire qu'il a !
Pierre Bénichou : Ça fait plaisir à tout le monde ! Dites-moi, monsieur, vous savez pourquoi je vous appelle ?
Auditeur : Eh bien écoutez, monsieur Bénichou, il me semble que vous appelez pour la valise…
Pierre Bénichou : Eh bien, non, justement ! J'ai failli vous appeler pour la valise…
Auditeur : Eh bien, dites-moi pourquoi.
Pierre Bénichou : Je vous appelle pour une malle !

Question du jour

Qui est l'auteur du roman intitulé *Volupté* qui inspira Honoré de Balzac pour écrire *Le Lys dans la vallée* ?

Charles-Augustin Sainte-Beuve

L'anecdote de Jean-Luc Lemoine

J'ai monté les marches à Cannes, grâce à Laurent. À l'époque où on faisait *On a tout essayé*, j'étais venu un jour avant, pour la projection d'un *Star Wars*. C'était formidable parce que j'ai monté les marches, mais j'ai bien senti qu'aucun photographe ne voulait me prendre en photo. Donc j'ai monté les marches, c'est tout.

Citation

Qui a dit : « L'absence de système est encore un système ; mais le plus sympathique » ?

Tristan Tzara

François Rollin ?

Une Grosse Tête qui est un professeur sachant professer.

L'histoire drôle de Laurent Ruquier

Vous connaissez la fameuse histoire ? « Regarde, ton mari arrive avec un bouquet ! – Il va falloir que j'écarte les jambes… – Pourquoi ? Tu n'as pas de vase ? »

Question du jour

Pourquoi Éric Berger, qui a fait son retour au cinéma le 10 avril 2019, est-il connu ?

Il incarne Tanguy dans le film éponyme.

Le jeu de mots

de Roselyne Bachelot et Laurent Ruquier

(Pendant l'invité mystère)

– Maxime Leforestier nous met sur la voie…

– Êtes-vous Jacques Dutronc, Marie Laforêt ou Marie Dubois ?

Citation

Qui a dit : « Je boirai du lait quand les vaches brouteront du raisin » ?

Henri de Toulouse-Lautrec

JEUDI 4 JUIN

SAINTE CLOTILDE

INVITÉ MYSTÈRE

Êtes-vous un homme ? – Oui.
Votre voix est-elle très déformée ou avez-vous une voix de basse ? – La voix est très déformée, comme celle de Dark Vador.
Ai-je le droit de dire que nous avons dîné ensemble hier soir ? – Non.
Parce que vous n'avez pas dîné avec Plaza ? – Non.
Votre sœur a écrit les paroles de *La Chanson du loubard* de Renaud, c'est ça l'indice ? – Oui.
Donc vous avez une sœur ? – … Oui.
On la connaît ou est-elle très discrète ? – Elle est discrète.
Êtes-vous chanteur ? – Non.
Êtes-vous comédien ? – Mmmm… Oui.
Attendez, vous parlez si lentement… Vous nous prenez pour des cons ou bien… ? – Mais non, je suis Dark Vador !
Faites-vous du seul en scène ? – Oui, ça m'arrive. Ça dépend ce qu'on appelle du seul en scène.
Combien de fois avez-vous joué *Le Cid* de Pierre Corneille ? – 400 fois.
Vous avez joué Musset aussi ? – Oui, bien sûr.

Francis Huster

Question du jour

Sous quel nom connaît-on mieux Pierre Dumarchey, auteur du roman *Le Quai des brumes* qui fut ensuite porté à l'écran ?

Pierre Mac Orlan

Melha Bedia ?

Une Grosse Tête qui vient en immersion dans l'émission pour voir comment c'est quand elle sera vieille.

LES PÉPITES

Christophe Beaugrand : Est-ce que vous êtes plutôt quelqu'un de joyeux qui suscite l'hilarité de ses contemporains ?
Franz-Olivier Giesbert : Comme Christophe Beaugrand…
Invité mystère : Oui.
Christophe Beaugrand : En plus drôle, j'espère.
Laurent Ruquier : En moins gay.
Christophe Beaugrand : Enfin, il a une femme quoi.

!!! Ça balance aux GROSSES TÊTES

Philippe Manoeuvre : George Michael a écrit *The Last White Christmas*, une chanson de Noël que je trouve sensationnelle.
Laurent Ruquier : Vous aimez bien les chansons de Noël, vous ?
Philippe Manoeuvre : Oui.
Laurent Baffie : Oh, le rockeur !
Olivier de Kersauson : Je suis déçu, Manoeuvre… On ne t'aimait pas, mais on se demandait pourquoi, maintenant on sait !

VENDREDI 5 JUIN

SAINT IGOR

Question du jour

Dans quel film peut-on entendre la fameuse tirade : « Quand la légende dépasse la réalité, alors on publie la légende » ?

L'homme qui tua Liberty Valance de John Ford

Le jeu de mots

de Laurent Ruquier et Valérie Mairesse

– Valérie va maintenant appeler Mme Bosse !
– J'espère qu'elle est chez elle quand même…

Défi du jour

Citez le nombre de fables de La Fontaine qui mettent en scène un renard ?

Vingt

SAMEDI 6 / DIMANCHE 7 JUIN

SAINT NORBERT — *SAINT GILBERT*

LES AUDITEURS FACE AUX GROSSES TÊTES

Laurent Ruquier : Olivier a 44 ans et il écoute *Les Grosses Têtes*, j'imagine parce qu'il a envie de s'opposer à vous pour la question qui vient. Bonjour Olivier !
Auditeur : Bonjour Laurent !
Laurent Ruquier : Que faites-vous comme métier ?
Auditeur : Je vends des sièges pour les rois. Je vends des trônes sur lesquels tout le monde s'assoit le matin au réveil.
Caroline Diament : Je n'ai pas compris.
Laurent Ruquier : Il vend des chiottes. Il est chef de cabinet en quelque sorte.
François Rollin : En quelques shorts…
Laurent Ruquier : Est-ce que les gens achètent de plus en plus de toilettes japonaises ?
Auditeur : Oui, mais c'est un budget assez élevé, qui n'est donc pas à la portée de toutes les bourses. Sans mauvais jeu de mots.
Laurent Ruquier : Justement, si !

Question du jour

Quelle est la particularité de la règle que Jean Teulé conserve depuis qu'il est adolescent ?

Elle ne compte pas le 13 qu'il a effacé. Il la conserve depuis 52 ans.

Les statistiques

1 Français sur 5

explique avoir déjà trébuché ou heurté quelqu'un ou un poteau en consultant son smartphone.

L'histoire drôle de Jean-Marie Bigard

C'est un petit garçon de sept ans qui va avec sa mère chez le gynécologue. Quand arrive leur tour, ils entrent tous les deux dans le cabinet de consultation. Le médecin dit : « Attendez, votre petit garçon va peut-être rester dans la salle d'attente ? » Mais la mère répond : « Non, non, il est très au fait de tout. Laissez-le, ça ne me dérange pas. » Le médecin est un peu gêné d'avoir le petit dans les pattes. Donc au moment où il palpe les seins de la mère, il dit au petit garçon : « Il fait quoi, le docteur, là ? – Le docteur palpe les seins de ma mère pour voir s'il n'y a pas une grosseur, mais ça serait mieux de faire une mammographie. » Le médecin descend, il palpe le ventre de sa patiente. Il dit : « Là, il fait quoi, le docteur ? – Il cherche aussi s'il y a une grosseur, mais franchement, ça serait mieux une échographie. » Le médecin en a marre. Il baisse son froc et il baise la mère. Et il dit au petit : « Et là, il fait quoi, le docteur ? – Le docteur est en train d'attraper une chaude-pisse, parce que c'est pour ça qu'on est venu. »

LUNDI 8 JUIN

SAINT MÉDARD

Question du jour

À quel peintre, né en Suisse en 1865 et qui obtint la nationalité française en février 1900, doit-on d'avoir renouvelé l'art de la xylographie ?

Félix Vallotton

INVITÉ MYSTÈRE

Êtes-vous une femme ? – Absolument.
C'est Muriel Robin, nous sommes-nous déjà rencontrées ? – Hélas, non.
Vous auriez bien aimé ? – J'aurais beaucoup aimé…
Cela va se faire dans cinq minutes ! Portez-vous un pseudonyme ? – Non.
Êtes-vous drôle ? – Ça dépend des jours.
En tout cas, ce n'est pas votre métier ? – Non.
Êtes-vous née à Paris ? – Non.
Avez-vous des enfants ? – Non.
Vous a-t-on reconnue quand vous êtes arrivée au studio ? – Non.
Y a-t-il quelqu'un de connu dans votre famille ? – Non.
Êtes-vous née en France ? – Oui.
Aimez-vous utiliser votre voix dans votre métier ? – Oui.
Une voix mélodique avec des notes ? – Oui.
Donc vous chantez ? – Oui.
Avez-vous chanté en duo avec Calogero ? – Oui.
Venez-vous du sud de la France ? – Oui.
Êtes-vous de la même génération que Lorie ? – Pas exactement.
Êtes-vous du Sud-Est ou du Sud-Ouest ? – Sud-Est.
Florian Gazan a déjà trouvé votre identité. L'avez-vous déjà rencontré, par exemple hier soir ? – Non, non.
Avez-vous eu l'occasion d'être sur le tournage d'un film ? – Non.
D'un téléfilm ? – Non. Des clips musicaux uniquement.
Avez-vous été récompensée ? – Oui. J'ai reçu une victoire de la musique récemment.
Avez-vous chanté avec Marc Lavoine ? – Non.
Avez-vous chanté à Bruxelles récemment ? – Je chante souvent à Bruxelles.

Clara Luciani

Le jeu de mots

de Stéphane Plaza et Laurent Ruquier

– Je vous préviens, le nouveau Plaza est arrivé, je vais vous montrer de quel bois je me chauffe !
– Le nouveau Plaza est arrivé… C'est le sultan de Brunei qui l'a racheté ?

Citation

Qui a dit : « Si tous ceux qui croient avoir raison n'avaient pas tort, la vérité ne serait pas loin » ?

Pierre Dac

MARDI 9 JUIN

SAINTE DIANE

LES PÉPITES

Stéphane Plaza : Donald Trump est président. Il était dans l'immobilier, animateur…

Laurent Ruquier : Peut-être que vous finirez président de la République !

Stéphane Plaza : Oh sûrement ! En tout cas, apparemment, là, il y a de la place…

Jeanfi Janssens : Je serai ton premier soutien de campagne.

Stéphane Plaza : Tu seras ma première dame !

Florian Gazan : Les premières dames qui viennent du Nord, ce n'est pas si rare.

Jeanfi Janssens : Je serai sa Brigitte Macron ! Je me vois bien dans ce rôle-là… Je serai proche du peuple, j'irai voir les gens…

Laurent Ruquier : Quelles seraient vos œuvres humanitaires ? Vous savez qu'une première dame doit toujours choisir une cause humanitaire…

Stéphane Plaza : Les pompiers ! C'est sûr qu'il ira là !

Jeanfi Janssens : Je suis beaucoup pour l'enfance, pour l'accès à l'éducation… que je n'ai pas eu, par exemple.

Laurent Ruquier : Vous avez eu une forme d'éducation quand même…

Jeanfi Janssens : Oui, mais l'accès à la culture a été un peu plus compliqué. Je me rattrape aujourd'hui ! Je suis avec des érudits autour de cette table, c'est incroyable !

Laurent Ruquier : Rien que le mot « érudit », il l'a appris hier !

Florian Gazan : Il ne sait pas encore l'écrire, mais il le connaît !

Olivier de Kersauson : Érudit ! H-E et, plus loin, R-U-D-Y !

Florian Gazan : Il pense que c'est le nom d'un mec : « Hé, Rudy ! »

L'anecdote de Jeanfi Janssens

Quand j'ai commencé *Danse avec les stars*, j'étais en pleine euphorie. Ce soir, je suis rentré désespéré ! Mon cauchemar s'est réalisé ! Je rêvais depuis une semaine que ma danseuse se jetait sur moi pour un porté et que je la lâchais !… Eh bien, je l'ai lâchée ! Je n'étais pas fier…

Question du jour

Qu'est-ce que la lunule et où se situe-t-elle ?

C'est le cercle blanc à la base de l'ongle.

Jeanfi Janssens ?

Une Grosse Tête qui, contrairement au vent du nord, réchauffe l'atmosphère.

!!! Ça balance aux GROSSES TÊTES

Laurent Ruquier : Qu'est-ce que vous faisiez, Mabille, pendant la guerre ?

Jean-Jacques Peroni : Des lettres anonymes !

Laurent Ruquier : On voit bien que vous n'avez pas crevé de faim…

Florian Gazan *(prenant un accent allemand)* : Bonjour monsieur Mabille ! Vous avez des noms à nous communiquer ?

Bernard Mabille : Mais je n'étais pas né !

Florian Gazan *(prenant un accent allemand)* : Vous voulez de l'*Apfelstrudel*, monsieur Mabille ?

MERCREDI 10 JUIN

SAINT LANDRY

Question du jour

Quel est le nom du ministre qui alluma pour la première fois la flamme de la tombe du Soldat inconnu, sous l'Arc de triomphe, le 11 novembre 1923 ?

André Maginot

L'histoire drôle de Jean-Marie Bigard

C'est un mec qui rentre chez lui en plein après-midi et trouve sa femme nue sur le lit, haletante. Il dit : « Salope ! Tu as un amant, je le savais ! » Il fouille dans toute la maison, ne trouve personne mais, en ouvrant la porte-fenêtre, il voit un mec agrippé au balcon avec quinze étages de vide sous lui… Il se met à lui marteler les mains, mais le gars ne lâche pas. Il va chercher un marteau et lui pète les doigts les uns après les autres ! L'autre finit par lâcher, tombe et se réceptionne sur un arbre. Le mari regarde par-dessus le balcon et s'aperçoit qu'il n'est pas mort. Alors il fonce dans la cuisine, attrape le frigidaire, le soulève jusqu'au balcon et le balance sur la gueule du mec. Mais il fait un effort tellement violent qu'il meurt d'une crise cardiaque. Il arrive chez saint Pierre et lui raconte l'histoire… À ce moment-là, il y a un deuxième mec qui arrive. Saint Pierre lui dit : « Qu'est-ce qui vous est arrivé ? » Le mec répond : « J'étais en train de repeindre mon balcon au dix-septième d'une tour et, tout d'un coup, j'ai glissé. Heureusement, deux étages plus bas, j'ai réussi à m'accrocher au balcon. Et là, un gars est arrivé et m'a cassé tous les doigts à coups de marteau. J'ai fini par lâcher mais, heureusement, je me suis réceptionné sur un arbre. Et là, j'ai vu un mec qui faisait passer son frigidaire par-dessus le balcon et qui me l'a foutu sur la gueule. » Saint Pierre lui répond : « Ce n'est pas banal… » Et là, il y a un troisième mec qui arrive. Saint Pierre dit : « Dis donc, ça bouchonne aujourd'hui. Qu'est-ce qui vous est arrivé à vous ? – Moi, je n'ai rien compris. J'étais à poil dans un frigidaire… »

Christophe Beaugrand ?

Une Grosse Tête journaliste de formation et chanteur-imitateur par déformation.

LE BILLET DE PHILIPPE MANOEUVRE

La gymnastique que Mick Jagger faisait aux côtés de son père à la télévision explique certainement la souplesse du chanteur. Surtout, il a continué. À partir de 1982, Mick Jagger a notamment été un adepte du jogging. Je me souviens d'une conférence de presse avec Eddy Mitchell, où les gens lui disaient : « Vous savez que Mick Jagger court trente kilomètres par jour. Qu'en pensez-vous ? – Bah… Après quoi, il court ? »

Le proverbe

de Jeanfi Janssens

(À propos d'un candidat ostréiculteur de L'amour est dans le pré*)* Homme qui rit, huître à moitié dans ton lit.

JEUDI 11 JUIN

SAINT BARNABÉ

INVITÉ MYSTÈRE

Êtes-vous un homme ? – Oui.
Êtes-vous comédien ? – Ce n'est pas mon activité principale.
Avez-vous des enfants ? – Oui.
Êtes-vous dans la politique ? – Non.
Le stylo est-il important dans votre métier ? – J'en utilise régulièrement.
Et l'ordinateur ? – Oui.
Utilisez-vous un pseudonyme ? – Non.
Écrivez-vous des livres ? – J'en ai écrit un, donc ce n'est pas mon activité principale.
Vous voit-on à la télévision ? – On me voit très souvent.
Êtes-vous dans une série télévisée ? – Pas en ce moment.
On est d'accord, vous avez dit que vous n'étiez pas comédien ? – J'ai une formation de comédien, mais je suis beaucoup sur scène et beaucoup à la télévision.
Êtes-vous présentateur ? – Aussi.
Moi, je vous trouve un peu comédien quand même… – Oui, j'ai des spectacles, j'ai des seuls en scène, je joue… oui, bien sûr.
Êtes-vous magicien ? – Oui.

Éric Antoine

Question du jour

Comment appelle-t-on les édits promulgués par le gouvernement russe ?

Les ukases

Le jeu de mots

de Laurent Ruquier

Non, Peroni ne se moque pas de vous, Cristina ! Vous êtes la reine du shopping, lui, c'est le roi de la chopine !

LES PÉPITES

Laurent Ruquier : Vous utilisez des pesticides dans votre jardin ?
Valérie Mairesse : Non, uniquement du crottin de cheval.
Laurent Ruquier : Qu'est-ce que vous faites en ce moment dans votre jardin à La Rochelle ?
Valérie Mairesse : Une piscine.
Laurent Ruquier : On met peu de pesticides dans une piscine…
Valérie Mairesse : Ce n'est pas ça, mais je fais du compost.
Laurent Ruquier : Oui, parce qu'il faut prendre le TGV pour aller de Paris à La Rochelle !

Citation

Qui a dit : « Toute la bonne musique a déjà été écrite par des types qui portaient des perruques » ?

Frank Zappa

VENDREDI 12 JUIN

SAINT GUY

Question du jour

Sous quel autre nom connaît-on les deux chanteurs Samuel Kepler et Alice Haddad ?

Ce sont les personnages de fiction, joués par Marc Lavoine et Sofia Essaïdi, dans la série Kepler(s).

LES AUDITEURS FACE AUX GROSSES TÊTES

Laurent Ruquier : Sylvie nous attend dans l'Eure… Bonjour Sylvie !
Auditrice : Bonjour Laurent, bonjour les Grosses Têtes !
Laurent Ruquier : Que faites-vous dans la vie ?
Auditrice : Je travaille avec les enfants dans une crèche.
Bernard Mabille : Ah ! Pour Noël… Vous avez besoin de Steevy pour faire l'âne ?
Auditrice : Non, ça va aller…
Laurent Ruquier : Vous voulez que je vous dise qui va faire le bœuf ?

!!! Ça balance aux GROSSES TÊTES

Antoine Duléry : C'est énorme, quand même, de voir ça, Marcela a sorti sa flûte de pan…
Laurent Ruquier : De pompon ! La flûte de pompon… Et cette couleur orange, c'est pour sortir la nuit ?
Marcela Iacub : J'ai l'impression que ça ne vous plaît pas.
Laurent Ruquier : Ah si si ! J'ai l'impression de voir la grand-mère de Casimir…
Marcela Iacub : C'est modeste… En tout cas, ça fait modeste.
Antoine Duléry : C'est un bel hommage à Anémone, cette serpillière.

Michèle Bernier ?

Une Grosse Tête qui peut passer de « stagiaire » à la télé à tête d'affiche au théâtre.

SAMEDI 13 / DIMANCHE 14 JUIN

SAINT ANTOINE DE PADOUE — *SAINT ÉLISÉE*

INVITÉ MYSTÈRE

Êtes-vous une femme ? – Oui.
Êtes-vous gourmande ? – Assez.
Plus sucré ou salé ? – C'est vraiment important ?
Avez-vous les cheveux blonds ? – Non.
Voit-on que vous êtes gourmande ? – Vous voulez dire, est-ce que je suis grosse ?
Avez-vous des enfants ? – Oui.
Et des petits-enfants ? – Non.
Avez-vous participé à des événements comme Les Enfoirés ? – Non.
Montez-vous sur scène ? – Non.
Connaissez-vous Céline Dion ? – Comme tout le monde.
Arrivez-vous de loin ? – Non, pas vraiment.
Habitez-vous Paris ? – Oui.
Pratiquez-vous votre métier sur une scène de théâtre ? – Non.
Faites-vous des films ? – Non.
Travaillez-vous à la télévision ? – Oui.
Qui êtes-vous ? – …
Présentez-vous le Loto actuellement ? – Oui.
Avez-vous fait des sketchs avec Philippe Geluck ? – Oui, je crois.

Elsa Fayer

Question du jour

Sous quel nom la glossine est-elle plus connue ?

La mouche tsé-tsé

Le jeu de mots

de Valérie Mairesse et Philippe Geluck

– Ça coûte beaucoup moins cher de prendre l'homéopathie que de l'allopathie.
– Oui, mais la médecine par téléphone, ça ne marche pas.

LES PÉPITES

Philippe Manœuvre : Quand on essaie d'arrêter de boire et qu'on va aux Alcooliques anonymes, on vous explique qu'il y a douze étapes.

Jean-Jacques Peroni : Ils ne veulent pas de moi là-bas, je suis connu !

Laurent Ruquier : Ils prennent des gens connus aux Alcooliques anonymes.

Citation

Qui a dit : « Un écureuil, c'est juste un rat qui porte une tenue plus mignonne » ?

Sarah Jessica Parker

Question du jour

Qui est María Kodama ?

La veuve de Jorge Luis Borges

Citation

Qui a dit : « Mes parents étaient tellement pauvres qu'ils se sont mariés pour le riz » ?

Bob Hope

LES AUDITEURS FACE AUX GROSSES TÊTES

Auditeur : Bonjour Laurent !
Laurent Ruquier : Vous avez la pêche, Michel ! Quel est votre loisir pour occuper votre retraite quand vous n'écoutez pas *Les Grosses Têtes* ?
Auditeur : Le vélo, au bord du canal du Midi.
Christophe Beaugrand *(rêveur)* : Vous devez avoir des mollets sublimes, Michel…
Caroline Diament : Mais enfin ! Tu ne parles pas comme ça à l'un de nos auditeurs…
Laurent Ruquier : Que faisiez-vous avant d'être à la retraite ?
Auditeur : J'étais coiffeur.
Laurent Ruquier : C'est marrant de passer de coiffeur à cycliste !
Christophe Beaugrand : Ça reste dans la pédale.
Auditeur : Exactement.
Caroline Diament : Mais arrêtez ces clichés, tous les coiffeurs ne sont pas homosexuels.
Laurent Ruquier : Et les cyclistes non plus !
François Rollin : C'est courant qu'en arrivant à la retraite on se demande « coiffeur » de ses journées…

LES PÉPITES

Laurent Ruquier : Vous insultez les gens, Steevy, au volant ?
Steevy Boulay : Je me suis calmé. Je ne conduis plus.
Laurent Ruquier : Ah oui ?
Steevy Boulay : J'étais un grand nerveux…
Stéphane Plaza : Ça ne se voit pas forcément, là…
Chantal Ladesou : L'autre jour, j'étais place de la Concorde. Une dame d'un certain âge a ouvert sa portière, elle voulait absolument passer très vite, elle avait une bouteille de laque et elle en mettait à tout le monde ! Pschitt ! Pschitt !
Laurent Ruquier : Qu'est-ce que vous appelez « une dame d'un certain âge » ?
Chantal Ladesou : Elle avait bien…
Laurent Ruquier : De votre âge ?
Chantal Ladesou : Non, elle faisait beaucoup plus âgée, elle avait bien quatre-vingts balais !

!!! Ça balance aux GROSSES TÊTES

Caroline Diament : Bernard arrive à l'aéroport. Il prend un taxi et il lui dit : « Je voudrais aller au stade de Manchester. »
Laurent Ruquier *(en riant)* : Non, Bernard, il est plus près du stade terminal.
Caroline Diament : Il rit, mais il a un peu honte quand même.
Bernard Mabille : Dans mon testament, je vais dire que c'est Laurent Ruquier qui doit porter le cercueil.

MARDI 16 JUIN

SAINT JEAN-FRANÇOIS RÉGIS

L'anecdote de Jeanfi Janssens

Quand Stéphane Plaza a inauguré sa première agence, il m'a invité au cocktail… Je lui ai demandé comment il fallait s'habiller. J'étais une petite novice, provinciale… Il me répond : « Oh, le *dress code*, c'est les couleurs de l'agence ! » Et les couleurs de l'agence, c'est framboise écrasée et kaki. Alors j'ouvre mon armoire et je me rends compte que je n'ai rien à me mettre dans ces coloris. J'ai retourné toute la capitale pour trouver un pantalon kaki et une chemise framboise écrasée… Et quand je suis arrivé, ce n'était même pas vrai ! Ils se sont tous foutus de ma gueule parce que j'étais aux couleurs de l'agence.

Question du jour

Quel nom porte la fondation dans laquelle la photographe Martine Franck a exposé ?

Henri Cartier-Bresson, qui était son mari.

Le jeu de mots

de Laurent Ruquier

(Après que l'invité mystère a révélé avoir joué 400 fois Le Cid *de Corneille)*

400 fois *Le Cid* ! Ça fait des pommes, hein !

Défi du jour

Citez les trois statues de personnages féminins de fiction présentes à Central Park.

Alice aux pays des merveilles, Juliette (de *Roméo et Juliette*), Ma mère l'Oye.

INVITÉ MYSTÈRE

Êtes-vous un homme ? – Je vous le confirme.
Êtes-vous né en France ? – En quelque sorte.
Dites, on ne joue pas au jeu du « Ni oui, ni non… » – Je joue comme je veux !
Êtes-vous né dans un territoire français, genre aux Antilles ou sur une île ? – Genre.
Les gens vous ont-ils reconnu quand vous êtes arrivé ? – Oui.
D'autres personnes de votre famille sont-elles également célèbres ? – Cela dépend ce qu'on appelle famille et célèbre.
Êtes-vous acteur ? – Oui.
Mais vous ne faites pas dans l'immobilier comme d'autres acteurs de cinéma ? – Pas encore.
Chantez-vous aussi ? – Oui.
Composez-vous ? – Oui.
Écrivez-vous les textes aussi ? – Oui.
Jouez-vous de la guitare ? – Oui.
Bleu ? Avez-vous joué dans *Avatar* ? – Non.
Est-ce que *Et puis je sais* de Johnny Hallyday est l'une de vos chansons ? – Oui.

Patrick Bruel

MERCREDI 17 JUIN

SAINT HERVÉ

Question du jour

Rita Moreno va jouer dans le remake musical du film pour lequel elle avait obtenu un oscar en 1962. De quel film s'agit-il ?

West Side Story

L'histoire drôle de Jean-Marie Bigard

Un professeur de sociologie est à la fac avec ses élèves et leur dit : « Aujourd'hui, nous allons étudier la colère et, plus précisément, tous les stades de la colère. Je vais faire une expérience devant vous. » Il prend son téléphone, qu'il met en haut-parleur et compose un numéro au hasard. Il tombe sur une dame et lui dit : « Bonjour madame, est-ce que je peux parler à Jacques, s'il vous plaît ? » La dame, très poliment, lui répond : « Monsieur, vous avez dû vous tromper. Il n'y a pas de Jacques ici. » Il raccroche et recompose le numéro : « Bonjour madame, est-ce que je pourrais parler à Jacques, s'il vous plaît ? – Attendez, vous venez de m'appeler et je viens de vous dire qu'il n'y avait pas de Jacques ici ! Faites attention, s'il vous plaît ! » Il raccroche et dit : « Vous avez vu ? Niveau 2 ! » Il rappelle encore : « Bonjour madame, est-ce que je peux parler à Jacques ? » Elle crie : « Vous vous foutez de ma gueule ou quoi ?! C'est quoi ce bordel ! » Le professeur rappelle quatre, cinq, six fois… À la douzième, la dame lui crie : « Enculé ! Je vais te buter ta sale gueule de connard ! » Le professeur dit à ses étudiants : « Voilà, vous avez vu ? Là, on est arrivé au stade ultime de la colère. Cette dame est à la limite de passer à l'acte et je pense que si elle était ici, et si on lui donnait un revolver, elle me tirerait une balle dans la tête. » Un étudiant intervient : « Non, je crois qu'il y a encore un stade au-dessus. – Vous croyez ? » L'étudiant descend, demande au professeur s'il peut lui emprunter son téléphone. Il prend le téléphone et recompose le numéro et dit : « Allô ? Bonjour madame ! C'est Jacques à l'appareil, est-ce que j'ai eu des messages ? »

Les statistiques

24 %

des Français utilisent les réseaux sociaux pour chercher du travail.

LES AUDITEURS FACE AUX GROSSES TÊTES

Cristina Córdula : Bonjour ! Comment allez-vous, Emmanuelle ?
Auditrice : Très bien.
Cristina Córdula : Est-ce que vous savez qui vous appelle ?
Auditrice : Oui, c'est… Je ne sais plus votre prénom. Vous présentez *Les Reines du shopping*…
Cristina Córdula : Je m'appelle Cristina ! Quel est votre travail ?
Auditrice : Je répare tout ce qui fait « tic tac » : les montres et les pendules… Je suis horlogère.
Caroline Diament : Un métier qui se perd.
Laurent Ruquier : Eh bien, je vais vous offrir une montre RTL !

Défi du jour

Citez le nom de l'os frontal qui se trouve entre les sourcils, au-dessus du nez.

La glabelle

Citation

Qui a dit : « La vraie question que je me pose, c'est de savoir si oui ou non, je suis indécis » ?

Jean-Jacques Vanier

Le jeu de mots
de Laurent Ruquier

C'est rigolo que Jean-Louis David aille au paradis juste après Agnès Varda, on sent qu'il y avait un besoin.

Question du jour

Qui fut le ministre de l'Intérieur du président Georges Pompidou après Raymond Marcellin ?

Jacques Chirac

VENDREDI 19 JUIN

SAINT ROMUALD

Question du jour

Quelle est l'oeuvre la plus célèbre de l'auteur italien Dino Buzzati ?

Le Désert des Tartares

Les statistiques

90 000 pigeons

volent au-dessus de Paris.

Défi du jour

Citez le nom de l'animal qui fait une chute de deux mètres à la naissance.

Le girafon

INVITÉ MYSTÈRE

Êtes-vous un homme ? – Ça dépend. Plutôt oui.
Ça veut dire que vous avez joué déjà des rôles de femmes ? – Pas forcément joué.
Combien avez-vous d'enfants ? – Pas de déclaré.
Êtes-vous venu à pied tranquillement nous voir ? – Non, à moto.
Portez-vous un pseudonyme ? – Non.
Êtes-vous né en France ? – Oui.
Avez-vous les cheveux longs ? – Non.
Les idées courtes ? – Très courtes.
Êtes-vous couramment bilingue ? – Non, pas vraiment.
Vous a-t-on déjà vu nu quelque part ? – Oui.
Dans votre chambre ? – Pas uniquement.
Êtes-vous acteur ? – Oui.
Êtes-vous acteur et autre chose ? – Oui.
Avez-vous déjà doublé des dessins animés ? – Non.
Avez-vous déjà gagné un molière ? – Non.
Un césar ? – Non.
Vous connaît-on comme humoriste ? – Pas vraiment.
Êtes-vous réalisateur ? – Non.
Vos parents ont-ils dénoncé des juifs ? – Pas que je sache.
Aimez-vous faire rire les gens ? – J'adore !
Vous arrive-t-il d'être en duo ? – Non.
Êtes-vous rockeur ? – Pas du tout.
Êtes-vous plus jeune qu'Albert Dupontel ? – Je ne sais pas !
Avez-vous fait de la télé également ? – Oui.
Dans des émissions comiques ? – Pas du tout.

Stéphane Plaza

L'anecdote d'Éric Laugérias

J'ai eu le bonheur de tourner dans un épisode de *Maigret*, avec Bruno Cremer. C'était *Maigret et le marchand de vin… (prenant un air ivre)* et c'était très très bien !

LES AUDITEURS FACE AUX GROSSES TÊTES

Arielle Dombasle : Est-ce que je suis en présence de Gérard ?
Auditeur : …Oui, c'est Gérard… Bonjour !
Titoff : Il n'est pas net, net, Gérard…
Jean-Marie Bigard : Tu lui as tellement donné d'importance ! Il se dit : « Qu'est-ce qui se passe ? Ce n'est pas à moi qu'on parle… Personne ne m'a jamais dit : "Est-ce que je suis en présence de Gérard" » C'est pour ça qu'il y a eu un petit blanc.
Arielle Dombasle : Vous habitez bien Bourg-en-Bresse ?
Auditeur : Bourg-en-Bresse, oui.
Arielle Dombasle : Dans l'Ain ?
Éric Laugérias : Ou dans l'autre, ça dépend des jours.
Auditeur : Oui, ça arrive aussi !

Question du jour

Quelle chanson représentait le Luxembourg, en 1964, au concours Eurovision de la chanson ?

Dès que le printemps revient par Hugues Aufray

Citation

Qui a dit : « Une main tendue n'est pas facile à repérer dans la forêt de bras d'honneur qui nous environne » ?

Frédéric Dard

LUNDI 22 JUIN

SAINT ALBAN

Question du jour

Sur quelle place célèbre de Bordeaux y a-t-il eu d'importants dégâts lors des manifestations de Gilets jaunes en 2019 ?

La place Pey-Berland

Caroline Diament ?

Une Grosse Tête dont les « oh oui ! » sont comme les « pim pon ! » des pompiers, quand on les entend, on sait que ce n'est pas bon signe.

!!! Ça balance aux GROSSES TÊTES

Laurent Ruquier : C'est Nicole Garcia qui a réalisé le film *L'Adversaire*…
Jeanfi Janssens : Je l'ai croisée hier !
Laurent Ruquier : Vous avez croisé Nicole Garcia ?
Jeanfi Janssens : Oui, dans la rue, près de chez moi. De loin, je me suis dit : « Tiens, on dirait Nicole Garcia ! » et quand je suis arrivé devant elle, j'ai fait : « C'est Nicole Garcia ! »
Muriel Robin : Alors qu'elle, de loin, elle n'a rien dit quand elle t'a vu !
Jeanfi Janssens : Ah si ! Elle m'a regardé et elle m'a dit : « Bonjour », et je lui ai répondu : « Bonjour ». Ce sont des petits plaisirs de la vie !
Florian Gazan : Il sera vraiment bien ton bouquin…

LES AUDITEURS FACE AUX GROSSES TÊTES

Laurent Ruquier : Nous appelons Jérôme, à Veigné. C'est dans le 37, en Indre-et-Loire.
Auditeur : Allô ?
Chantal Ladesou : Jérôme du 37 ? Allô ? Veigné ?
Auditeur : Allô.
Chantal Ladesou : Bonjour ! Qui est à l'appareil ?… C'est qui ? Vous me reconnaissez ?
Auditeur : Chantal Ladesou.
Chantal Ladesou : Alors, vous savez pourquoi on vous appelle, cher Veigné ? Pardon, Jérôme ! Avez-vous la valise ?
Auditeur : Absolument pas.
Chantal Ladesou : C'est dommage…
Caroline Diament : Elle était remplie en plus.
Laurent Ruquier : Qu'est-ce qui vous est arrivé, Jérôme ?
Auditeur : J'écoute, mais je ne note pas. Donc…
Florian Gazan : Si vous saviez tout ce que vous avez loupé… Un kilo de capotes, imaginez un peu, le bonheur…
Laurent Ruquier : Que faites-vous dans la vie ?
Auditeur : Je travaille dans une mairie.
Laurent Ruquier : On vous dérange, vous êtes en train de travailler ?
Auditeur : Non, je fais semblant. Comme d'habitude.
Laurent Ruquier : Eh bien, je suis désolé… Ça va être une montre RTL. Vous avez des chouchous parmi les Grosses Têtes, Yannick ?
Auditeur : Moi, c'est Jérôme… mais ce n'est pas grave.
Laurent Ruquier : Ah oui, c'est vrai ! C'est à cause de Chantal, ça encore ! Jérôme, vous avez des chouchous parmi les Grosses Têtes ? Parce que vous êtes notre chouchou parmi les auditeurs… Je le disais encore à Yannick tout à l'heure !

MARDI 23 JUIN

SAINTE AUDREY

LES PÉPITES

Laurent Ruquier : Une petite histoire drôle, monsieur Dechavanne ?

Christophe Dechavanne : J'ai deux amis qui étaient dans un avion la semaine dernière et l'hôtesse de l'air leur a proposé d'aller dans le cockpit. L'un des deux a assisté à l'atterrissage. Et tout d'un coup, l'un des deux pilotes dit : « Mais, nom de Dieu, regarde-moi cette piste ! Elle est beaucoup trop courte, on ne va jamais se poser ! » L'autre acquiesce : « Mais ce n'est pas possible ! On ne peut pas se poser ! C'est trop court ! – Vas-y, on est en courbe finale, pose-le ! Vas-y ! » Ils se posent. Ils freinent, ils freinent… Ils arrivent à s'arrêter, mais ils ont commencé à rouler dans le gazon. Ils descendent de l'avion, l'un des pilotes dit : « Elle était courte cette piste quand même… » L'autre tourne la tête, à gauche, à droite : « … Mais qu'est-ce qu'elle est large ! »

Marcela Iacub : Je n'ai pas compris…

Laurent Ruquier : Vous auriez dû dire des Belges… Ça aurait mieux marché…

Christophe Dechavanne : Je vais le noter…

Laurent Ruquier : Pour qu'on comprenne qu'ils sont très cons.

Florian Gazan : Voilà…

Laurent Ruquier : Enfin, pardon pour les Belges !

Marcela Iacub : Je suis étonnée de voir que Christophe a des talents histrioniques… Tu aurais dû faire du cinéma.

Melha Bedia : Parce que maintenant elle est conseillère d'orientation, elle !

L'anecdote de Laurent Ruquier

Je suis allé au restaurant *Le Noto*, là où est allé Christophe Castaner. Je vous confirme que ça n'a rien d'une discothèque, mais il y a des garçons équipés d'un petit micro-casque qui passent entre les tables du restaurant en chantant. À un moment donné, on nous annonce un chanteur mondialement connu. Et là, toutes les filles se lèvent. C'était le chanteur colombien Maluma, François Renucci se souvient de son nom… Il chante avec Madonna dans son prochain disque et je suis dans le clip en train de manger mon risotto !

Question du jour

Qui était Pey Berland qui donna son nom à une grande place de Bordeaux ?

C'était un homme d'Église, archevêque de Bordeaux entre 1430 et 1456.

Citation

Qui a dit : « Si l'administration militaire était bien faite, il n'y aurait pas de soldat inconnu » ?

Louis Jouvet

Le jeu de mots

de Philippe Geluck

(Parlant de l'artiste Christo, connu pour emballer des monuments)
Moi, j'ai vu plusieurs de ses installations, j'ai été emballé. En Arabie saoudite, il emballe toutes les femmes.

MERCREDI 24 JUIN

SAINT JEAN-BAPTISTE

Question du jour

Quel animal a le poil du blaireau, la queue d'un rat, les pattes d'un singe et possède, pour les femelles, une poche ventrale comme le kangourou ?

L'opossum

INVITÉ MYSTÈRE

Êtes-vous une femme ? – Oui.
Avez-vous des lunettes ? – Non.
Êtes-vous blonde ? – Oui.
Avez-vous des enfants hors mariage ? – Oui, mon cher. Je n'ai jamais été mariée.
Les gens vous ont-ils reconnue quand vous êtes arrivée à RTL ? – Oui.
Êtes-vous actrice ? – Oui.
Jouez-vous au théâtre, au cinéma, à la télévision ? – Oui.
Avez-vous déjà joué avec Francis Huster ? – Oui.
Vous a-t-il déjà demandé en mariage ? – Ah, ah, ah !
Avez-vous déjà joué avec Gérard Jugnot ? – Oui.

Fanny Cottençon

LES AUDITEURS FACE AUX GROSSES TÊTES

Laurent Ruquier : Que faites-vous dans la vie, Christine ?
Auditrice : Je suis magasinier cariste.
Isabelle Mergault : Cariste, ça veut dire quoi ? Magasinier, je comprends, mais cariste…
Auditrice : Ça veut dire que je roule avec les engins dans l'usine et que je descends les palettes avec les marchandises.
Florian Gazan : Vous avez un Fenwick ?
Auditrice : Oui, mais c'est la marque ça…
Florian Gazan : J'adore ! Avec les palettes, c'est trop rigolo ce truc. J'aimerais en avoir un en vrai…
Auditrice : Oui, il ne faut pas les laisser tomber, c'est tout.
Chantal Ladesou : Il ne faut pas les laisser tomber sur la gueule des gens, parce que…
Laurent Ruquier : Qu'est-ce qu'elle dit, elle ?
Auditrice : Bonjour Chantal !
Laurent Ruquier : Vous l'avez reconnue tout de suite !

!!! Ça balance aux GROSSES TÊTES

Bernard Mabille : Est-ce que vous m'aimez bien ?
Invité mystère : Oui.
Laurent Ruquier : Bernard propose Olivier de Benoist… Pourquoi ?
Bernard Mabille : C'est le seul qui m'aime bien dans le métier.
Laurent Ruquier : Ce n'est pas ce qu'il m'a dit.

Stéphane Plaza ?

Une Grosse Tête qui rend Jeanfi Janssens jaloux quand il prend en main l'habitat urbain.

LES PÉPITES

Laurent Ruquier : J'ai entendu dire que vous passiez de la publicité sur RTL pour avoir encore plus de franchisés.

Stéphane Plaza : Oui.

Muriel Robin : Mais qu'est-ce qu'il va faire de ce pognon ?

Stéphane Plaza : Je vais aider les gens, redonner aux autres…

Élie Semoun : Tu parles des impôts, là ?

Stéphane Plaza : Non, les impôts, c'est normal.

Jeanfi Janssens : Il me fait des beaux cadeaux. Il m'a offert un sac…

Muriel Robin : Une paire d'escarpins… La semaine dernière, il ne t'a pas offert un hélicoptère ? Il me semble…

Jeanfi Janssens : Pas encore. Il le fait à la maison, l'hélicoptère.

Stéphane Plaza : On est tout en finesse !

Muriel Robin : Quel joli couple !

Jeanfi Janssens : Il essaie toujours de m'amuser quand je n'ai pas le moral.

Question du jour

Qui était Simone Touseau, rendue tristement célèbre par une photographie de Robert Capa ?

« La tondue de Chartres » : l'une des femmes tondues prises en photo par Robert Capa.

L'histoire drôle de Michel Boujenah

C'est un type qui arrive à l'Élysée. Il entre dans la cour et il voit un autre homme à qui il demande : « Vous vous occupez des voitures ? – Tu te fous de ma gueule, je suis au-dessus du mec qui gare les voitures. – Tu es au protocole ? – Tu te fous de ma gueule, je suis au-dessus du protocole. – Tu es au secrétariat de l'Élysée ? – Tu te fous de ma gueule, je suis au-dessus du secrétariat de l'Élysée. – Mais alors, tu es directeur de cabinet ? – Mais je vais te frapper, je suis au-dessus du directeur de cabinet. – Tu es le président de la République ? – Je suis au-dessus du président de la République. – Mais enfin, au-dessus du président… Tu es fou, tu es Dieu ? – Je suis au-dessus de Dieu ! – Mais, au-dessus de Dieu, il n'y a rien. – Voilà ce que je suis. »

Citation

Qui a dit : « Certains auraient tendance à prendre la raie de leurs fesses comme méridien d'origine » ?

René Lefèvre

L'anecdote d'Arielle Dombasle

Alfonso Cuarón, qui a gagné trois Oscars en 2019, a été mon assistant au cinéma. Je suis bien contente pour lui !

Le jeu de mots

de Philippe Geluck et Laurent Ruquier

(Parlant de l'artiste Christo connu pour emballer des monuments)

– Il travaillait avec sa femme…

– …qui aimait monter Christo.

VENDREDI 26 JUIN

SAINT ANTHELME

Question du jour

Quel est le titre du nouveau film de Jordan Peele sorti en 2019, après le succès de son premier film *Get Out* en 2017 ?

Us. Le titre signifie à la fois « nous » et « United States », car il fait une critique de la société américaine.

LE BILLET D'ARIELLE DOMBASLE

Dans l'histoire de l'opéra, il y a eu, en France, les *gluckistes* contre les *piccinnistes*. Les *piccinnistes* sont ceux qui chantent avec énormément d'appogiatures. On ne comprend même plus… Alors que le compositeur Gluck, lui, dit qu'il faut absolument comprendre ce que chantent les chanteurs. Cette querelle oppose l'opéra français et l'opéra italien.

LES PÉPITES

Christophe Dechavanne : J'ai rencontré Mme Macron hier soir.
Laurent Ruquier : Ah oui ? Racontez…
Christophe Dechavanne : Au théâtre. Elle a l'air très gentille.
Laurent Ruquier : Vous êtes allé voir quoi ?
Christophe Dechavanne : Je suis allé voir Dupond-Moretti, sur scène.
Laurent Ruquier : Vous avez des problèmes ? Vous cherchez un avocat.
Christophe Dechavanne : Quand tu cherches un avocat, tu ne vas pas au théâtre…
Laurent Ruquier : Oui, mais il se trouve qu'il est au théâtre. C'est une façon de le rencontrer.
Christophe Dechavanne : Je le connaissais déjà.
Laurent Ruquier : Vous étiez assis à côté de Brigitte Macron ?
Christophe Dechavanne : Pas loin.
Melha Bedia *(à Marcela Iacub)* : T'as le même âge qu'elle !
Marcela Iacub : Mais elle est folle ou quoi ?
Melha Bedia : T'as moins ?
Marcela Iacub : Mais oui… Non ! Plus ! Elle pourrait être ma fille, Brigitte Macron !
Florian Gazan : Elle pourrait surtout être sur les croisières de Christophe…
Christophe Dechavanne : Je voulais en parler avec respect, maintenant si vous en manquez, je ne suis pas avec vous.
Melha Bedia : Tout ça pour gratter un logement social !

Le proverbe

de Caroline Diament

Quand il y a un noyau dans une banane, c'est qu'il y a un calcul dans le rein.

!!!

Ça balance aux GROSSES TÊTES

Christophe Beaugrand : Je pense que Pierre devrait faire la vache, parce qu'il la fait bien…
Titoff : Non, il a perdu…
Christophe Beaugrand : Il a arrêté ?
Laurent Ruquier : C'est de pis en pis.
Éric Laugérias : Il fait bien la cloche, surtout !
Pierre Bénichou : Je peux faire la vache, mais à l'ancienne manière… Meuh.

INVITÉ MYSTÈRE

Êtes-vous un homme ? – Oui.
Portez-vous un pseudonyme ? – Non, pas du tout.
Un peu quand même ? – Mon prénom est peut-être raccourci…
Êtes-vous né en France ? – Je suis né en France.
Combien avez-vous d'enfant ? – Un seul.
C'est votre préféré ? – Je n'en suis pas sûr encore…
Vous êtes venu à pied ? – Non.
Vous reconnaît-on beaucoup ? – Oui, un petit peu.
Êtes-vous sportif ? – Je devrais l'être, mais non.
D'autres personnes portant le même nom que vous sont-elles célèbres ? – Non.
Avez-vous des origines étrangères ? – Absolument.
Quelle est votre langue maternelle ? – Le portugais.
Votre famille est d'origine portugaise ? – Oui, mais je suis né à Colmar.
Le stylo est-il votre instrument de travail ? – Non, pas du tout.
Avez-vous travaillé avec Shy'm ? – Oui.
Votre métier est-il physique ? – Un petit peu, oui.
Est-ce une catastrophe si vous vous foulez la cheville ? – C'est un problème.
Êtes-vous un artiste ? – Oui.
Un chanteur ? – Non.
Un danseur ? – Oui.
Adorez-vous les fringues ? – Oui, beaucoup.
Avez-vous déjà dansé à l'Opéra Garnier ? – Non.
Avez-vous une troupe ? – Pas particulièrement, non.
Avez-vous participé à une émission en tant que jury ? – Oui.

Chris Marques

L'histoire drôle de Jeanfi Janssens

C'est une hôtesse de l'air qui va chez l'opticien et lui demande : « Je voudrais des lunettes. – Pour le soleil ? – Non, non, c'est pour moi ! »

Question du jour

Qu'a-t-on vu dans le ciel pour la première fois le 2 mars 1969 et pour la dernière fois en 2003 ?

Le Concorde

Le jeu de mots

de Philippe Geluck

(À propos de Jean-Louis David)
On disait qu'il passait sa vie entre la Suisse et les îles Caïmans. Je me demande s'il n'y a pas un petit peu d'argent planqué dans cette histoire.

Citation

Qui a dit : « Les hommes sont terriblement illogiques. Ils prétendent que les femmes sont toutes les mêmes, mais ça ne les empêche pas d'en changer souvent » ?

Colette

LUNDI 29 JUIN

SAINT PIERRE, SAINT PAUL

Question du jour

Quelle construction doit-on aux architectes Épéios et Panopée ?

Le cheval de Troie

LES AUDITEURS FACE AUX GROSSES TÊTES

Laurent Ruquier : Avez-vous des chouchous dans l'équipe ?
Auditrice : Je les adore tous ! Ils sont tous un peu…
Chantal Ladesou : Mais on ne peut pas aimer tout le monde…
Auditrice : Ils ont chacun leur petit truc, mais Chantal Ladesou et Jeanfi Janssens sont magnifiques !
Chantal Ladesou : Oh…
Karine Le Marchand : Les gens du Nord !
Laurent Ruquier : Jeanfi Janssens qui s'est suicidé dans la nuit de samedi à dimanche.
Isabelle Mergault : Il a été éliminé de *Danse avec les stars* ?
Laurent Ruquier : Oui…
Auditrice : Pourtant j'ai voté pour lui.
Chantal Ladesou : Il a bien dansé cependant. Son petit charleston, c'était magnifique !
Laurent Ruquier : Ah oui vraiment ?
Chantal Ladesou : C'était frais, joyeux, sautillant… Pas terrible, mais joyeux !

!!! Ça balance aux GROSSES TÊTES

Florian Gazan ***(alors que les Grosses Têtes doivent chercher ce qu'est un communard en cuisine)*** **:** Si la cuisine c'était *Les Grosses Têtes*, qui serait communard par exemple ?
Laurent Ruquier : C'est une bonne question !
Bernard Mabille : C'est Florian Gazan, donc c'est une bonne question…
Laurent Ruquier : Ce serait plutôt moi…
Bernard Mabille : C'est le casse-couilles de cuisine !

Les statistiques

5,75 m, c'est la longueur de la plus petite rue de Paris, la rue des Degrés, dans le 2e arrondissement, qui consiste uniquement en un escalier.

Défi du jour

Citez le nom actuel de l'ancien Honduras britannique ?

Le Belize

L'histoire drôle de Jean-Marie Bigard

Dans un musée, deux couples sont assez fascinés par une toile qui représente trois hommes noirs. Celui du milieu a le zizi tout rose. L'artiste qui a peint la toile arrive et dit : « Je vois qu'il y a une énigme qui vous titille un peu… – Oui, on aimerait bien savoir… – Ce ne sont pas des hommes noirs, ce sont des mineurs. Ce sont des mineurs qui sont tout noirs. Et le zizi rose, c'est que celui du milieu est rentré déjeuner chez lui. »

Le jeu de mots
de Laurent Ruquier
et de Philippe Geluck

– Elle coud elle-même les vêtements de ses jumelles. De qui s'agit-il ?
– Des vêtements de jumelles, ça s'appelle une housse ?

Citation

Qui a dit : « Les amis font toujours plaisir. Si ce n'est quand ils arrivent, c'est quand ils partent » ?

Alphonse Karr

Question du jour

Pour quelle raison l'Arc de triomphe, à Paris, était-il drapé d'un voile noir le 1er juin 1885 ?

Pour les obsèques de Victor Hugo

MERCREDI 1ER JUILLET

SAINT THIERRY

Question du jour

Quel rôle jouait Patrick Fiori dans la comédie musicale *Notre-Dame de Paris* ?

Phoebus

Le jeu de mots

de Philippe Geluck et Jeanfi Janssens

– C'était un grand ami de Topor…
– Toporware ?

Citation

Qui a dit : « Sans l'invention de la roue, les coureurs du Tour de France seraient condamnés à porter leur bicyclette sur le dos » ?

Pierre Dac

JOURNÉE INTERNATIONALE DU REGGAE

INVITÉ MYSTÈRE

Homme ou femme ? – Homme.
Écoutez-vous parfois *Les Grosses Têtes* à la radio ? – Ça m'arrive.
Avez-vous une image de rigolo ? – Non.
Ça s'entend… Suivez-vous les matchs de l'équipe de France de football ? – Évidemment !
Avez-vous des enfants ? – Oui.
Dans la vie, avez-vous une voix reconnaissable, parce que j'ai l'impression qu'elle est bien déformée là… – Il paraît qu'elle est reconnaissable.
Êtes-vous blond ou brun ? – J'étais brun.
Portez-vous un pseudonyme ? – Non.
Êtes-vous né en France ? – Oui, à Paris.
Connaît-on le quartier où vous êtes né ? – Oui… Le 12e arrondissement.
Avez-vous reçu des récompenses dans votre carrière ? – Ça m'est arrivé.
Êtes-vous archéologue ? – Pas du tout.
Dans votre métier, écrivez-vous ? – Oui, aussi.
Avez-vous joué dans une série télé ? – Non.
Avez-vous joué un avocat ? – Oui.
Êtes-vous comédien ? – Aussi.
Êtes-vous réalisateur ? – Entre autres.

Richard Berry

Question du jour

Sur le corps de quelle personnalité retrouvée morte au 61, rue Plâtrière, le 13 avril 1695, eut-on la surprise de retrouver un cilice ?

Jean de La Fontaine

Gérard Jugnot ?

Une Grosse Tête qui a filmé des scouts sans avoir été dénoncé par Mgr Barbarin.

LES PÉPITES

Laurent Ruquier : Je suis allergique au bouleau.

Caroline Diament : Vous savez à quel arbre spécifiquement vous êtes allergique ?

Laurent Ruquier : Oui, le bouleau !

Caroline Diament : Vous avez fait le test pour le bouleau ou on vous a inoculé tous les arbres ?

Laurent Ruquier : Je suis allé à Pôle Emploi, j'ai fait tous les boulots !

!!! Ça balance aux GROSSES TÊTES

Olivier de Kersauson : J'ai été ravi de passer du temps avec vous. J'ai apprécié vos qualités diverses, de façon diverse aussi…
Gérard Jugnot : Et le chèque RTL.
Olivier de Kersauson : Ça ne paie même pas le taxi pour venir… Je suis ravi de repartir, mais ça m'a fait du bien de vous voir. Au cas où j'avais des doutes sur ma vie, je n'en ai plus.

Question du jour

Que veulent dire les initiales P.Q.R. ?

La Presse Quotidienne Régionale

Citation

Qui a dit : « Il était si vieux, qu'il avait l'air d'un oubli » ?

Frédéric Dard

LES AUDITEURS FACE AUX GROSSES TÊTES

Valérie Mairesse : Allô ? Nathalie ?
Auditrice : Oui ?
Valérie Mairesse : Tout va bien en ce moment ?
Auditrice : Oui… Qui est-ce ?
Valérie Mairesse : Justement, ça me ferait tellement plaisir que vous le sachiez…
Auditrice : La voix me dit quelque chose…
Laurent Ruquier : Peut-être que vous écoutez *Les Grosses Têtes*, l'après-midi sur RTL…
Auditrice : Mais non ! C'est une bêtise ! C'est Valérie Mairesse ?
Valérie Mairesse : Oui !
Auditrice : Je rêve de vous parler, mais c'est génial !
Valérie Mairesse : Eh bien voilà, c'est fait, c'est exaucé…

LES PÉPITES

Laurent Ruquier : Si vous vous rendez les mardis et mercredis matin à Chevilly-Larue, vous pourrez avoir rendez-vous. Mais avec qui ?
Yoann Riou : Un coiffeur !
Laurent Ruquier : Un coiffeur… Vous ne devez pas y aller très souvent !
Yoann Riou : J'y suis allé samedi pour être beau !
Laurent Ruquier : Ce n'est pas vrai !
Yoann Riou : Si, si ! C'est parce que je voulais être quasiment à poil sur le caillou
Jeanfi Janssens : T'es le bon client, toi !
Yoann Riou : J'ai payé 13 euros !
Jeanfi Janssens : S'il a réussi à le persuader qu'il avait besoin d'une coupe…
Yoann Riou : Ça a duré trois minutes, douche comprise.
Jeanfi Janssens : Il y a un truc qui a pété dedans quand même…
Yoann Riou : Je suis à moitié chauve.
Titoff : Pas à moitié !

!!! Ça balance aux GROSSES TÊTES

Laurent Ruquier : Après une heure passée en notre compagnie, tout va bien ?
Jean-Luc Lemoine : Très bien. J'aimerais répondre à plus de choses, mais ça se passe très bien.
Laurent Ruquier : Vous êtes heureux d'avoir retrouvé Valérie Mairesse ?
Jean-Luc Lemoine : Pas tant que ça.
Laurent Ruquier : Mme Ockrent ?
Jean-Luc Lemoine : Énormément.
Valérie Mairesse : Pourquoi n'es-tu pas content de me retrouver alors que tu es content de retrouver Ockrent ?
Jean-Luc Lemoine : Pose-toi les bonnes questions.

SAMEDI 4 / DIMANCHE 5 JUILLET

SAINT FLORENT *SAINT ANTOINE-MARIE*

INVITÉ MYSTÈRE

Êtes-vous une femme ? – Oui.
Bonjour madame ! Êtes-vous brune ? – Non.
Êtes-vous blonde ? – Oui.
Votre physique vous a-t-il bien aidé pour réussir ? – Pas sûr.
Dit-on de vous que vous êtes une belle femme ? – Plutôt.
Ressemblez-vous à Pamela Anderson ? – Non.
Faites-vous attention à votre corps ? – Plutôt.
Avez-vous des enfants ? – Oui, deux.
Êtes-vous plutôt comédienne ? – Oui.
Êtes-vous chanteuse ? – Aussi, mais je suis surtout connue pour la comédie.
Vous n'avez pas joué dans *Marche à l'ombre* ? – Non, mais j'ai failli.
Êtes-vous comédienne plutôt au théâtre ou au cinéma ? – Les deux.
Un autre membre de votre famille est-il connu ? – Oui.
Vos parents sont connus ? – Il y a plusieurs personnes…
Votre frère est connu ? – Je n'ai pas de frère.
Votre sœur est connue ? – Oui.
Votre mari est connu ? – Oui.
Et donc la belle-sœur de votre mari aussi ? – Oui…

Emmanuelle Seigner

L'anecdote de Laurent Ruquier

La première fois que j'ai vu Arielle en vrai – quand on démarre dans le milieu, on est toujours impressionné – c'était dans un avion. J'allais au Mexique à l'époque, chez ma copine Christine Bravo… J'étais au milieu de l'avion et qui je vois revenir du fond de l'avion ? Arielle !

Question du jour

Quel est le titre du nouvel album de Michel Polnareff sorti en novembre 2018, après vingt-huit ans d'attente ?

Enfin !

Le jeu de mots

de Laurent Ruquier et Philippe Geluck

– Je vous donne un indice, l'auteur de cette citation s'appelle Jean.
– Jean Bonbeur ?

Défi du jour

Citez les quatre rois dont parle le roman *L'Été des quatre rois* de Camille Pascal, paru en 2018 ?

Charles X, Louis XIX, Henri V et Louis-Philippe.

LUNDI 6 JUILLET

SAINTE MARIETTE

Question du jour

Pour quelle raison Ogier de Danemarche, l'un des célèbres chevaliers de Charlemagne, est-il connu ?

C'est le valet de pique dans le jeu de cartes français.

Le jeu de mots

de Florian Gazan et Laurent Ruquier

– Le modèle, ce sont des temples aztèques.
– Comment ça, des temples aztèques ? Vous voulez dire des Buffalo Grill ?

Défi du jour

Citez le nom de l'or vert en Nouvelle-Calédonie.

Le nickel

MARDI 7 JUILLET

SAINT RAOUL

L'histoire drôle de Jean-Marie Bigard

Ce sont deux Belges qui arrivent à la station essence. Il y a une pancarte qui dit : « Un plein permet de participer à un concours qui donne droit à une heure de sexe. » Ils font le plein et demandent à faire le concours. Le pompiste leur dit : « Vous avez juste à choisir un numéro entre 1 et 10. Si vous tombez sur le bon numéro, vous avez droit à une heure de sexe. » Le mec dit : « Le 7. – Dommage, c'était le numéro 6. » Ils repartent et, la semaine d'après, ils reviennent pour refaire le plein. Ils demandent : « Nous pouvons encore jouer ? – Bien sûr ! – Là, je choisis le 4. – Dommage, c'est le numéro 8. » En repartant, dans la bagnole, son pote lui dit : « Dis-moi, tu es sûr qu'il ne serait pas un petit peu truqué le jeu du pompiste ?… » L'autre lui répond : « Non, pas du tout ! Ma femme a gagné deux fois la semaine dernière ! »

Question du jour

Quel est le premier oiseau cité par Michel Delpech dans la chanson *Les Oies sauvages* ?

Un passereau

Citation

Qui a dit : « Les chats ont de la veine : l'obscurité ne les empêche pas de lire » ?

Louis Scutenaire

LES AUDITEURS FACE AUX GROSSES TÊTES

Auditrice : Je n'en reviens pas, ce n'est pas croyable… Vous m'appelez pour la valise ?

Florian Gazan : Oui !

Auditrice : Mais ce n'est pas possible, je ne me suis jamais inscrite pour la valise…

Laurent Ruquier : Vous écoutez RTL, oui ou non ?

Auditrice : Ah oui ! Mais grave, bien sûr !

Laurent Ruquier : Voilà ! Il suffit d'écouter RTL…

Valérie Mairesse : Maintenant, on appelle aussi d'autres auditeurs pour récompenser leur fidélité.

Auditrice : Je ne me suis jamais inscrite à la valise parce que je me disais : « Ils ne vont jamais m'appeler » mais en revanche, je voudrais bien m'inscrire pour jouer, vous savez, avec les auditeurs…

Laurent Ruquier : Le challenge auditeurs !

Auditrice : Oui, mais il faudrait juste que ça tombe un jour où Florian n'est pas là.

Florian Gazan : Ça tombe mal !

!!! Ça balance aux GROSSES TÊTES

Laurent Ruquier : Vous pouvez donner un petit coup de coude à Pierre Bénichou, Chantal ?

(*Chantal réveille Pierre Bénichou.*)

Chantal Ladesou : Réveille-toi, on est arrivé.

Pierre Bénichou : Qu'est-ce que tu fais quand je ne suis pas là ?

Laurent Ruquier : Vous êtes censé être là, je suis désolé.

Olivier de Kersauson : Il a la tête du gars qui vient d'être réveillé par une momie.

Chantal Ladesou : C'est désagréable d'être réveillé, foutez-lui la paix. Moi, je ne réveille pas les gens.

Christophe Beaugrand : Tu viens de le faire.

Pierre Bénichou : Je sais qu'il m'est arrivé de dormir mais, là, je ne dormais pas du tout ! Je me disais : « Mais jusqu'à quand je vais rester avec ces cons ? »

MERCREDI 8 JUILLET

SAINT THIBAUT

Question du jour

Pourquoi utilise-t-on uniquement du crin de cheval mâle pour faire les archets de violon ?

Celui des juments est abîmé par l'urine.

INVITÉ MYSTÈRE

Êtes-vous un garçon ? – Non.
Êtes-vous une fille ? – Oui.
Quel est le dernier voyage que vous ayez fait ?
– Pont-à-Mousson.
Vous ne dites pas ça pour nous faire rêver ?! C'était pour faire une scène à Pont-à-Mousson ? – Oui.
Avez-vous déjà été reçue par un président en exercice ? – Non.
Avez-vous un rapport avec la Comédie-Française ? – Oui.
Il y a longtemps. J'étais danseuse, mais ça se sait peu.
Il y a des danseuses là-bas ? – À cette époque-là, oui.
Chantez-vous ? – Oui.
Avez-vous fait des comédies musicales ? – Oui.
Avez-vous enregistré plus de cinq albums ? – Oui.
Combien ? – Je n'en sais rien.
Vous ne comptez même plus ?! – Non, je n'ai jamais compté.
Êtes-vous née en France ? – Oui.
Votre nom est-il composé d'un prénom et d'un nom ? – Oui, un prénom et un nom.
Jeanfi est très content de vous avoir identifié, connaissez-vous Jeanfi Janssens ? – Je l'ai vu à la télé.

Nicole Croisille

Le jeu de mots

de Florian Gazan
et Christophe Dechavanne

(Cherchant une réponse)
– C'est la directrice du Bolchoï ?
– Du Bolfroï ?

LES PÉPITES

Yoann Riou : Laurent m'a appelé ce matin, il m'a dit : « Surtout, il faut que tu la ramènes, ne sois pas timide… » Du coup…

Bernard Mabille : Pas à ce point-là quand même !

Laurent Ruquier : Mon seul conseil tient en une phrase : « Si vous voulez réussir aux *Grosses Têtes*, il faut la ramener ! » Si vous ne la ramenez pas, ça ne marche pas !

Titoff : Lui, en revanche, il faut le ramener à la maison !

Laurent Ruquier : Regardez Arielle, elle a tout compris.

Arielle Dombasle : Absolument ! Ramener, pas ramoner, Jeanfi !

Jeanfi Janssens : Ah c'est ça ! Ça fait trois ans que je n'avais pas compris !

Citation

Qui a dit : « L'autre jour, au café, j'ai commandé un demi. J'en ai bu la moitié. Il ne m'en restait plus » ?

Raymond Devos

LES AUDITEURS FACE AUX GROSSES TÊTES

Laurent Ruquier : Victoria, vous allez peut-être partir dans un hôtel qui porte votre nom, c'est un hasard fabuleux… puisque c'est l'hôtel *Parc Victoria* qui va vous accueillir…
Karine Le Marchand : C'est drôle…
Laurent Ruquier : Vous vous rendez compte, un hôtel relais 5 étoiles à Saint-Jean-de-Luz. Tout près de la plage, magnifique, une des neuf chambres et onze suites vous sera réservée… – à mon avis, ce sera plutôt une chambre – le tout dans la quiétude d'un parc d'un hectare ! Êtes-vous prête ?
Auditrice : Prête !
Laurent Ruquier : C'est Mike Pence, le vice-président américain qui l'a annoncé officiellement : dans les cinq ans qui viennent, il y aura une femme… Il y aura une femme où ?
Jeanfi Janssens : Dans son lit ?
Yoann Riou : C'est moi ça !
Laurent Ruquier : Cinq ans, vous êtes optimiste !

Question du jour

Qu'est-ce que l'*Arbre de Fanti* ?

C'est le trophée du tournoi de Paris-Bercy, imaginé par Fanti. Chaque branche de l'arbre fait référence au tableau de progression du tournoi.

Roselyne Bachelot ?

Une Grosse Tête qui aime *Rigoletto* et s'amuser tard.

L'histoire drôle de Jean-Marie Bigard

Un milliardaire texan a dans son ranch une piscine remplie de serpents. Il dit : « J'offre à celui qui traverse cette piscine, soit la main de ma fille, soit un sac rempli de pièces d'or, soit mille pièces de bétail. » Tout d'un coup, un mec saute. Il traverse la piscine à fond et ressort de l'autre côté, indemne ! Le milliardaire lui demande : « Qu'est-ce que tu veux ? La main de ma fille, l'or ou le bétail ? – Je ne veux aucun de ces trois trucs. – Qu'est-ce que tu veux alors ? – Je veux savoir qui est le connard qui m'a poussé ! »

!!! Ça balance aux GROSSES TÊTES

Muriel Robin *(à Laurent Ruquier)* : Vous avez votre chien comme couverture de téléphone ?
Laurent Ruquier : Oui, regardez, des deux côtés.
Muriel Robin : C'est joli ! Vous n'avez personne dans votre vie, vous êtes seul ?
Laurent Ruquier *(en riant)* : Comment avez-vous deviné ?
Muriel Robin : Parce que je sais ce que c'est, vous savez… Je vous montrerai des photos de ma chienne, Laurent !
Laurent Ruquier : On l'a échappé belle !

L'anecdote de Laurent Ruquier

Je vais faire le marathon de New York avec Stéphane Plaza. Il s'est inscrit, alors qu'il ne court jamais ! Alors je me suis dit que si lui qui ne court jamais s'était inscrit, moi qui cours quand même à peu près 3 × 10 kilomètres par semaine, je n'avais aucune raison de ne pas pouvoir y participer.

VENDREDI 10 JUILLET

SAINT ULRICH

Question du jour

Quel empereur romain fut étranglé dans son bain un soir de 31 décembre ?

Commode

INVITÉ MYSTÈRE

Invité mystère, êtes-vous barbu ? – Non.
Êtes-vous un homme ou une femme ? – Un homme.
Un homme assez chevelu ? – Oui, assez chevelu.
Êtes-vous célibataire ? – Oui, malheureusement.
Vous êtes veuf… – Non, divorcé.
Êtes-vous sur les sites de rencontre ? – Ça m'est arrivé.
Avez-vous des enfants ? – Non, je n'ai pas d'enfant.
Êtes-vous dans le domaine scientifique ? – Pas du tout.
Le stylo est-il important pour vous ? – Oui.
On vient d'écouter *A.D.N.* de Rose Laurens. Ce sont vos initiales ? – Non, non, non… C'est le titre de la chanson.
Avez-vous écrit cette chanson ? – Tout à fait, avec un stylo.
Vous arrive-t-il de passer sur des écrans de télévision ? – Oui, assez souvent.
Écrivez-vous aussi des pièces de théâtre ? – Oui.

Pierre Palmade

Les statistiques

120 m, c'est la largeur de l'avenue Foch, l'avenue la plus large de Paris.

LES AUDITEURS FACE AUX GROSSES TÊTES

Auditrice : J'adore Jeanfi aussi… et j'adore Arielle ! Vous leur direz ?
Laurent Ruquier : Vous aimez tout le monde alors… On embrasse tout le monde. Toutes les Grosses Têtes !
Auditrice : Je vais être honnête, Laurent… Depuis que vous avez viré Christine Bravo, j'aime tout le monde !
Florian Gazan : Oh la violence…
Laurent Ruquier : On va lui transmettre, elle va être contente…
Auditrice : Voilà…
Laurent Ruquier : Elle est sur une péniche, Christine, elle va très bien. N'est-ce pas, Steevy ?
Steevy Boulay : Oui, elle va bien.
Auditrice : Oui, eh bien qu'elle y reste !
Philippe Manœuvre : Je reconnais une rockeuse !

!!! Ça balance aux GROSSES TÊTES

Laurent Ruquier : On ne vous a pas entendu sur ce coup-là, alors que vous êtes journaliste vous aussi, monsieur Riou !
Yoann Riou : Oui, mais là, je n'ai pas capté.
Karine Le Marchand : Vous êtes vraiment journaliste ?
Yoann Riou : Oui, totalement.
Jean-Jacques Peroni : Tu comprends pourquoi la presse va mal…

SAMEDI 11 / DIMANCHE 12 JUILLET

SAINT BENOÎT — SAINT OLIVIER

Défi du jour

Citez le nom de la ville où se situe le siège social d'Apple.

Cupertino

Citation

Qui a dit : « Un seul verre suffit pour me rendre saoul, mais je ne sais jamais si c'est le dix-septième ou le dix-huitième » ?

Errol Flynn

Question du jour

Quel célèbre auteur français a obtenu le prix Nobel de littérature en 1904 ?

Frédéric Mistral

LUNDI 13 JUILLET

SAINT HENRI, SAINT JOËL

Question du jour

Qui est mort dans les bras de la princesse Ildico au cours de sa nuit de noces, étouffé par un saignement de nez ?

Attila

!!!

Ça balance aux GROSSES TÊTES

Jeanfi Janssens *(proposant une réponse)* : Jean-Claude Van Damme !
Laurent Ruquier : Bonne réponse de Jeanfi Janssens. C'est signé Jean-Claude Van Damme.
Florian Gazan : On aurait dit du Stéphane Plaza, aussi, un peu…
Jeanfi Janssens : J'ai hésité longtemps entre les deux.
Stéphane Plaza : Je n'ai pas le même corps.
Laurent Ruquier : Et lui, il a fait des entrées au cinéma…
Florian Gazan : Et aussi en faisant des merdes…
Stéphane Plaza : C'est vache, en plein après-midi comme ça !
Jeanfi Janssens : Ce film, c'est l'échec de sa vie.
Laurent Ruquier : Oui, mais il a tellement de succès avec l'agence immobilière… C'est les chèques de sa vie aussi, ça.

Les statistiques

2 300

bouteilles de champagne sont débouchées chaque soir dans les cabarets parisiens.

Défi du jour

Citez les titres de trois épisodes de la série *Capitaine Marleau.*

Entre vents et marées, Les Mystères de la foi, Brouillard en thalasso, La Nuit de la Lune rousse, La Mémoire enfouie, etc.

LES AUDITEURS FACE AUX GROSSES TÊTES

Laurent Ruquier : Bonjour Raphaël !
Auditeur : Bonjour.
Laurent Ruquier : Je vous sens bien sérieux déjà…
Auditeur : Déjà assez angoissé.
Caroline Diament : Il ne faut pas… Il n'y a que des cons aujourd'hui !
Roselyne Bachelot : Surtout ne parlez pas à Éric Laugérias, il va vous faire perdre…
Laurent Ruquier : Il a fait perdre une patiente… Une patiente ! Une auditrice !
Laurent Baffie : Oh l'autre, il est gynéco maintenant !
Titoff : Le lapsus… Il pense qu'il n'est qu'avec des dingues !
Laurent Ruquier : Parfois, j'ai l'impression de diriger un asile.

L'histoire drôle de Bernard Mabille

Qu'est-ce qui a quatre-vingt-dix yeux et deux dents ? Un car de vieux.

MARDI 14 JUILLET

SAINTE CAMILLE, FÊTE NATIONALE

Citation

Qui a dit : « Le coup du lapin, ça doit être terrible chez la girafe » ?

Philippe Geluck

Le jeu de mots

de Bernard Mabille

(À un invité mystère né à La Garenne-Colombes) Ça vous arrive de poser des lapins ?

Question du jour

Parmi les quinze chansons de l'album *Ce soir, on sort* de Patrick Bruel, à qui le titre *Mon repère* est-il dédié ?

Guy Carcassonne

Question du jour

Qui a écrit ces quelques mots avant de mourir : « Il fait trop sombre ici pour écrire, mais je vais essayer au toucher » ?

Le lieutenant-capitaine Kolesnikov du sous-marin russe Koursk

INVITÉ MYSTÈRE

Homme ou femme ? – Homme.
Aimez-vous les hommes ou les femmes ? – Ça dépend pour quoi faire.
C'est madame Bachelot qui vous a posé cette question donc… – Les femmes.
Avez-vous des enfants ? – Plusieurs.
Combien ? – Entre un et huit.
Est-ce qu'on vous a déjà donné un césar ? – Non.
Un molière ? – Non.
Une victoire de la musique ? – Oui.
Donc vous êtes chanteur ? – Oui.
Êtes-vous également compositeur ? – Cela m'arrive.
Êtes-vous également auteur ? – Entièrement.
En quelle année avez-vous eu votre victoire de la musique ? – 2006.
Depuis, vous êtes-vous battu à Orly ? – Non.
Avez-vous fait partie d'un collectif ? – Non.

Disiz la Peste

Le jeu de mots

de Jean-Jacques Peroni

(À propos d'un auditeur)
M. Maille veut un esprit sain dans un corps nichon !

!!! Ça balance aux GROSSES TÊTES

Muriel Robin : Il fait une chaleur de fou dans ce studio, non ?
Chantal Ladesou : Non, moi, j'ai juste chaud…
Muriel Robin : Fais-nous la jeune fille, on va y croire !
Laurent Ruquier : C'est vrai, Muriel…
Muriel Robin : Elle a quinze ans de plus que moi… Ça va, tu vas la fermer ta gueule, oui !
Laurent Ruquier : Je crois que Chantal Ladesou a trouvé son maître !
Muriel Robin : Tu me cherches et tu me trouves !

LES PÉPITES

Yoann Riou : Laurent, mercredi, vous m'avez embauché pour deux jours et le même jour je me suis fait larguer par ma copine.

Jeanfi Janssens : Ce n'est pas vrai ?

Titoff : Pour positiver, c'est déjà bien que tu aies eu quelqu'un…

Jeanfi Janssens : Vu ta corpulence, tu vas rebondir !

Arielle Dombasle : Maintenant, avec les ondes de RTL, vous allez la reconquérir !

Yoann Riou : Je ne pense pas.

Laurent Ruquier : Non, parce qu'elle est forcément sourde !

LES AUDITEURS FACE AUX GROSSES TÊTES

Laurent Ruquier : Que faites-vous dans la vie, Cécile ?
Auditrice : Je suis chanteuse.
Laurent Ruquier : Oh ! la, la !
Florian Gazan : Mais c'est Christophe Beaugrand !
Laurent Ruquier : Où êtes-vous chanteuse ? À Bourg-en-Bresse ?
Auditrice : Oui, et dans la région.
Laurent Ruquier : Dans un cabaret ? Où vous produisez-vous ?
Auditrice : Je me déplace quand on m'appelle.
Bernard Mabille : Vous faites des bals ?
Auditrice : Voilà, c'est ça…
Laurent Ruquier : Vous pourriez peut-être nous interpréter un petit truc pour une montre RTL ?
Auditrice : Avec plaisir !
Laurent Ruquier : Un petit Johnny ?
Auditrice : *Vivre pour le meilleur, Debout pour tout se donner…*
Bernard Mabille : Vous avez gagné la montre.
Gérard Jugnot : Elle est d'où cette dame ? De *a cappella* ?

Question du jour

Quelle est la personnalité à qui l'école doit beaucoup mais dont seules deux portent le nom ?

L'historien Ernest Lavisse

Citation

Qui a dit : « Écrire sur la musique, c'est comme danser sur l'architecture » ?

Elvis Costello

Danièle Evenou ?

Une Grosse Tête qu'on a plus vue en Pervenche qu'en gilet jaune.

L'anecdote de Guillaume Canet

Je dois dire qu'après ces cinq semaines de promotion sur les routes pour le film, qui m'ont vraiment épuisé, je suis très impressionné d'être ici… J'ai des souvenirs qui me reviennent des *Grosses Têtes*, petit, quand je sortais de l'école. Ma mère écoutait *Les Grosses Têtes* à fond dans la voiture. J'avais la tête pleine, je n'en pouvais plus ! Donc ça m'émeut un peu d'être là, avec vous.

L'histoire drôle de Jean-Marie Bigard

Un cambrioleur entre dans une maison où un couple est en train de faire l'amour. Il ne se pose pas de questions, braque le mec et saucissonne la femme sur une chaise. Le mec se met à genoux et supplie : « Monsieur, s'il vous plaît ! Je vous donne tout l'argent, je vous donne tout, vous pouvez même me taper dessus… Mais s'il vous plaît, libérez-la ! » Presque ému, le cambrioleur lui dit : « Dites donc, vous l'aimez votre femme ! – Ce n'est la question mais, justement, par rapport à ma femme… Elle va rentrer d'une minute à l'autre. »

VENDREDI 17 JUILLET

SAINTE CHARLOTTE

Question du jour

Comment appelle-t-on l'ensemble des rameurs d'une galère ?

Une chiourme

Le jeu de mots

de Laurent Ruquier

(À propos du prochain voyage de Gaël Tchakaloff chez les Inuits)
Combien de temps allez-vous rester chez les Inuits ?
Une nuit ?

Citation

Qui a dit : « C'est en forgeant qu'on devient vachement fatigué » ?

Pierre Perret

INVITÉ MYSTÈRE

Portez-vous la barbe ? – Non, pas du tout.
Êtes-vous une femme ? – Oui.
Ce qui explique que vous n'ayez pas de barbe… Et vous êtes charmante, cela s'entend. – Je suis extrêmement belle.
Le stylo est-il important pour vous ? – Oui, pour m'attacher les cheveux.
Avez-vous les cheveux longs ? – Non, pas spécialement.
Portez-vous des lunettes ? – Oui, de temps en temps.
Vous arrive-t-il de passer sur le petit écran ? – Oui.
Êtes-vous une actrice ? – Oui.
Jouez-vous d'un instrument ? – Pas du tout.
Vous voit-on sur scène ? – Oui.
Avez-vous un chat ? – Non.
Êtes-vous blonde ? – Oui.
Mais intelligente quand même ? – *(en riant)* Oui.
Avez-vous aimé quelqu'un qui est également assez connu ? – Oui.

Alexandra Lamy

Question du jour

Quel opéra raconte l'histoire d'un amour tragique entre Leonora di Vargas et Don Alvaro ?

La Forza del Destino (*La Force du destin*) de Giuseppe Verdi

Laurent Baffie ?

Une Grosse Tête aussi redouté derrière un micro qu'un requin blanc dans une piscine.

LES PÉPITES

Caroline Diament : Je ne saurais pas reconnaître le bouleau dans une forêt.

Steevy Boulay : C'est facile, c'est le seul arbre avec un tronc blanc !

Caroline Diament : Le seul arbre avec un tronc blanc, c'est le sapin de Noël quand il y a de la neige dessus.

Steevy Boulay : Oh ! la, la, ma pauvre fille… Il faut sortir !

Laurent Ruquier : Le tronc du bouleau n'est pas forcément blanc !

Steevy Boulay : Ah oui ? Il a le tronc de quelle couleur le bouleau ?

Roselyne Bachelot : Steevy a raison !

Steevy Boulay : Évidemment, c'est l'arbre le plus reconnaissable ! Avec le chêne, le tilleul, ce sont quand même des arbres que tu reconnais quand tu les croises !

Éric Laugérias : Tu croises souvent des arbres, toi ?

Laurent Ruquier : Oui, parce qu'il est souvent un peu plié !

!!! Ça balance aux GROSSES TÊTES

(Pendant l'invité mystère.)

Laurent Ruquier : Êtes-vous moins con que Stéphane Plaza ?

Invité mystère : Euh… Non.

Florian Gazan : Sinon, c'est un animal !

(Quelques questions plus tard.)

Laurent Ruquier : Stéphane Plaza, pense à Jean-Louis David… qui est mort la semaine dernière.

Florian Gazan : Qu'est-ce que je vous disais ? Il atteste.

LUNDI 20 JUILLET

SAINTE MARINA

Question du jour

Quel opéra se termine par l'amour enfin possible entre le comte Octavian Rofrano et Sophie de Faninal ?

Le Chevalier à la rose de Richard Strauss

INVITÉ MYSTÈRE

Êtes-vous une femme ? – Oui.
Dans la rue, les gens vous arrêtent-ils pour faire un selfie ? – Non.
Avez-vous des enfants ? – Oui, un.
Votre mari est-il connu ? – Oui.
Portez-vous un pseudonyme ? – Non.
Lequel de vous deux est le plus connu ? – Lui.
Utilisez-vous publiquement son nom ? – Non. Mais on me connaissait avant que nous soyons mariés.
Faites-vous le même métier ? – Non.
Avez-vous connu Yves Montand ? – Non.
Êtes-vous arrivée à Paris en 2013 ? – Non.
Êtes-vous sportive ? – Oui, je l'étais.
Vous connaît-on pour cela ? – Oui.
Est-ce un sport qui se pratique seule ou avec un partenaire ? – Avec un partenaire.
Avez-vous déjà reçu une récompense pour votre sport ? – Oui.
Avez-vous participé aux Jeux olympiques ? – Oui.
Êtes-vous plutôt dans l'eau ? – Non.
Éric Laugérias propose Surya Bonaly. Seriez-vous Surya Bonaly ? – Non.
Êtes-vous plutôt sur le gazon ? – Non.
Avez-vous un point commun avec Surya Bonaly ? – Oui.

Nathalie Péchalat

Le jeu de mots

de Laurent Ruquier

(À propos du prochain voyage de Gaël Tchakaloff chez les Inuits)
Moi, j'ai déjà été… intoxiqué par inuit. *(une huître)*

LES AUDITEURS FACE AUX GROSSES TÊTES

Laurent Ruquier : Nous voilà partis dans le Loiret où Sébastien nous attend.
Auditeur : Bonjour ! Bonjour Laurent !
Laurent Ruquier : Que faites-vous dans la vie ?
Auditeur : Je suis ingénieur dans une société qui fabrique des pièces en caoutchouc.
Florian Gazan : Vous êtes dans le latex, comme Jeanfi !

Citation

Qui a dit : « L'alcôve tue lentement » ?

Robert Rocca

LES PÉPITES

Laurent Ruquier : Ce célèbre faussaire avait un autre métier plus connu…

Valérie Mairesse : Il était journaliste ?

Laurent Ruquier : Non.

Jean-Jacques Peroni : Ça nous aide si on trouve son premier métier ?

Laurent Ruquier : Oui.

Chantal Ladesou : Médecin ?

Laurent Ruquier : Oui.

Chantal Ladesou : Il prenait du sang pour créer ses peintures ?

Jean-Jacques Peroni : Le Dr Gachet ?

Laurent Ruquier : Bonne réponse ! Le fameux Dr Gachet…

Jean-Jacques Peroni : Et gachet d'aspirine !

Chantal Ladesou : Je peux répéter une vanne qu'il a dite en catimini ?

Olivier de Kersauson : Non, non, non… C'était fait pour te faire rire, toi.

Chantal Ladesou : Quand j'ai dit : « Il faisait des tableaux avec du sang », il m'a dit : « Non, c'est Boudin qui faisait ça… »

Laurent Ruquier : Vous vous faites des blagues entre vous alors ?

Olivier de Kersauson : J'aime bien faire rire la vieille.

Yoann Riou : Faut pas gâcher !

Laurent Ruquier : Il ne faut pas Gachet, c'est bien docteur !

Question du jour

Quel poète, dramaturge et académicien français, a participé à l'écriture du livret de l'opéra *La Nonne sanglante* ou encore *Charles VI* ?

Germain Delavigne

Gérard Hernandez ?

Une Grosse Tête exceptionnelle qui, après Raymond ou le Grand Schtroumpf, prêtera sa voix à Atmosférix dans *Astérix, le Secret de la potion magique*.

L'anecdote de Bernard Mabille

J'ai déjeuné avec Brigitte Macron. Je regardais les bibelots à l'Élysée en l'attendant et, quand elle m'a demandé ce que je faisais, je lui ai répondu : « Je regarde ça, parce que j'en ai payé une partie et je veux voir à quoi ça sert. » Elle a ri. Elle m'a dit que je la faisais énormément rire. Je lui ai dit que j'avais hésité à accepter son invitation, avec tout ce que je balance sur elle partout… Elle m'a répondu : « Je suis au courant et ça me fait rire. »

!!! Ça balance aux GROSSES TÊTES

Laurent Ruquier : Je ne vois pas pourquoi j'invite d'autres femmes que vous, vous êtes capable d'imiter toutes les Grosses Têtes féminines !

Chantal Ladesou : Oui, ce n'est pas la peine d'inviter les autres !

Karine Le Marchand : On parle de la voix parce que, physiquement, on en est loin quand même !

Chantal Ladesou : T'es méchante ! Je le savais… T'es trop belle pour être gentille !

MERCREDI 22 JUILLET

SAINTE MARIE-MADELEINE

Question du jour

Quel Français a obtenu le prix Nobel de la paix en 1951 ?

Léon Jouhaux

Citation

Qui a dit : « Rendre l'âme ? D'accord, mais à qui ? »

Serge Gainsbourg

LES AUDITEURS FACE AUX GROSSES TÊTES

Laurent Ruquier : Le 7 ? Il s'agit de M. Bouvard !
Titoff : Bouvard ? Mais c'est truqué !
Chantal Ladesou : Allô ? Comment ça va, Lionel Bouvard ? C'est Bouvard au téléphone ? Dis donc, tu ne me reconnais pas ?
Auditeur : Allô ?
Chantal Ladesou : Tu habites dans l'Yonne ?
Auditeur : Oui…
Chantal Ladesou : Tu connais Émile Louis alors… Bon, sais-tu pourquoi on t'appelle ?
Auditeur : Ce sont *Les Grosses Têtes*.
Laurent Ruquier : Vos Grosses Têtes, Lionel Bouvard !
Chantal Ladesou : C'est incroyable d'avoir ce nom-là. T'es content, non ?
Auditeur : Oui !
Laurent Ruquier : Êtes-vous de la famille de Philippe, monsieur Bouvard ?
Auditeur : Non. Pas du tout.
Laurent Ruquier : Très bien. Autrement, on aurait été obligé d'annuler le jeu.
(L'auditeur énonce tout le contenu de la valise.)
Laurent Ruquier : Je ne pensais pas que je dirai ça, un jour… Monsieur Bouvard, vous avez gagné la valise RTL !

!!! Ça balance aux GROSSES TÊTES

Laurent Ruquier : Yoann, vous pouvez commenter l'arrivée de Jean-Luc Lemoine ?
Yoann Riou : Après *Les Pieds dans le tapis* sur Europe 1, il arrive sur RTL dans *Les Grosses Têtes*.
Laurent Ruquier : Ce n'était pas *Les Pieds dans le tapis*, mais *Les Pieds dans le plat* !
Yoann Riou : Oui, mais les audiences, ça a été les pieds dans le tapis, je peux vous le dire !
Jean-Luc Lemoine : Donc je suis accueilli comme ça… Très bien…

LES PÉPITES

Steevy Boulay : Roselyne, au ministère, elle faisait de très beaux discours. J'ai pu la voir trois ou quatre fois… C'était posé, bien. On était bien reçus, dans un bel endroit. C'était de très bons moments !
Laurent Ruquier : Si Steevy le dit…
Roselyne Bachelot : Voilà… Il y a un amateur…
Steevy Boulay : Je ne sais pas qui était la plume, mais c'était très bien !
Roselyne Bachelot : Merci !
Laurent Ruquier ***(en riant)*** **:** Ça commençait bien !
Roselyne Bachelot : Et ça se termine mal.
Steevy Boulay : Je ne sais pas faire de compliments, c'est terrible !

JEUDI 23 JUILLET

SAINTE BRIGITTE

L'anecdote de Muriel Robin

Pierre Palmade pense qu'il va partir en voyage, mais il n'aime pas partir loin. Je me souviens d'un anniversaire où l'on s'était cotisé… Son rêve, c'était d'aller en Australie… Mais ça fait bien dix-sept ans que le billet en première, qui nous a coûté un bras, est sur son bureau ! Il y a des gars qui ont des billets pour partir, mais qui ne partent pas ; il y en a d'autres qui attendent… C'est la vie !

INVITÉ MYSTÈRE

Homme ou femme ? – Femme.
Êtes-vous blonde ou brune ? – Brune.
Chevelure longue ou courte ? – Mi-long.
Avez-vous des enfants ? – Oui, deux.
Avec le même papa ? – Non.
Vous a-t-on reconnue quand vous êtes arrivée au studio ? – Oui.
C'était l'émeute ? – Non.
Avez-vous une jeune carrière ? – Non. J'ai commencé très jeune.
Êtes-vous chanteuse ? – Non.
Vous dansez ? – Pas du tout.
Êtes-vous actrice et avez-vous participé au clip de cette musique ? – Oui, on peut dire ça.
Il chante en anglais, c'est un artiste international ? – Usher.
Si vous dansez dans les clips, vous ne seriez pas un petit peu top model ? – Si.
Un top model ancien ou assez récent ? – J'ai commencé il y a longtemps, mais je le suis encore.
Vous êtes actrice aussi ? – Oui, à mes heures perdues.
Avez-vous participé à *Danse avec les stars* ? – Oui.
À quel niveau avez-vous terminé dans *Danse avec les stars* ? – J'ai été la première virée.
C'est vrai ?! – Oui…

Noémie Lenoir

Question du jour

Comment appelle-t-on les rangées de pieux plantés dans la vase et sur lesquels les moules viennent s'accrocher ?

Les bouchots

Le jeu de mots
de Laurent Ruquier

(À propos du prochain voyage de Gaël Tchakaloff chez les Inuits)
Emmenez Peroni avec vous ! C'est le spécialiste de igloo, igloo, igloo…

Défi du jour

Citez les noms de l'épouse et du fils d'Ulysse.

Pénélope et Télémaque

VENDREDI 24 JUILLET

SAINTE CHRISTINE

Question du jour

Où le président américain Lyndon B. Johnson a-t-il prêté serment ?

Dans l'avion qui le ramenait de Dallas, à la suite de l'assassinat de John F. Kennedy.

INVITÉ MYSTÈRE

Êtes-vous une femme ? – Non.
Êtes-vous moins con que Stéphane Plaza ? – Non.
Avez-vous des enfants ? – Oui, trois.
De la même maman ? – Cela ne vous regarde pas.
Avez-vous les cheveux poivre et sel ? – Oui.
Pratiquez-vous un sport ? – Oui.
Un sport classique genre le footing ou quelque chose de plus étonnant ? – Les deux.
Collectif ou solo ? – Solo. Je fais du cheval.
Dit-on de vous que vous êtes beau gosse ? – Je ne sais pas.
Chantez-vous ? – Non.
Seriez-vous écrivain ? – Oui, mais pas seulement.
Êtes-vous aussi journaliste ? – Exactement.
Est-ce que *Nous ne sommes pas des anges* était une émission de télé ? – Oui.
Que vous avez présentée ? – Non.
Vous étiez chroniqueur ? – Oui.
Êtes-vous encore journaliste ? – Oui.

Xavier de Moulins

Les statistiques

Avec 200 millions de voyageurs par an, la gare du Nord est la plus utilisée d'Europe, avant celles de Tokyo et de Chicago.

LES AUDITEURS FACE AUX GROSSES TÊTES

Laurent Ruquier : Bonjour Sébastien, vous avez 42 ans et vous habitez en Savoie…
Auditeur : Bonjour ! C'est ça, tout à fait…
Valérie Mairesse *(d'une voix langoureuse)* : Bonjour Sébastien…
Steevy Boulay : C'est une invitation, Valérie !
Caroline Diament : Si elle s'y met… Bonjour Sébastien…
Steevy Boulay : Il est peut-être… Bonjour Sébastien.
Laurent Ruquier : Quel métier faites-vous ?
Auditeur : Je tiens un petit élevage de chèvres.
Laurent Ruquier : Moi aussi !
Laurent Baffie : Et vous portez le bouc ou pas ?
Auditeur : Pas encore.

Défi du jour

Citez les noms des quatre artistes qui composent le groupe vocal Boney M.

Bobby Farrell, Liz Mitchell, Maizie Williams et Marcia Barrett.

!!!

Ça balance aux

GROSSES TÊTES

Philippe Geluck à Bernard Mabille : Ce n'est pas parce que tu ressembles à un ballon que tu connais tout sur le foot !

Citation

Qui a dit : « Il est vraiment rare qu'on se quitte bien car, si on était bien, on ne se quitterait pas » ?

Marcel Proust

Question du jour

Sous quel nom Annaïk Labornez, qui fit un seul voyage à l'étranger, chez les Turcs, est-elle plus connue ?

Bécassine

JOURNÉE MONDIALE DE LA PRISE DE RECUL, DE L'INSIGNIFIANCE, DE LA VIE, DE L'INTROSPECTION, DE LA RECHERCHE DE LA PAIX INTÉRIEURE ET DE L'HARMONIE ENTRE L'HOMME ET SON ENVIRONNEM...

LUNDI 27 JUILLET

SAINTE NATHALIE

Question du jour

Que tient *La Joconde* dans sa main droite ?

Son poignet gauche

LE BILLET DE ROSELYNE BACHELOT

Stradivarius est né à Crémone, en Italie. C'était un luthier, il s'appelait d'ailleurs Stradivari. On l'appelle toujours le « maître de Crémone ». Il est mort à 93 ans, ce qui, à l'époque, était assez rare. Il y a de nombreux luthiers dans cette ville et un musée entièrement consacré à cette personnalité.

L'histoire drôle de Jean-Marie Bigard

Deux femmes portant une petite voilette sur un chapeau, se croisent à la sortie d'une église. L'une dit à l'autre : « Vous aussi, vous êtes veuve ? – Non, moi, je suis moche. »

Le proverbe
de Roselyne Bachelot

(À propos de Jeanfi Janssens qui n'a pas emmené Stéphane Plaza en voyage) À Strasbourg, on n'emmène pas sa saucisse.

LES PÉPITES

Laurent Ruquier : Comment distingue-t-on facilement l'emmental suisse de l'emmental français ?

Caroline Diament : Il n'y a pas de trous dans l'emmental suisse !

Laurent Ruquier : Pas du tout.

Steevy Boulay : La couleur !

Roselyne Bachelot : Parce que c'est écrit dessus « Fabriqué en Suisse ».

Laurent Ruquier : Non.

Caroline Diament : Il faut le dire, Roselyne, si vous vous foutez de la gueule de Laurent Ruquier !

Laurent Ruquier : Remarquez, elle n'est pas si loin !

Éric Laugérias : Il y a un E à la fin de l'emmental suisse et pas à la fin du français.

Laurent Ruquier : Non, mais on se rapproche.

Roselyne Bachelot : Il n'y a pas de H.

Laurent Ruquier : Il y a un H dans l'emmenthal suisse et il n'y en a pas dans l'emmental français. Bonne réponse !

Caroline Diament : Quand je pense qu'à une époque cette meuf répondait à des questions d'opéra…

!!! Ça balance aux GROSSES TÊTES

Philippe Manœuvre : Il se passe quoi, là ?
Laurent Ruquier : Vous ne connaissez pas Yoann Riou, Philippe ?
Christophe Beaugrand : C'est un monsieur bizarre.
Florian Gazan : C'est comme un rockeur… mais pas drogué.
Philippe Manœuvre : Il m'a l'air sous crack, votre Riou. Un petit gros rondouillard cracké !

MARDI 28 JUILLET

SAINT SAMSON

INVITÉ MYSTÈRE

Êtes-vous prêt à répondre aux questions, même les plus absurdes ? – Oh oui !
Êtes-vous une dame ? – Non.
Êtes-vous né en France ? – Oui.
Avez-vous les cheveux blonds ? – Non.
Avez-vous des cheveux ? – Oui.
Bruns, châtains ? – Bruns.
Portez-vous un pseudonyme ? – Oui.
En un mot ou en deux ? – Deux. Prénom et nom.
Vous a-t-on reconnu quand vous êtes arrivé à RTL ? – Je n'ai croisé personne.
Êtes-vous un garçon sportif ? – Oui.
Êtes-vous grand et musclé ? – Bof.
Avez-vous voté pour les présidentielles plus de cinq fois ? – Oui.
À chaque fois, il y a deux tours… cela ne veut pas dire grand-chose ! Avez-vous tutoyé des présidents de la République ? – Non.
Auriez-vous pu ? – Oui, mais ce n'était pas le genre à être tutoyé.
Combien en avez-vous fréquenté ? – Au moins deux.
Vous êtes l'ami des puissants… Avez-vous une véranda ?
(L'invité mystère rit.)
La chanson raconte des histoires de tromperie… Trompez-vous votre femme dans des hôtels sombres comme le dit la chanson ? – Non.
Êtes-vous un artiste ? – Oui.
Pratiquez-vous votre travail sur une scène ? – Oui.
Êtes-vous chanteur ? – Oui.
Écrivez-vous vos textes et vos musiques ? – Non.
Écrivez-vous l'un des deux ? – Oui. Je compose.
Avez-vous plus de 70 ans ? – Oui.
Jouez-vous de la guitare ? – Non.
C'est Caroline, ai-je eu l'honneur de travailler avec vous ? – Oui.
Avez-vous cinq enfants ? – Oui.

Julien Clerc

Question du jour

Que fête-t-on en Espagne et en Amérique latine le 28 décembre de chaque année ?

Le 28 décembre, le jour du massacre des Innocents, on fait des blagues, des canulars à la manière du 1er avril en France.

Le jeu de mots

de Laurent Ruquier et Florian Gazan

(Parlant d'une affaire de proxénétisme)
– 80 € la passe, ce n'est pas cher…
– MBappé, c'est plus cher !

Citation

Qui a dit : « La Loire, un grand fleuve de sable quelquefois mouillé » ?

Jules Renard

Question du jour

Quel animal possède un museau pointu et sept cents dents ?

Le brochet

Les statistiques

Il faut gravir 1 665 marches pour atteindre le sommet de la tour Eiffel.

Défi du jour

Citez les noms des membres de la famille Fenouillard de la bande dessinée éponyme.

Agénor, Léocadie, Artémise et Cunégonde.

LES AUDITEURS FACE AUX GROSSES TÊTES

Pierre Palmade : Bonjour ! Avez-vous une idée de qui vous appelle ? Avez-vous une idée de qui je pourrais être et qui je pourrais représenter ?
Auditeur : J'ai une petite idée, oui.
Pierre Palmade : Ce n'est pas politique, je vous le dis tout de suite !
Auditeur : Pourtant vous avez des convictions, monsieur Palmade !
Michèle Bernier : Tu vois que les gens t'aiment !
Pierre Palmade : Je ne sais pas si la phrase est gentille ou méchante, mais je suis très content d'être reconnu.
Auditeur : Elle est gentille.
Pierre Palmade : François, qu'est-ce qu'il y a dans la valise RTL, selon vous ?
(L'auditeur énonce tout le contenu de la valise.)
Pierre Palmade : Vous avez gagné la valise RTL ! Je suis tellement fier ! Pour vous et pour moi, qui appelle pour la première fois ! Vous pouvez remercier tous les gens qui n'ont pas décroché ! Je ne vous cache pas qu'on a appelé pas mal de gens avant vous.
Florian Gazan : On a appelé un département entier…

!!! Ça balance aux GROSSES TÊTES

Jean-Jacques Peroni : Est-ce que la personne que l'on recherche a publié ce genre de choses, aphorismes… Des trucs comme ça ?
Laurent Ruquier : Oui ! Il a publié beaucoup, beaucoup de livres !
Jeanfi Janssens : Alors… pourquoi on coince ?
Laurent Ruquier : Vous coincez parce que vous êtes cons !

L'histoire drôle de Jean-Marie Bigard

C'est un vieux paysan qui va chez son médecin. Le toubib lui demande de s'asseoir et lui dit : « Je viens de recevoir vos résultats du labo, ce n'est pas terrible… Ce n'est pas terrible du tout. Il faut absolument que vous arrêtiez de vous masturber. » Le paysan lui répond : « Pourquoi j'arrêterais de me masturber ? – Parce que je vous parle, là… »

JEUDI 30 JUILLET

SAINTE JULIETTE

Le jeu de mots

de Laurent Ruquier
et Florian Gazan

(Après une discussion sur les dentistes)

– Et vous, Muriel, vous avez été nommée aux Molaires ?

– C'est une vanne un peu incisive !

Citation

Qui a dit : « Il croit qu'il devient sourd parce qu'il n'entend plus parler de lui » ?

Talleyrand, à propos de Chateaubriand

Question du jour

Pour quelle raison l'histoire de France a-t-elle retenu le nom de la comtesse de La Motte ?

Elle a vendu le collier de la reine Marie-Antoinette.

Question du jour

Comment appelle-t-on un assortiment de quatre fruits secs ?

Un mendiant

Le jeu de mots

de Philippe Geluck

(Parlant de l'Afrique du Sud à Jeanfi Janssens)
Alors cap ou pas cap ?

Les statistiques

Plus de 4 siècles, c'est l'âge du plus vieil arbre de Paris, un robinier planté en 1601 dans le square René-Viviani dans le quartier Latin.

INVITÉ MYSTÈRE

Auriez-vous retrouvé le nom de Françoise Giroud ? – Je n'ai pas écouté l'émission.
Que faisiez-vous alors dans la loge ? – Je dormais.
C'est Pierre Bénichou ! Vous êtes un homme ? – J'espère.
Êtes-vous toujours aussi aimable ? – Je suis en pleine forme aujourd'hui. Quel est le problème ?
Êtes-vous né en France ? – Oui, monsieur.
Dans l'Est ? – Non, je suis né à Paris. Dans l'ouest de Paris.
Laissez-vous passer les piétons sur les passages cloutés ? – Je ne conduis plus.
Vous a-t-on reconnu quand vous êtes arrivé ? – Non, je me suis caché pour préserver le mystère.
Votre métier fait-il rire les gens ? – Normalement, oui.
Êtes-vous JoeyStarr ? – Je suis star, mais pas Joey.
Avez-vous travaillé dans l'enseignement ? – Non.
Avez-vous travaillé avec Sheila ? – Non.
Êtes-vous un philosophe ? – Non.
Êtes-vous bardé de diplômes ? – Non.
Vous servez-vous d'un stylo dans votre métier ? – Non, pas franchement.
Êtes-vous un artiste ? – Oui, j'espère, enfin, je crois.
Jouez-vous devant une caméra et sur scène ? – Oui, monsieur.
Fumez-vous le cigare ? – Non.
Après la chanson que nous avons entendue, avez-vous un rapport avec Che Guevera ou avec la chanteuse ? – Avec Che Guevara.
Avez-vous joué pour Lelouch ? – Exact.
Êtes-vous Richard Anconina ? – Non, et j'en suis fier.
Invité mystère, a-t-on travaillé ensemble ? – Oui, Valérie Mairesse.

Patrick Chesnais

SAMEDI 1ER / DIMANCHE 2 AOÛT

SAINT ALPHONSE — *SAINT PIERRE-JULIEN EYMARD*

LES AUDITEURS FACE AUX GROSSES TÊTES

Laurent Ruquier : Le vice-président américain, Mike Pence, l'a annoncé officiellement : dans les cinq ans qui viennent, il y aura une femme… Il y aura une femme où ?

Auditrice : Au Congrès ?

Laurent Ruquier : Non, quand même, il y a déjà des femmes au Congrès…

Yoann Riou : Je peux l'aider un petit peu ou pas ?

Laurent Ruquier : Oui, mais attention, ne dites pas tout…

Yoann Riou : Étoile.

Auditrice : Étoile ?

Jean-Luc Lemoine : Il joue à *Pyramide,* l'autre…

Auditrice : Sur la Lune !

Laurent Ruquier : Bravo Victoria ! Une femme sur la Lune ! Vous vous rendez compte quand même…

Yoann Riou : C'est quoi la différence avec un homme ?

Laurent Ruquier : C'est que c'est une femme !

Jean-Luc Lemoine : Ça explique beaucoup de choses pour toi…

L'histoire drôle de Laurent Ruquier

(Après une discussion sur l'homéopathie) Vous connaissez la blague antillaise ? Homéopathie, Juliette pas contente !

L'anecdote de Laurent Baffie

J'ai tourné comme figurant dans un *Maigret* avec Jean Richard. Je faisais un jeune cadavre à la morgue de l'hôpital Saint-Antoine. Maigret passait, soulevait le drap et disait à la personne qui était là : « Vous pourrez dire à ses parents qu'il n'a pas souffert. » À un moment donné, quelqu'un m'a transporté sur un chariot, sous l'œil respectueux des gens qui le voyaient passer. Et d'un coup, j'ai sorti mes mains de sous le drap et fait des doigts d'honneur… Ça en a surpris plus d'un ! J'étais déjà un gros déconneur à l'époque.

Question du jour

Pour quelle raison connaît-on le pharaon Psammétique et l'esclave Rhodope ?

Leur relation qui, selon la légende, a commencé par une pantoufle perdue, peut être considérée comme la source d'inspiration de Cendrillon.

Artus ?

Une Grosse Tête cow-boy au théâtre, agent secret à la télévision et maintenant Grosse Tête à la radio.

Citation

Qui a dit : « N'importe quelle idée semble personnelle dès qu'on ne se rappelle plus à qui on l'a empruntée » ?

Jules Renard

LUNDI 3 AOÛT

SAINTE LYDIE

Question du jour

Qu'est-ce qu'une baraterie ?

Une fraude ou escroquerie commise par le capitaine d'un navire au préjudice des armateurs ou des assureurs

Le jeu de mots

de Gérard Jugnot

Ce qu'il y a de bien avec les boîtes de *Scrabble*, c'est que tu peux péter la boîte, ça fait une boîte de scrabble en miettes. *(le crabe en miettes)*

Citation

Qui a dit : « La preuve que la Terre est ronde, c'est que les gens qui ont les pieds plats ont du mal à marcher » ?

Charles de Bernard

JOURNÉE MONDIALE DE LA BIÈRE

MARDI 4 AOÛT

SAINT JEAN-MARIE VIANNEY

INVITÉ MYSTÈRE

Êtes-vous une femme ? – Oui.
Êtes-vous née en France ? – Oui.
Aimez-vous faire du sport ? – Non, je ne suis pas sportive.
Avez-vous déjà été reçue à l'Élysée ? – Jamais.
Est-ce que les gens vous ont reconnue dans la rue ? – Non.
Les gens ne connaissent pas votre visage ? – Pas mon visage, non.
Travaillez-vous la nuit ? – Oui.
Êtes-vous une femme de média qui travaille la nuit ? – Oui.
Réchauffez-vous les cœurs ? – Ça m'arrive.
Êtes-vous cuisinière ? – Pas du tout.
Les gens vous appellent-ils ? – Oui.
Vous remplacez Macha Béranger à la radio ? – Pas tout à fait.
Peut-on dire que vous avez le nom des nuits que vous nous faites passer ? – Oui, en quelque sorte, oui.

Caroline Dublanche

Question du jour

Quel chanteur jouait un G.I. américain devant Notre-Dame de Paris dans le film *Paris brûle-t-il ?*

George Chakiris

Cristina Córdula ?

Une Grosse Tête dont l'accent a complètement disparu… en tout cas quand elle ne dit rien.

LES PÉPITES

Laurent Ruquier : Le RNSA est le Réseau National de Surveillance Aérobiologique. En allant sur leur site, vous saurez ce que vous risquez selon que vous êtes allergique à l'ambroisie, au charme, au bouleau, au chêne, au cyprès, au tilleul… Ils donnent l'indication du niveau d'allergie en fonction…

Caroline Diament : Cela veut dire qu'ensuite vous ne sortez pas ?

Laurent Ruquier : Non, mais au moins, vous pouvez vous prémunir. Moi, je prends des petits…

Caroline Diament : Moi, j'en prends toute l'année !

Steevy Boulay : Mais t'es folle ! Il n'y a pas de pollen en hiver…

Caroline Diament : Non, mais c'est parce que…

Roselyne Bachelot : Elle est allergique aux cons ! Et il y en a toujours !

Caroline Diament : Merci Roselyne ! Bravo !

!!! Ça balance aux GROSSES TÊTES

Chantal Ladesou : Est-ce que tu sais nager, toi ?

Olivier de Kersauson : Non.

Chantal Ladesou : C'est marrant, les marins ne savent pas nager.

Olivier de Kersauson : Tu peux être pilote et tu ne sais pas voler non plus.

Pierre Bénichou : Mais quand on dit « ne pas savoir nager », tu ne sais pas du tout ?

Olivier de Kersauson : Si, je nage… Je pourrais nager vers toi, mais pas longtemps. Dès que je m'apercevrais que c'est toi, je ferais demi-tour.

MERCREDI 5 AOÛT

SAINT ABEL

Question du jour

Sous quel nom Pierre Terrail, mort le 30 avril 1524 dans le Piémont, était-il connu ?

Le chevalier Bayard

LES AUDITEURS FACE AUX GROSSES TÊTES

Laurent Ruquier ***(après une question sur la Lune)*** **:** Victoria, vous avez gagné grâce à l'aide de Yoann Riou.
Christine Ockrent : Il faut l'emmener à l'hôtel avec vous !
Auditrice : Je ne sais pas si mon mari sera d'accord…
Yoann Riou : Cinquante ans après Neil Armstrong, quand même…
Laurent Ruquier : Montez dessus directement, il est comme la lune !
Yoann Riou : Con comme la lune, c'est ça ?
Laurent Ruquier : Non, je n'ai pas dit ça !
Yoann Riou : Vous l'avez pensé tellement fort…
Valérie Mairesse : Non, il a dit rond comme la Lune…
Jean-Luc Lemoine : C'est plus flatteur…

Le jeu de mots

de Laurent Baffie

Nicolas Pépé s'est marié ce week-end, il a dit à sa femme : « T'as peur de m'aimer ? »

L'histoire drôle de Laurent Ruquier

C'est un Belge qui fait du stop pour la première fois. Tout d'un coup, une Mercedes s'arrête. Il dit : « C'est gentil de vous arrêter pour moi, monsieur, une fois. » Le chauffeur lui dit : « Montez, monsieur, je vous en prie. C'est pour vous, la place vous attendait. Je n'ai personne dans ma voiture et regardez ce luxe… – Ça, c'est vrai, je n'ai jamais vu une voiture comme ça… Qu'est-ce que c'est que ce petit écran, là ? – C'est un téléviseur, vous pouvez regarder toutes les chaînes que vous voulez ! – Formidable ! Et la petite boîte avec le bouton, qu'est-ce que c'est ? – C'est un minibar : pastis, champagne… Vous pouvez choisir ! – Ça alors, je suis chanceux moi. Pour la première fois que je fais du stop, je tombe sur la voiture la plus luxueuse qui soit ! Et là, à l'arrière, puisque je vois qu'il n'y a pas de places arrière, qu'est-ce que c'est ? – Ça, c'est le Jacuzzi ! Si j'ouvre la porte, on peut aller tous les deux dans le Jacuzzi ! Jamais, je n'avais vu ça ! Un Jacuzzi à l'arrière… Et la petite boîte avec les numéros, qu'est-ce que c'est ? – Ça, c'est le téléphone. – Le téléphone ! Je peux téléphoner à Bruxelles, à ma femme ? – Vous pouvez téléphoner partout dans le monde ! – Vraiment ? » Là, le chauffeur dit : « Oui, mais il va quand même falloir faire un petit quelque chose… – Ah bon ? Qu'est-ce que je dois faire ? » demande le Belge. Là, le chauffeur se déboutonne, sort son sexe en érection… Le Belge prend le sexe et fait : « Allô ? »

!!! Ça balance aux GROSSES TÊTES

Laurent Ruquier : Vous savez tout, monsieur Gazan, bravo ! 300 € d'économisés grâce à vous…
Bernard Mabille : Vous vous téléphonez à quelle heure pour les questions ? Vers 22 heures ?
Laurent Ruquier : Regardez-moi le gros jaloux !
Bernard Mabille : Je ne suis pas jaloux pour le foot, je n'y connais rien !
Laurent Ruquier : Mais vous êtes gros quand même !

JEUDI 6 AOÛT

SAINT OCTAVIEN

L'anecdote de Christophe Beaugrand

Je suis allé tourner la téléréalité *La Bataille des couples* à Las Terrenas en République dominicaine. C'était magnifique ! Mais on se lasse des palmiers et de l'eau à 28 °C… Non, je plaisante. Mais j'ai eu un petit problème, sur la fin du tournage, je me suis cassé la gueule dans l'escalier. Je me suis retrouvé avec un hématome gigantesque, j'avais la hanche de Kim Kardashian, mais d'un seul côté.

Question du jour

Dans quelle rue de Paris, portant le nom d'un photographe, la maison rose d'Agnès Varda se situait-elle ?

Rue Daguerre

Citation

Qui a dit : « Maintenant, grâce aux progrès de la science, on peut connaître le sexe de son enfant avant sa naissance. Le plus dur, c'est de savoir de quel sexe il sera plus tard » ?

Anne Roumanoff

Défi du jour

Citez les noms des deux romans qui forment la suite de *La Reine Margot* d'Alexandre Dumas.

La Dame de Monsoreau et Les Quarante-cinq

INVITÉ MYSTÈRE

Êtes-vous un homme ? – Oui.
Êtes-vous né en France ? – Non.
Avez-vous des enfants ? – Non.
Êtes-vous de nationalité française ? – Non.
Mais vous parlez bien le français… Êtes-vous né dans un pays francophone ? – Non, mais j'ai passé ma jeunesse dans un pays francophone.
Vous a-t-on reconnu quand vous êtes arrivé ? – Oui.
Avez-vous été au Parti socialiste ? – Non.
Connaissons-nous vos opinions politiques ? – Je n'ai pas le droit de vote.
Êtes-vous chanteur ? – Oui.
Avez-vous écrit pour Vianney ? – Non.
Écrivez-vous aussi des romans ? – Non.
Êtes-vous auteur-compositeur ? – Oui.
Avez-vous été chez Mireille ? – Oui.
Êtes-vous belge ? – Non, mais on le croit souvent à cause d'une chanson.
Laurent Baffie propose Dave. Seriez-vous Dave ?
– Presque.

Dick Annegarn

Question du jour

Quel navire a pour capitaine Willem Van der Decken ?

Le vaisseau fantôme
Le Hollandais volant

Les statistiques

24 langues sont parlées dans l'hémicycle du Parlement européen, ce qui nécessite plus de 2 000 interprètes.

Défi du jour

Citez deux des Archibald les plus connus ?

Archibald Haddock, dit le capitaine Haddock, et Cary Grant, de son vrai nom Archibald Alexander Leach.

LES AUDITEURS FACE AUX GROSSES TÊTES

Valérie Mairesse : Vous avez dit Delphine ?
Laurent Ruquier : Oui, mais ce n'est pas vous qui faites la valise…
Karine Le Marchand : C'est moi !
Valérie Mairesse : Je sais… Mais c'est au cas où…
Karine Le Marchand : Au cas où j'ai un AVC dans la seconde.
Valérie Mairesse : Je suis sur le banc de touche.
Auditrice : Allô ?
Karine Le Marchand : Oui, Delphine ! Comment allez-vous ? Vous avez une voix vraiment adorable.
Auditrice *(après un rire gêné)* : Merci, merci…
Karine Le Marchand : Quel âge avez-vous, Delphine ?
Auditrice : Pourquoi vous me posez toutes ces questions ?
Karine Le Marchand : Parce que je me mêle de tout, tout le temps.
Auditrice : À qui ai-je l'honneur ?
Karine Le Marchand : À votre avis ?
Laurent Ruquier : Vous ne reconnaissez pas la voix de la jeune femme qui vous parle ?
Auditrice : Si, ça me dit quelque chose…
Valérie Mairesse : Vous êtes à la campagne ?
Auditrice : Non, pas du tout.
Jeanfi Janssens : Une grosse femme noire.
Auditrice : Vous êtes aux *Grosses Têtes*, on est aux *Grosses Têtes* ?
Laurent Ruquier : Oui !

!!! Ça balance aux GROSSES TÊTES

Laurent Ruquier : Vous savez qu'Olivier a vendu son château aux Anglais ! Le traître !
Bernard Mabille : Aux Anglais ?
Laurent Ruquier : Le patrimoine français est parti… Je vais vous dénoncer à Stéphane Bern, Olivier ! Vous qui avez lutté contre la marine britannique pendant des années…
Jeanfi Janssens : Quelle ingratitude !
Olivier de Kersauson : Et alors ?
Jeanfi Janssens : Comment tu peux te regarder encore dans une glace ? Remarque, vu comment t'es coiffé, tu ne te regardes plus depuis un moment !

SAMEDI 8 / DIMANCHE 9 AOÛT

SAINT DOMINIQUE — SAINT AMOUR

Le jeu de mots

de Laurent Baffie

Un nécrophile incestueux peut-il avoir une érection s'il se baigne dans la mer Morte ?

Citation

Qui a dit : « Je me suis engagé dans la marine le jour où mon père m'a dit qu'on était sur Terre pour travailler » ?

Pierre Doris

Question du jour

Dans quelle œuvre littéraire fait-on la connaissance de toute la famille Larine, dont les sœurs Olga et Tatiana ?

Eugène Onéguine d'Alexandre Pouchkine

LUNDI 10 AOÛT

SAINT LAURENT

Question du jour

Quel couple – dont les partenaires avaient 21 ans de différence – s'est marié en 1929, a divorcé en 1939 pour se remarier en 1940 ?

Frida Kahlo et Diego Rivera

INVITÉ MYSTÈRE

Êtes-vous une femme ? – Non.
Êtes-vous né en France ? – Oui.
Portez-vous un pseudonyme ? – Non.
Avez-vous des enfants ? – Non.
Habitez-vous à Paris ? – Un peu.
Avez-vous un chien ? – Non.
Avez-vous signé un petit autographe en arrivant ou ne vous a-t-on pas reconnu ? – J'ai fait une photo.
Jouez-vous au poker ? – Non.
Jouez-vous de la guitare ? – Oui.
En vivez-vous ? – Oui.
Chantez-vous ? – Je chante, oui.
Assez mal, on peut le dire ? – Le soir et le matin.

Thomas Dutronc

Le jeu de mots

de Laurent Ruquier

(Durant une discussion sur la Paramount)
Mon père, quand il y avait un film à la télé, disait toujours : « Oh, c'est un film par amour, ça va être bien ! »

LES PÉPITES

Laurent Ruquier : La question concerne la disparition de Stanley Donen, peut-être avez-vous entendu parler de la disparition de ce grand monsieur d'Hollywood, Bernard…

Bernard Mabille : Oui… *Chantons sous la pluie.*

Laurent Ruquier : Voilà !

Arielle Dombasle *(en chantant)* : *I'm singin' in the rain…*

Jeanfi Janssens : C'est pour Arielle, on a compris.

Arielle Dombasle *(en chantant)* : *Just singin' in the rain…*

Bernard Mabille : C'est con qu'il soit mort…

Arielle Dombasle *(en chantant)* : *What a glorious feeling…*

Bernard Mabille : Sinon, on n'en aurait pas parlé…

Arielle Dombasle *(en chantant)* : *I'm happy again…*

Laurent Ruquier : Pour le coup, il va vraiment pleuvoir !

Arielle Dombasle *(en chantant)* : *I'm singin' in the rain…*

Titoff : C'est joli !

Arielle Dombasle *(en chantant)* : *I'm singin' and dancin' in the rain…*

Citation

Qui a dit : « Je suis inculte parce que je n'en pratique aucun, et insecte parce que je me méfie de toutes » ?

Raymond Queneau

LES AUDITEURS FACE AUX GROSSES TÊTES

Karine Le Marchand : Avez-vous écouté suffisamment RTL pour connaître le montant de la valise, Delphine ? On adorerait vous l'offrir, bien que nous ayons beaucoup perdu d'argent depuis le début de cette émission…
Auditrice : Eh bien, malheureusement pour moi, ça ne va pas continuer…
Karine Le Marchand : Oh nooon…
Auditrice : Je n'ai pas le montant.
Karine Le Marchand : Du coup, on garde la valise !
Laurent Ruquier : On va économiser de l'argent avec vous, Delphine…
Auditrice : Je suis en cours avec des petits élèves, je suis professeure de musique.
Jean-Luc Lemoine : Vous avez décroché alors que vous étiez en cours ?
Auditrice : Oui, ça m'a interpellée. Je me suis dit que ça devait être quelqu'un d'important.
Laurent Ruquier : Quel âge ont vos élèves ?
Auditrice : Là, j'ai une petite fille de huit ans à qui j'enseigne la flûte.
Jeanfi Janssens : J'aime bien ça…
Laurent Ruquier : Vous n'avez qu'une élève avec vous ?
Auditrice : Oui, on a des cours individuels et des cours collectifs.
Laurent Ruquier : Si vous faites jouer de la flûte à votre élève sur RTL, peut-être qu'on pourrait vous envoyer une montre RTL pour vous, une pour votre élève et d'autres cadeaux…
Valérie Mairesse : Et ce n'est pas du pipeau !

Question du jour

Qui joue le rôle de Rebecca dans le film éponyme d'Alfred Hitchcock ?

Personne. Le personnage n'apparaît pas dans le film.

Antoine Duléry ?

Une Grosse Tête exceptionnelle, éternellement Paul Gatineau pour Fabien Onteniente.

L'anecdote de Philippe Manœuvre

J'ai habité avec Virginie Despentes pendant quelques années. C'est une très bonne amie. Un jour, après une conférence à Strasbourg, quelqu'un m'a demandé si j'étais Vernon Subutex. Et je n'ai absolument pas su quoi répondre parce que cela ne m'avait jamais traversé l'esprit. J'ai lu les trois livres, je ne me vois pas du tout là-dedans. Mais comme tout auteure, Virginie a sans doute pris des traits de personnes qu'elle connaît pour les mettre dans son roman.

!!! Ça balance aux GROSSES TÊTES

Steevy Boulay : Luke Perry avait toujours du charme. À 52 ans, c'était un très bel homme…
Bernard Mabille : Il avait un côté James Dean.
Titoff : C'est fou la vie, parce que tu regardes Bernard Mabille et Luke Perry, et tu ne te dis pas que c'est lui qui va mourir le premier…
Bernard Mabille : Ça, c'est intelligent ! Le jour de la distribution de cervelles, tu as passé ton tour, toi !

MERCREDI 12 AOÛT

SAINTE CLARISSE

Question du jour

Qui est l'auteur de l'œuvre dystopique *Ravage* ?

René Barjavel

INVITÉ MYSTÈRE

Les gens vous ont-ils reconnu quand vous êtes arrivé ? – Oui.
Êtes-vous célibataire ? – Non.
Marié ? – Non.
Avez-vous des enfants ? – Non.
Vous servez-vous de Google Earth ? – Non.
Portez-vous un pseudonyme ? – Oui.
Vous arrive-t-il d'être sur des écrans ? – Oui.
Dans votre pseudonyme, avez-vous tout changé ou seulement une partie ? – Une partie. J'ai changé mon prénom.
Avez-vous reçu des récompenses ? – Oui.
Avez-vous des cheveux poivre et sel ? – Non.
Faites-vous partie des Enfoirés ? – Oui, depuis 2018.
Êtes-vous issu d'un télécrochet ? – Non.
Êtes-vous chanteur ? – Non.
Êtes-vous sportif ? – Non.
Êtes-vous comédien ? – Oui.

Philippe Lacheau

Les statistiques

30 minutes, c'est le temps que chaque personne passe, tous les ans, à chercher le bout du rouleau de papier toilette.

LES AUDITEURS FACE AUX GROSSES TÊTES

Laurent Ruquier : Romuald est au téléphone. Bonjour Romuald !
Auditeur : Bonjour Laurent !
Laurent Ruquier : Que faites-vous dans la vie, Romuald ?
Auditeur : Je suis gestionnaire d'enquête auprès des hôtels et des campings pour le compte de l'Insee.
Laurent Ruquier : J'ai intérêt à faire gaffe à l'hôtel où je vous envoie… parce qu'ils vont avoir la trouille en vous voyant arriver.
Jean-Luc Lemoine : Ils vont prendre ça pour un contrôle.
Auditeur : Justement, on ne fait des enquêtes qu'en bureau, donc on va très rarement sur le terrain.
Christine Ockrent : C'est dommage pour vous…

Défi du jour

Citez les noms des parents et des sœurs d'Oreste.

Le roi Agamemnon et Clytemnestre, ses parents ; Iphigénie, Chrysothémis et Électre, ses sœurs.

JEUDI 13 AOÛT

SAINT HIPPOLYTE

!!!

Ça balance aux

GROSSES TÊTES

Marcela Iacub : Jeanfi est porteur d'une culture très particulière…
Olivier de Kersauson : Ça, c'est vrai !
Jeanfi Janssens : Hé ! Je ne viens pas d'une tribu… Ça va, hein ! C'est une ouverture d'esprit.

Citation

Qui a dit : « Ou cet homme est mort ou ma montre s'est arrêtée » ?

Groucho Marx

Question du jour

Quel célèbre acteur américain joue le chef du cartel atypique dans le film *La Mule* de Clint Eastwood ?

Andy Garcia

JOURNÉE INTERNATIONALE DES GAUCHERS

Question du jour

De qui Maurice Utrillo était-il le fils ?

Suzanne Valadon

Les statistiques

5 722 kg

de pâtes ont été consommés par les joueurs de football durant la Coupe du monde 2018.

Défi du jour

Citez les deux films de Disney auxquels Tim Burton a participé en tant que dessinateur au début des années 1980, avant *Dumbo*.

Rox et Rouky (1981) et *Taram et le chaudron magique* (1985).

LES AUDITEURS FACE AUX GROSSES TÊTES

Laurent Ruquier : Nous allons appeler M. Poussin, à Rouen.

Michèle Bernier : Il paraît qu'il soutient Nathalie Loiseau.

Laurent Ruquier : J'espère que ses parents ne couvent pas quelque chose.

Auditeur : Allô ?

Michèle Bernier : Vous êtes monsieur Poussin ? C'est l'équipe des *Grosses Têtes* !

Auditeur : Bonjour !

Michèle Bernier : La question est : « Connaissez-vous le contenu de la valise ? »

Auditeur : Non. Je fais des visites… Je suis médecin !

Florian Gazan : Vous avez une jaunisse ?!

Auditeur : Je suis médecin généraliste.

Florian Gazan : Vous n'êtes pas vétérinaire ?

Laurent Ruquier : Voulez-vous une montre RTL pour mettre à votre patte ?

Auditeur : Oui !

L'histoire drôle de Laurent Baffie

Le pape est très malade. Les cardinaux se réunissent et convoquent tous les médecins d'Italie à son chevet. Ils lui font passer une batterie d'examens, mais ils ne trouvent rien. La santé du pape décline de jour en jour et, là, le chef des cardinaux demande si quelqu'un connaît un médecin un peu parallèle qui obtiendrait de meilleurs résultats que la médecine traditionnelle. Un cardinal répond : « Moi je connais un type qui est pas mal, il est un peu acupuncteur, un peu médium, il obtient des résultats. » Le chef lui dit : « Faites-le venir. » Le toubib s'enferme avec le pape et, au bout de deux heures, les cardinaux demandent : « Alors, y-a-t-il un moyen de le sauver ? » Le toubib leur dit : « Oui, je crois qu'il y a un moyen. Alors, que faut-il faire ? Comment ? » Le toubib : « Il faudrait qu'il baise. – Comment ça ? – Oui, je pense que si Sa Sainteté se vidait les couilles, ça replacerait les méridiens, ça ouvrirait les shakras… Pour moi, c'est la solution. » Le chef des cardinaux décide : « Il faut le faire, s'il y a une chance, il faut la tenter, mais à une condition : il faut que la fille soit aveugle pour qu'elle ne reconnaisse pas le pape, sourde pour ne pas entendre sa voix, et il faut qu'elle ait des très très gros nichons. » Un cardinal répond : « Pourquoi de très gros nichons ? » L'autre répond : « Parce qu'il adore ça ! »

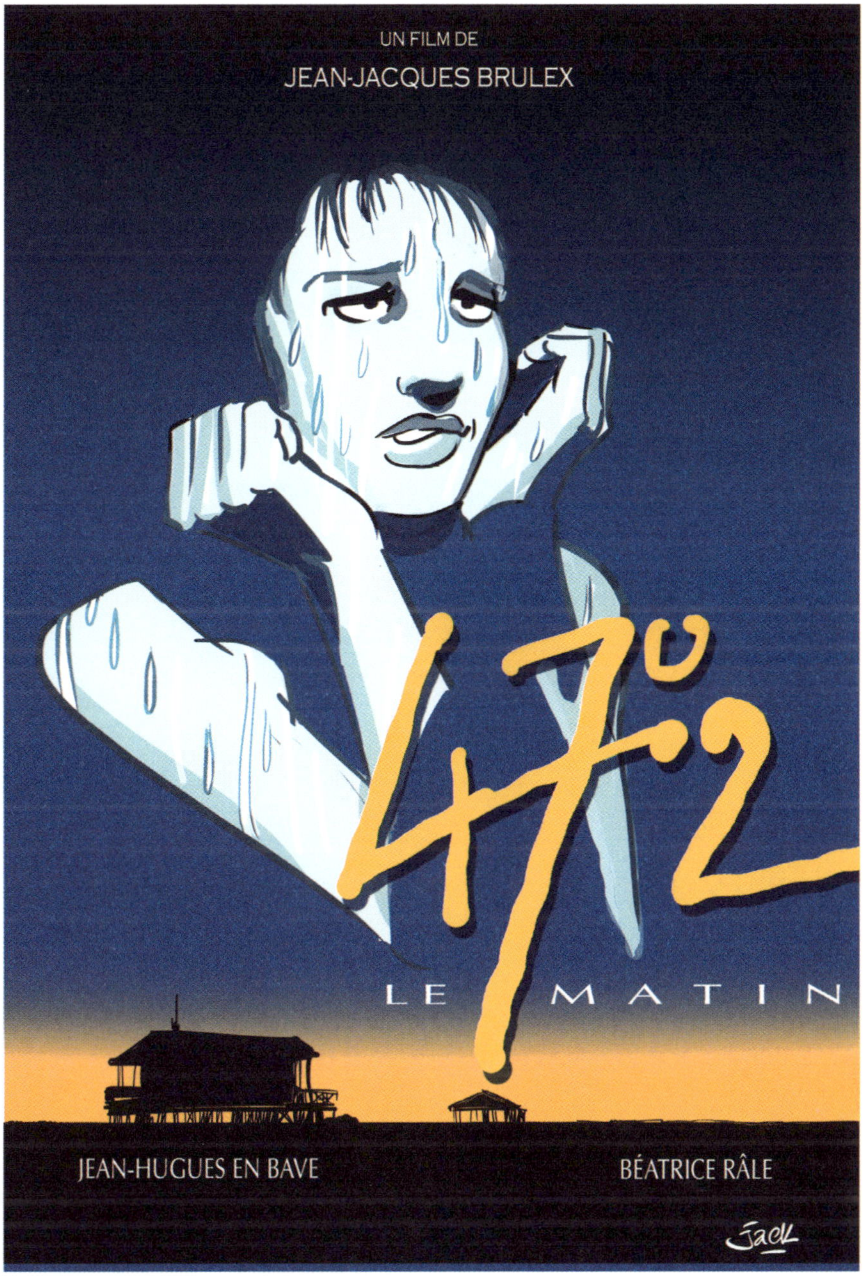

Question du jour

Quelle est la différence entre le brouillard et la brume ?

Il s'agit du même phénomène. On parle de brume lorsque la visibilité est comprise entre 1 et 5 km, et de brouillard lorsqu'elle est inférieure à 1 km.

Le jeu de mots

de Laurent Ruquier

Stéphane, vous connaissez le Condor ? Vous n'avez pas été nominé ?

Citation

Qui a dit : « Mon médecin m'a recommandé d'arrêter les petits dîners pour quatre, à moins qu'il y ait trois autres personnes » ?

Orson Welles

LUNDI 17 AOÛT

SAINT HYACINTHE

Question du jour

Comment s'appelle la mère d'Orgon dans *Le Tartuffe ou l'Imposteur* ?

Madame Pernelle

Citation

Qui a dit : « La vie est injuste : moins on a de souffle, plus on a de bougies à chaque anniversaire » ?

Simone de Beauvoir

INVITÉ MYSTÈRE

Êtes-vous un homme ? – A priori, oui.
Êtes-vous blond ou brun ? – Je suis une personne à capillarité réduite.
Utilisez-vous un pseudonyme ? – Non.
Exercez-vous une profession artistique ? – Oui.
En lien avec la chanson que l'on vient d'entendre, êtes-vous divorcé ? – Personnellement, non.
Voyagez-vous beaucoup pour votre boulot ? – Oui.
Faites-vous de la scène ? – Oui.
Êtes-vous dans un théâtre sur les Boulevards ? – Non, mais pas très loin.
C'est Jean-Jacques Peroni, a-t-on travaillé ensemble au Théâtre de Bouvard ? – Oui.
Avez-vous fait d'autres émissions connues ? – Oui.
Avez-vous eu pendant longtemps un point commun avec le commandant Cousteau ? – Oui.
Avez-vous fait *La Classe* avec M. Fabrice aussi ? – Oh oui !

Jean-François Dérec

!!! Ça balance aux GROSSES TÊTES

Laurent Ruquier : Si on en croit la presse, qu'est-ce qui va rapetisser de douze millimètres ?
Bernard Mabille : La tour Eiffel ?
Laurent Ruquier : Non.
Franz-Olivier Giesbert : C'est un monument ?
Florian Gazan : Le sexe de Bernard ?
Laurent Ruquier : Il ne va plus rien rester !
Jean-Luc Lemoine : Ça en enlève la moitié quand même !
Florian Gazan : Déjà qu'il ne le voit plus !
Bernard Mabille : Il va être intérieur, là…

LES PÉPITES

Laurent Ruquier : Toute la semaine, j'ai entendu dire que c'était une photo de panthère noire et, là, d'un seul coup, dans *Paris Match*, la panthère se transforme en léopard noir.

Caroline Diament : Sous-entendu, c'est très rare un léopard noir. C'est comme si on disait d'un cheval noir que c'est un zèbre noir…

Laurent Ruquier : Allez savoir qui a raison, est-ce que c'est… *(Voyant une dame dans le public qui se lève)* Ah ! Une dame est sur le guépard.

Michèle Bernier : Je crois qu'elle a un jaguar qui l'attend dehors.

Caroline Diament : Je crois que c'est une cougar, mais…

Laurent Ruquier : C'est pour cela qu'elle est partie vite, grâce à sa paire de Puma.

Bernard Mabille : Elle a peur de rater son train pour Lyon.

MARDI 18 AOÛT

SAINTE HÉLÈNE

LES AUDITEURS FACE AUX GROSSES TÊTES

Jeanfi Janssens : J'étais à l'école à Sainte-Thérèse, à Avesnes-sur-Helpe. J'avais mes sorties à Avesnelles ! J'avais une copine Aude, qui habitait là-bas. Ma première petite copine !

Stéphane Plaza : T'as eu une petite copine, toi ? T'as roulé de la pelle ?

Jeanfi Janssens : Oui.

Franz-Olivier Giesbert : Et elle t'a dégoûté des femmes ?

Laurent Ruquier : À quelle école étiez-vous ?

Jeanfi Janssens : À Sainte-Thérèse d'Avila, à l'internat.

Auditrice : À Sainte-Thérèse. Oui, d'accord, à Avesnes-sur-Helpe.

Laurent Ruquier : Combien de temps y êtes-vous resté ?

Jeanfi Janssens : De la sixième à la terminale, en internat chez les bonnes sœurs.

Auditrice : Il en a fait des dégâts, c'est pour ça que ça a croulé après, Sainte-Thérèse…

Jeanfi Janssens : C'est vrai que j'ai eu une image de la femme…

Laurent Ruquier : C'est vrai qu'il s'en est fait des gars… des dégâts !

Auditrice : Des gars et des dégâts, oui.

Laurent Ruquier : Et donc, vous aviez une petite fiancée dans cet internat ?

Jeanfi Janssens : Oui, parce que la pression sociale, catholique et familiale faisait que je voulais me convaincre que j'étais comme tout le monde !

Laurent Ruquier : Et qu'est-ce qu'elle est devenue ?

Jeanfi Janssens : Je ne sais pas. J'ai enchaîné sur Fanny après. Elles étaient rivales et du coup…

Laurent Ruquier : La seule fois où vous avez baisé Fanny, c'est à la pétanque, mais sinon…

Question du jour

Quel roman, publié en 1947 et présent dans le classement des 100 livres qu'il faut avoir lu réalisé par *Le Monde*, raconte l'histoire de Geoffrey Firmin, consul britannique au Mexique ?

Au-dessous du volcan de Malcolm Lowry

Le jeu de mots

de Bernard Mabille et Florian Gazan

– Ça sert à quoi 34 listes électorales ? C'est énorme !
– Tu devrais être content, il va y avoir un millefeuille au bureau de vote !

Yoann Riou ?

Une Grosse Tête qui, à la télé, commente un match dont on n'a pas les images.

L'anecdote d'Éric Laugérias

J'avais un copain comédien, Philippe Khorsand, qui n'est plus là malheureusement. Il jouait un spectacle qui s'appelait « Les Fraises musclées ». Une dame est morte de rire pendant ce spectacle.

Question du jour

Qui est l'auteur de la sculpture *Ratapoil* ?

Honoré Daumier

LE BILLET DE CHRISTINE OCKRENT

Jeff Widener est le photographe qui a pris ces images absolument saisissantes de la place Tian'anmen, le 5 juin 1989, où l'on voit ce garçon, seul, s'avancer vers le premier tank d'une colonne. Cela reste l'un des clichés les plus bouleversants du siècle dernier.

LES PÉPITES

Olivier de Kersauson *(donnant une réponse à une question)* : Henry de Montherlant.

Laurent Ruquier : Bonne réponse d'Olivier de Kersauson !

Gérard Jugnot : C'est normal, entre nobles, ils se soutiennent…

Olivier de Kersauson : Vous vous soutenez bien entre trouducs !

Le proverbe
de Jean-Jacques Peroni

Dormir bien, dormir plein.

L'histoire drôle de Jean-Marie Bigard

Deux copains partent en voiture pour le ski. Survient une forte tempête qui les contraint à s'arrêter, car on n'y voit plus à deux mètres. Par chance, ils se trouvent devant une très belle maison. Ils frappent à la porte. Une très jolie jeune femme leur ouvre à qui ils demandent l'asile pour la nuit. Elle leur répond : « Écoutez, je suis une jeune veuve, alors je ne voudrais pas que les voisins jasent. Donc je veux bien vous héberger, mais dans la grange. » Les deux acceptent et vont dormir dans la grange. Le lendemain, il fait beau, ils repartent. Neuf mois plus tard, l'un reçoit une lettre d'un avocat. Il fonce voir son copain et lui dit : « Dis donc ! Tu te souviens, il y a neuf mois, on a été hébergé par une dame ? – Oui, je me souviens très bien. – Tu ne te serais pas relevé la nuit, des fois ? » L'autre, piteux : « Si… Je me suis relevé. – Et tu l'as niquée ? – Oui, je l'ai niquée. – Et en plus, tu t'es fait passer pour moi ! – Oui, j'ai donné ton nom, je ne voulais pas avoir de problème. – Enculé ! – Quoi alors ? J'ai un enfant ? – Non, elle est morte. Et en fait, elle m'a tout légué à moi. »

!!! Ça balance aux GROSSES TÊTES

Stéphane Plaza *(à l'invité mystère)* : Pensez-vous que vous êtes plus cultivé(e) que Stéphane Plaza, c'est-à-dire moi ?

Invité mystère : Alors là… C'est dangereux de dire ça.

Laurent Ruquier : Je peux répondre à votre place ? Oui !

Artus : En dessous, je crois qu'il n'y a que Steevy Boulay.

Stéphane Plaza : Steevy Boulay est très cultivé !

INVITÉ MYSTÈRE

Êtes-vous une femme ? – Non.
Êtes-vous un homme ? – Oui.
Bien joué, Valérie ! Le stylo est-il important pour vous ?
– Non, j'écris beaucoup mais sur ordinateur.
Et le micro est-il important pour vous ? – Oui, parfois.
Portez-vous un pseudonyme ? – Oui. J'ai raccourci mon prénom et mon nom.
Vous arrive-t-il d'être sur les planches ? – Oui.
Étiez-vous aux Molières ? – J'aurais pu, mais j'étais en tournage.
Tournez-vous des films ? – Non.
Des émissions ? – Oui.
On vient d'entendre *Viva Las Vegas* chantée par Elvis Presley. Connaissez-vous bien Las Vegas ? – Je connais bien Las Vegas et je connais bien Elvis.
Y a-t-il une salle où Elvis a chanté et dans laquelle vous avez eu, si je peux dire, des fréquentations ? – Oui.
Vous passiez dans cette salle d'Elvis Presley, face au public ? – Exactement.
Faites-vous des performances scéniques ? – Cela m'arrive.
Levez-vous la jambe ? – Cela m'arrive aussi !
C'était dans un casino genre Le Sands ? – Exactement, c'était au Westgate.
Êtes-vous souple ? – Pas du tout.
Peut-on dire que vous faites rire ? – C'est tout relatif, mais j'essaie.
Avez-vous été présentateur météo ? – Oui, pas loin d'ici.
Sur combien de chaînes ? – Sur deux chaînes, Canal+ et M6.
Peut-on toujours vous voir sur le petit écran ? – Oui.
Est-ce que les Américains en parlant de vous, ajoutent avant votre nom « very » ? – Ça arrive.
Est-ce qu'un certain photographe serait un homonyme ?
– Oui.

Alex Goude

Question du jour

Que fête-t-on chaque année, depuis les années 1970, le dernier samedi du mois de mai aux États-Unis et particulièrement à Los Angeles ?

La Fête du cosmopolitan, un cocktail.

Le jeu de mots

d'Arielle Dombasle et Jean-Jacques Peroni

– C'est vrai qu'on dit « monté comme un âne ».
– Mais il paraît aussi que les girafes sont un bon coup !

Citation

Qui a dit : « Un jour, j'ai coincé ma cravate dans un fax. Quelques minutes plus tard, je me suis retrouvé à Tokyo » ?

Alex Métayer

VENDREDI 21 AOÛT

SAINT CHRISTOPHE

Question du jour

Qui jouait la platanologue dans le film *Sans toit, ni loi* d'Agnès Varda ?

Macha Méril

Le jeu de mots

de Laurent Ruquier et Jeanfi Janssens

– La duchesse de Sussex et…
– C'est comme ça qu'on m'appelle dans le quartier, moi aussi !

Citation

Qui a dit : « Ma secrétaire a démissionné. Elle m'a surpris en train d'embrasser ma femme » ?

Jean Poiret

Les statistiques

80 %

des amandes du monde sont produites en Californie.

Défi du jour

Citez le mot dont la définition médicale est : « une dysfonction contractile transitoire d'un muscle ».

La sidération

INVITÉ MYSTÈRE

Êtes-vous un homme ? – J'en ai bien peur.
Portez-vous un pseudonyme ? – Oui.
Êtes-vous marié ? – C'est tout comme.
Habitez-vous à Paris ou en province ? – En province.
Parce que les loyers sont moins chers ? – Oui, et puis les gens sont un peu moins cons aussi.
Êtes-vous chanteur ? – Oui.
Avez-vous fait un télécrochet ? – Oui.
Vous l'avez gagné ? – Évidemment !
Avez-vous été aux Enfoirés de temps en temps ? – Non, j'ai été un enfoiré de temps en temps, mais… pas à la télé.
Êtes-vous Christophe Willem ? – Pas tous les jours.
Connaissez-vous bien Camélia Jordana ? – Oui, je la connais bien.
Avez-vous déjà eu une récompense, genre victoire de la musique ? – Non, non.
Avez-vous été nommé aux Victoires ? – Non… Ou alors c'était pour faire une blague.

Soan

Question du jour

Le 80e anniversaire de quel événement les Espagnols ont-ils fêté le 1er avril 2019 ?

La fin de la guerre civile

Sophie Mounicot ?

Une nouvelle Grosse Tête qui était infirmière en chef dans la série *H* et qui a sauté quelques lettres avant d'arriver à R, T et L.

LES PÉPITES

Olivier de Kersauson *(après une coupure pub, à Gérard Jugnot)* : Prends des vitamines, tu vas voir ta gueule à la récré…

Laurent Ruquier : Monsieur de Kersauson ! Vous parlez comme cela à Jugnot, un ami…

Olivier de Kersauson : Je le con… Non, un ami… Enfin… Une relation.

Laurent Ruquier : Vous vous connaissez depuis des années !

Gérard Jugnot : Oui, j'avais même quitté *Les Grosses Têtes* à une époque, car il me tapait trop.

!!! Ça balance aux GROSSES TÊTES

Laurent Ruquier : Vous allez peut-être faire *Fort Boyard*, monsieur Riou, maintenant que vous êtes célèbre…
Yoann Riou : Je ne peux rien dire !
Laurent Ruquier : Il en est déjà là : « Je ne peux rien dire… »
Yoann Riou : On m'a dit de ne rien dire !
Élie Semoun : Mais tu viens de le faire !
Yoann Riou : Je sais même le jour de l'enregistrement !
Laurent Baffie : Heureusement que tu n'étais pas dans la Résistance : « Je ne peux rien dire monsieur Barbie, mais j'ai le portable de Jean Moulin… »
Élie Semoun : Je serai parti en Allemagne direct, moi.

LUNDI 24 AOÛT

SAINT BARTHÉLEMY

Question du jour

Quel célèbre roman d'Ernest Hemingway parle de la guerre d'Espagne ?

Pour qui sonne le glas

Citation

Qui a dit : « Savoir aimer, c'est ne pas aimer. Aimer, c'est ne pas savoir » ?

Marcel Jouhandeau

LES AUDITEURS FACE AUX GROSSES TÊTES

Laurent Ruquier : Jessie, vous êtes à Beausoleil, dans les Alpes-Maritimes. Avez-vous beau soleil ?

Auditrice : Pas du tout ! C'est la première fois que la météo durant le Festival de Cannes est aussi catastrophique…

Laurent Ruquier : Leonardo et Brad Pitt ont dit : « On ne reviendra pas ! »

Auditrice : C'est la crainte !

Laurent Ruquier : Vous pourrez peut-être tricoter pour eux… Lequel préférez-vous ?

Auditrice : Je suis plus de la génération Leonardo…

Laurent Ruquier : Génération ? Je ne savais pas qu'il y avait une si grande différence d'âge entre les deux…

Auditrice : Il me semble qu'il est quand même plus jeune que Brad Pitt.

Laurent Ruquier : Il faut dire que Brad Pitt, ce n'est même plus de la chirurgie esthétique…

Cristina Córdula : Arrêtez ! Vous êtes tous jaloux ! Il n'a pas fait de chirurgie esthétique !

Valérie Mairesse : Ils n'en font pas à Hollywood, c'est connu !

Jean-Jacques Peroni : Je vous rappelle qu'il y a une dame qui n'a pas beau temps et qui attend que vous lui posiez une question !

!!! Ça balance aux GROSSES TÊTES

Laurent Baffie : Le monde a évolué en fonction des mouches tsé-tsé. Vous croyez que c'est une blague, mais les populations se sont déplacées dans le monde pour échapper à ce fléau.

Steevy Boulay : Nous sommes le résultat de cinq milliards d'années d'évolution.

Laurent Baffie : Oui, enfin toi, il n'y a que vingt minutes.

Éric Laugérias : Et on sent bien que ce n'est pas fini !

LES PÉPITES

Olivier de Kersauson : J'apprécie Gérard Jugnot depuis peu. En vieillissant, on devient indulgent. J'ai parcouru son œuvre cinématographique, et je l'ai trouvée d'assez bon ton, légère et gaie. J'ai assez bien aimé ton œuvre. À ton âge, on ne parle plus de ton talent parce qu'il est épuisé, mais on peut parler de ton œuvre parce qu'elle risque de durer encore un peu. J'ai trouvé que, dans certains de tes films, il y avait une sensibilité relativement rare, belle et précieuse. J'ai regardé beaucoup de choses que tu as faites dans les dernières années, et toujours avec plaisir. Donc quand je te vois, je suis content et, dès que tu pars, je suis furieux.

Gérard Jugnot : Tu ne serais pas un peu amoureux, toi ?

Jeanfi Janssens : On aurait dit une oraison funèbre.

Olivier de Kersauson : Tu n'es pas vraiment mon type.

MARDI 25 AOÛT

SAINT LOUIS

L'anecdote de Muriel Robin

J'ai fait le carnaval de Rio. C'est un souvenir inoubliable ! J'étais seins nus avec des plumes ; harnachée avec deux trucs en métal posés sur les épaules. Et l'école avec laquelle j'avais participé a gagné en 1989. C'est tellement long… L'attente, le coaching avec un coach, entre les rangs, qui te fait faire des pas de samba. Au début, ça allait, les plumes étaient en l'air. Mais plus ça allait, plus elles dégringolaient. Ensuite, elles étaient derrière moi et il y avait un mec qui avait mes plumes dans la gueule. Moi, je ne pouvais plus avancer, j'avais les pieds qui saignaient. À la fin, tu veux mourir. C'est épuisant ! Mais c'est magnifique ! Si quelqu'un a une VHS de ce carnaval, envoyez la vidéo à mon nom à RTL.

Question du jour

Sous quel nom connaît-on mieux la célèbre bataille de Balaklava ?

La Charge de la brigade légère

Le jeu de mots

de Laurent Ruquier et Jean-Jacques Peroni

– Marie-Paule Belle vous a servi de générique pendant longtemps…
– On ne dit pas « Marie-Paule Belle », mais « Marie-Paule chante » !

Défi du jour

Citez les deux plus longs fleuves du monde ?

L'Amazone et le Nil

INVITÉ MYSTÈRE

Êtes-vous une personne féminine ? – Non.
Avez-vous les cheveux poivre et sel ou clair de lune ? – Poivre et sel.
D'autres personnes de votre famille sont-elles connues ? – Non.
Avez-vous des enfants ? – Oui, deux.
Le stylo est-il important pour vous ? – Non.
Faites-vous de la scène ? – Oui.
Vous chantez ? – Non.
Vous jouez la comédie ? – Oui.
Vous arrive-t-il d'être sur des écrans ? – Oui.
Dans votre longue carrière, avez-vous travaillé avec un certain Alain ? – Oui.
Avez-vous joué avec des Chinois ? – Oui, récemment.
Avez-vous eu des récompenses ? – Trois césars.
Combien de molière ? – Un.
Avez-vous déjà rencontré Stéphane Plaza en vacances au soleil ? – C'est possible.

André Dussollier

MERCREDI 26 AOÛT

SAINTE NATACHA

Question du jour

Comment s'appelle la maman de Dumbo ?

Madame Jumbo

Le jeu de mots

de Laurent Ruquier et Stéphane Plaza

– Pour quelle raison reparle-t-on de ce qu'a dessiné Oscar Roty en 1897 ?
– Un gigot ?

Défi du jour

Citez le célèbre opéra dans lequel on rencontre les personnages de Javotte, Poussette et Rosette ?

Manon de Jules Massenet

JEUDI 27 AOÛT

SAINTE MONIQUE

LES AUDITEURS FACE AUX GROSSES TÊTES

Laurent Ruquier : 9 choses dans la valise ! Ça fait beaucoup quand même… C'est vous dire qu'on aimerait bien s'en débarrasser, n'est-ce pas, Chantal ? C'est à vous qu'on va la confier…
Chantal Ladesou : Aïe, aïe, aïe…
Laurent Ruquier : Si vous pouviez partir avec la valise…
Florian : On peut la mettre dedans ! T'es pliable, Chantal ?
Élie Semoun : Ça fera dix choses dans la valise !
Laurent Ruquier : Nous allons appeler Claire, qui habite à Trefcon, dans l'Aisne.
Florian Gazan : C'est très bien pour Chantal…
Laurent Ruquier : Ça sonne à Trefcon… Claire va-t-elle décrocher ?
Auditrice : Allô ?
Chantal Ladesou : Bonjour ! Claire de Trefcon… Comment allez-vous ?
Auditrice : Ça va et vous ?
Chantal Ladesou : Qui êtes-vous ? Enfin, je veux dire… Qui suis-je ? Qui suis-je ? Qui suis-je ?
Muriel Robin : T'as morflé là, Chantal, mais quand même…
Auditrice : RTL ?
Chantal Ladesou : Oui. Et quoi d'autre ?
Auditrice : C'est Chantal Ladesou ?
Chantal Ladesou : Elle-même !
Laurent Ruquier : Dans ces cas-là, elle biche.
Chantal Ladesou : Je suis contente ! Alors dites-moi, Claire, avez-vous la valise ?
Auditrice *(avec une mauvaise réception)* : À… heure-ci… valise… pas… 17 heures ?
Laurent Ruquier : On reçoit un mot sur deux, comment ça se fait ?
Muriel Robin : Du coup, de la ville, il ne reste plus que la dernière syllabe…

L'histoire drôle de Pierre Bénichou

Pourquoi les mères juives regardent-elles les films pornographiques jusqu'au bout ? Pour voir si à la fin elle se marie, la pauvre.

Question du jour

Où se trouve le LaM, le musée d'Art moderne de Lille ?

À Villeneuve-d'Ascq

!!! Ça balance aux GROSSES TÊTES

Laurent Ruquier : Je suis allé au restaurant *Le Noto,* où Castaner est allé avant-hier soir.
Gaël Tchakaloff : Avec qui ?
Laurent Ruquier : Des amis. À un moment donné, vous n'allez pas le croire… Mais François Renucci, notre réalisateur, était là, il peut témoigner.
Gaël Tchakaloff : Pourquoi on n'y était pas nous ?
Laurent Ruquier : Oh mais ça va, j'ai le droit de dîner avec mon équipe !
Jeanfi Janssens : Il n'y avait pas assez de place pour toi, connasse !
Bernard Mabille : Nous, on est des esclaves, c'est autre chose…

Citation

Qui a dit : « Les biographes ne connaissent pas la vie sexuelle de leur propre épouse, mais ils croient connaître celles de Stendhal ou de Faulkner » ?

Milan Kundera

Question du jour

Quel sportif fut radié par sa fédération, à 26 ans, pour violation des règles de l'amateurisme, ce qui ne l'empêcha pas de descendre triomphalement les Champs-Élysées, le 10 novembre 1935, devant 400 000 Parisiens venus lui rendre hommage ?

Jules Ladoumègue

INVITÉ MYSTÈRE

Êtes-vous une femme ? – Oui.
Êtes-vous blonde ? – Non.
Brune ? – Auburn.
Avez-vous des enfants ? – Non.
Utilisez-vous un pseudo ? – Oui.
Êtes-vous sur les réseaux sociaux ? – Oui.
Avez-vous déjà eu une victoire de la musique ? – Oui.
D'autres personnes de votre famille sont-elles connues ? – Non.
Avez-vous été découverte grâce à un télécrochet ? – Non.
Êtes-vous une femme engagée ? – Oui.
Faites-vous partie des Enfoirés ? – Non.
Avez-vous les cheveux longs ? – Parfois.

Zaz

LES AUDITEURS FACE AUX GROSSES TÊTES

Laurent Ruquier : Michèle Bernier a désigné du doigt, Muriel notez bien le nom, un monsieur qui s'appelle Cédric Mabite…
Michèle Bernier : Mais non ?
Philippe Geluck : Vous lui donnez un nom maintenant ?
Muriel Robin : Mais ça va être très compliqué pour lui !
Michèle Bernier : Il est marié avec Mme Mescouilles.
Auditeur : Allô ?
Muriel Robin : Oui, monsieur… Oh pardon ! Alors là, c'est compliqué…
Laurent Ruquier : Appelez-le Cédric…
Muriel Robin : Oui, monsieur Mabite… Non, pardon, ça me fait plaisir de le dire, je ne le dis pas si souvent… Alors, monsieur Cédric, c'est Muriel, bonjour !
Auditeur : Oui, bonjour…
Muriel Robin : Sérieusement pardon, mais vous avez dû être drôlement… comment dirais-je ? Taquiné ?
Michèle Bernier : Parce que Cédric, ce n'est pas si facile…

Le jeu de mots

de Bernard Mabille
et Jeanfi Janssens

– Barbara Cassin entre à l'Académie française.
– C'est la femme de Marc… Marcassin.

Citation

Qui a dit : « Ride : pli confidentiel - ou qu'on voudrait tel » ?

Robert Sabatier

L'histoire drôle de Jean-Marie Bigard

Deux putes discutent. L'une dit à l'autre : « Tu te laves avec quoi ? – Du savon de Marseille, c'est ce qu'il y a de mieux… Et toi ? – Moi, du gros sel. – Du gros sel ?! Mais ça doit te faire mal ! – Oui, un petit peu, mais ça fait boire le client. »

LES PÉPITES

Laurent Ruquier : M. Plaza, un habitant de Nantes m'a envoyé une photo assez incroyable… Je vous la fais passer.

Stéphane Plaza : Vous me faites peur.

Laurent Ruquier : Je ne sais pas si vous avez vu ça… Manifestement, vous avez ouvert une nouvelle agence immobilière. Et ils en font de la pub. Cet auditeur, que je vais remercier, est allé au bowling de Nantes.

Stéphane Plaza : On joue aux boules, vous savez dans l'immobilier, avec Jeanfi…

Jeanfi Janssens : Avec trois doigts.

Laurent Ruquier : N'essayez pas de détourner l'attention. Le bowling, c'est long, parfois on va aux toilettes et, chose assez étonnante, quand vous allez aux toilettes au bowling de Nantes, au-dessus des urinoirs…

Stéphane Plaza : On me pisse dessus.

Laurent Ruquier : Exactement. Il y a une publicité Stéphane Plaza. Ce qui est drôle, c'est que la phrase – dans la petite bulle qui sort de votre bouche – annonce : « Maintenant, vous savez où me trouver. »

Caroline Diament : C'est magnifique !

Laurent Ruquier : Je trouve ça curieux !

Olivier de Kersauson : C'est écrit : « Maintenant tu pisses, bientôt tu vas en chier. »

L'anecdote de Valérie Mairesse

Gérard Jugnot ne me fera jamais un compliment… Quand Thierry Lhermite m'avait rencontrée, à l'époque, il était revenu en disant : « J'ai rencontré la plus belle femme du monde. » Et quand Gérard m'a vue, il a fait : « Ah… C'est ça ? »

Question du jour

Quel est la particularité du livre *À la ligne*, premier livre de Joseph Ponthus ayant obtenu le grand prix RTL-Lire en 2019 ?

Il est rédigé en vers libres.

Christophe Dechavanne ?

Une Grosse Tête qui n'a qu'un seul dessein : animer !

!!!

Ça balance aux GROSSES TÊTES

Laurent Ruquier : Jeanfi Janssens a encore fait quelque chose. Un chirurgien esthétique est passé par là…
Jeanfi Janssens : J'ai fait un « coup d'éclat ». La semaine dernière, on tournait mon DVD, donc je voulais être belle !
Gérard Jugnot : Au début, j'avais l'impression qu'il s'était fait faire un lifting, qu'il s'était fait tirer le front et que ses cheveux avaient basculé vers l'arrière… Mais je crois que tu as simplement changé de couleur, non ? C'est le front qui a grandi ! Il s'est fait greffer du front !
Jeanfi Janssens : C'est que mes cheveux sont plus longs ! Ici, j'ai remarqué que, s'il y en a un qui est un peu plus beau que les autres, on le casse tout le temps !

LUNDI 31 AOÛT

SAINT ARISTIDE

Question du jour

Dans l'art culinaire, comment appelle-t-on une gelée faite de lait, de poudre d'amandes, de sucre, de crème fouettée et de gélatine, le tout étant ensuite moulé puis mis à glacer ?

Un blanc-manger aux amandes

Le jeu de mots

de Laurent Ruquier et Bernard Mabille

– Quel saint était réputé pour ne pas se laver ?
– S'il ne se lavait pas, ce n'est pas saint Marc !

Citation

Qui a dit : « Pourquoi apprendre ce qui est dans les livres, puisque ça y est » ?

Sacha Guitry

LES AUDITEURS FACE AUX GROSSES TÊTES

Laurent Ruquier : Bonjour Ben Ben ! Je me trompe, ou on vous a souvent surnommé ainsi avec votre prénom Benoît et votre nom qui commencent de la même façon ?
Auditeur : On m'a appelé par plein de noms différents ! Souvent, on m'appelle Be Be…
Laurent Ruquier : Be Be ! Et que fait Be Be dans la vie ?
Auditeur : Je suis technicien informatique dans une société de géophysique à Massy.
Laurent Ruquier : C'est moins rigolo, par exemple !
Auditeur : Dans l'informatique, on rigole pas mal !
Laurent Ruquier : Et puis, vous rigolez surtout en écoutant *Les Grosses Têtes* l'après-midi.
Auditeur : Tout à fait. Sur le chemin du retour, dans la voiture.
Laurent Ruquier : Parfois même – c'est vrai qu'on ne fait pas toujours ce qu'il faut pour tous nos auditeurs, l'auditeur arrive devant chez lui alors qu'on n'a pas encore trouvé la réponse à la question… Et du coup, il reste dans sa voiture. On a bien essayé de se documenter pour connaître les horaires de tous nos auditeurs, on n'arrive jamais à se caler sur tout le monde en même temps !
Jean-Luc Lemoine : Et c'est là que ta femme regarde par la fenêtre et se demande : « Pourquoi il reste dans la voiture ? Il a une maîtresse… »
Laurent Ruquier : Ça vous est arrivé, Benoît ?
Auditeur : Oui, il m'arrive très souvent de rester dans la voiture pour connaître la réponse !
Laurent Ruquier : Vous voyez, je connais mes auditeurs.

!!! Ça balance aux GROSSES TÊTES

Laurent Ruquier : Christine Ockrent va choisir un numéro et c'est M. Janssens qui va appeler l'un de nos auditeurs, car il a, il faut le dire, l'une des voix les plus reconnaissables… Vous êtes d'accord, monsieur Bouby ?
Pierre Bouby : Évidemment ! On ne comprend que la moitié de ce qu'il raconte, mais c'est reconnaissable quand même !
Jeanfi Janssens : J'adore faire la valise, c'est le seul truc où je me sens bien !
Pierre Bouby : Le seul truc où tu as la réponse !

MARDI 1ER SEPTEMBRE

SAINT GILLES

INVITÉ MYSTÈRE

Auriez-vous retrouvé les noms de Roland Bacri ou Roland Topor ? – Pas sûr.
Êtes-vous un homme ? – Oui.
Lisez-vous la presse tous les matins ? – Non.
Voyagez-vous beaucoup ? – Un peu.
Habitez-vous à Paris ? – Je suis né à Paris, mais je n'y habite plus.
De père connu ou inconnu ? – Connu.
Sait-on où vous habitez ? Vous revendiquez votre nouvelle adresse ? – Pas du tout.
Vous habitez toujours en France ou à l'étranger ? – En France.
Êtes-vous du côté du Mans ? – Pas du tout.
Avez-vous déjà payé l'ISF ? – Non.
Votre profession est-elle en rapport avec la musique ? – Non, pas vraiment.
On a entendu *La Musica* de Patrick Juvet, est-ce que pour votre part vous savez où sont les femmes ? – J'ai su.
Avez-vous joué dans le film *La Musica* de Marguerie Duras ? – Pas du tout.
Avez-vous connu Marguerite Duras ? – Un peu.
Avez-vous déjà eu un molière ? – Absolument pas. Mais j'ai eu trois césars.
En premier rôle ? – En second rôle.
Vous n'avez pas joué de premier rôle ? – Si.
Mais vous n'étiez pas bon ? – Ah, ah, ah !
Êtes-vous grand-père ? – Non.
Avez-vous déjà joué avec Bulle Ogier ? – Oui.

Niels Arestrup

Question du jour

Qui fut interné à l'asile du Bon-Sauveur, à Caen, en 1826, après avoir inspiré le héros d'un roman de Jules Barbey d'Aurevilly ?

Jacques Destouche. Il a inspiré le roman *Le Chevalier des Touches.*

Christine Ockrent ?

Une Grosse Tête qui a tellement dit « Bonsoir » à la télévision qu'elle aime bien venir nous dire « bonjour » à la radio.

L'anecdote d'Arielle Dombasle

J'ai fait l'Olympia pendant quatre jours et les pompiers m'ont dit : « On n'a jamais vu autant de fleurs depuis Dalida. »

Défi du jour

Citez deux des prénoms des enfants de la famille Jondrette dans *Les Misérables* ?

Gavroche, Azelma et Éponine. La famille Jondrette est un nom de famille utilisé par les Thénardier après qu'ils ont fait faillite.

Question du jour

En voiture, jusqu'à quel âge doit-on mettre un enfant dans un siège enfant ?

Dix ans

Les statistiques

45 milliards

d'annonces commerciales sont publiées chaque jour par la régie publicitaire de Google.

Défi du jour

Citez le fleuve aux mille affluents dont le delta est aussi grand que la Belgique en superficie ?

L'Orénoque en Amérique du Sud

LES AUDITEURS FACE AUX GROSSES TÊTES

Laurent Ruquier *(après avoir tenté d'appeler, sans succès, plusieurs auditeurs dont M. Perez)* : Nous allons appeler M. Landreau qui habite Treize-Vents en Vendée…

Philippe Geluck : Merci pour les voisins !

Jean-Jacques Peroni : Le gars, il doit faire de l'aérophagie…

Cristina Córdula : Monsieur Treize-Vents…

Laurent Ruquier : Non, son nom, c'est M. Landreau. Il habite Treize-Vents.

Franz-Olivier Giesbert : Il en envoie des caisses…

Philippe Geluck *(après de nombreuses sonneries dans le vide)* : Laurent, je peux essayer un numéro ?

Auditeur : Oui, allô ?

Cristina Córdula : Aaaaah ! Monsieur Perez !

Laurent Ruquier : Non ! Landreau !

Cristina Córdula : Monsieur Landreau ! Quel plaisir de vous avoir au téléphone ! Comment allez-vous ?

Auditeur : Très bien et vous ?

Cristina Córdula : Moi ça va… Au taquet ! Savez-vous qui vous appelle ?

Auditeur : C'est Cristina Córdula et les Grosses Têtes qui m'appellent.

Philippe Geluck : C'est incroyable ! Honnêtement, c'est incroyable que vous ayez reconnu sa voix… Chapeau.

!!! Ça balance aux GROSSES TÊTES

Arielle Dombasle : J'ai chanté avec Johnny Halliday et Julio Iglesias. Et je me suis aperçue de manière incroyable, de l'impact, du magnétisme de certains hommes comme ceux-là… Dès qu'ils entrent sur scène, c'est un vrai souffle d'adoration qui vient du public, un souffle souvent féminin… C'est délicieux.

Stéphane Plaza : T'as fumé quoi, Arielle ? Parce qu'apparemment tu n'es pas redescendue…

Arielle Dombasle : J'ai lu ce matin qu'ils avaient pris onze tonnes de cannabis.

Stéphane Plaza : Eh bien, ils sont chez toi !

L'histoire drôle de Bernard Mabille

C'est un extraterrestre qui arrive à Paris. Il croise Giscard et lui dit : « Vous êtes déjà arrivé ? »

Citation

Qui a dit : « La France est un pays où il est plus important d'avoir une opinion sur Homère que d'avoir lu Homère » ?

Stendhal

Le jeu de mots

de Laurent Ruquier et Laurent Baffie

(À l'invité mystère)

– Vous n'êtes pas Jain…

– Peut-être Tarzan ?

Question du jour

Que va-t-on désormais pouvoir manger après avoir bu, et qui va coûter 47 euros la boîte de 200 ?

Des pailles comestibles, ce qui réduira les déchets.

Question du jour

Quelle personnalité grecque souffrait de hoquet au point de ne pas avoir pu faire son discours dans *Le Banquet* de Platon ?

Aristophane

L'histoire drôle de Jean-Marie Bigard

L'histoire se passe il y a 450 milliards d'années… Ce n'est pas à la seconde près, mais c'était un lundi. Dieu a mis son réveil à sept heures et tous les anges sont autour de lui. Il dit : « Cette semaine, sept jours, je fais tout l'Univers. » Ça commence par un gros pétard à sept heures quinze, BAM !… Le Big Bang. Les anges applaudissent : « Génial de commencer la semaine par un feu d'artifice géant ! » À un moment, Dieu crée la Terre. Tous les anges s'extasient sur la couleur de la mer, sur les montagnes… Il crée les animaux du plus petit microbe jusqu'au plus gros qui seront dans *Jurassic Park* plus tard. Les anges applaudissent, ils sont à l'image de Beaugrand, de Ruquier… – Oui, il y avait déjà un pourcentage de pédés à l'époque ! Mais vous allez voir que c'est intéressant pour la fin de l'histoire. – Et enfin Dieu crée l'homme. Les anges font : « Wouah ! Génial ! Mais quel truc extraordinaire ! » Ils sont déjà en train de fredonner *À la queue leu, leu, leu*… En extase, ils regardent l'homme, le plus intelligent des animaux. Et comme vous le savez, Adam, qui se fait chier, à la fin de la semaine, demande à Dieu : « Je voudrais une compagne. » Dieu crée la femme et, là, les anges restent muets. Ils croisent les bras : « Dieu, franchement… Tout le reste, génial… Mais là… C'est quoi ce truc avec deux bosses devant, elle n'a même pas de bite, quel est l'intérêt ? » Dieu répond : « On est dimanche, 19h30… On ne va quand même pas louper l'apéro, je ne la refais pas. » Et il conclut : « Tant pis, on la maquillera. »

Le proverbe

de Michèle Bernier

Coucher pour réussir,
c'est bien si on réussit.

!!! Ça balance aux GROSSES TÊTES

Titoff : Laurent, je peux avoir la genèse de l'idée de faire venir Yoann Riou dans l'émission ?

Laurent Ruquier : Il est sympathique !

Titoff : Il est génial, mais ça vous est venu comment ?

Laurent Ruquier : On l'a pris au téléphone l'autre jour pour parler football, on a vu sa bonne humeur et on s'est dit : « Tiens, voilà. Depuis celui de Thierry Roland, on n'avait pas eu un rire aussi con dans l'émission… »

LES PÉPITES

Yoann Riou : J'aime bien les pains bagnat.

Laurent Ruquier : Pan ! On dit « pan bagnat » à Nice. Je n'ai jamais compris pourquoi on disait « pan » et pas « pain », d'ailleurs…

Valérie Mairesse : Parce qu'il n'y a pas de « i ».

Laurent Ruquier : Vu comme ça, effectivement…

SAMEDI 5 / DIMANCHE 6 SEPTEMBRE

SAINTE RAÏSSA — SAINT BERTRAND

INVITÉ MYSTÈRE

Êtes-vous un homme ? – Oui.
Plutôt viril ? Macho ? Un homme des bois… ou de la ville ? – Un homme des champs.
Avez-vous des enfants ? – Oui, une fille.
Êtes-vous timide dans la vie ? – Les deux.
Vous êtes timide et dans la vie… Êtes-vous chanteur ? – Oui.
Avez-vous un instrument de musique de prédilection ? – Oui.
La guitare ? – Non.
Le piano ? – Oui.
J'en étais sûr ! Avez-vous écrit pour d'autres artistes ? – Cela m'arrive.
Où alliez-vous la dernière fois que vous avez pris l'avion ? – À Paris.
Vous partiez d'où ? – De Nice.
Vous êtes du Sud ? – Oui.
Aurait-on pu vous proposer de faire *Âge tendre* ? – Non, je suis trop jeune.
Une tournée des années 1980 ? – Les années 1980, oui, c'est possible.
Donc vous avez plutôt été connu dans les années 1980 ? – Les gros tubes dans les années 1990.

François Feldman

Question du jour

Que célèbre-t-on au Japon, fin mars-début avril, lors de la fête de l'*hanami* ?

La floraison des cerisiers : les Japonais vont pique-niquer sous les cerisiers en fleur.

Le jeu de mots

de Laurent Ruquier et Bernard Mabille

– Pierre Bénichou a failli être le fiancé de Catherine Deneuve.
– Je le verrais plutôt avec Catherine Doccaz !

LE BILLET D'ARIELLE DOMBASLE

Les éléphants au Sri Lanka sont tout à fait différents de ceux des autres régions du monde. Ils ont des oreilles plus petites et les défenses… – vous savez bien qu'on tue les éléphants pour leurs défenses, c'est un massacre. Eux, ils ont des défenses rétractées. Et c'est le seul endroit sur terre où il y a une nurserie pour les éléphants… Quand on sait qu'il y a tellement d'espèces qui disparaissent, des initiatives comme ça, c'est formidable.

Citation

Qui a dit : « Il vaut mieux mobiliser son intelligence sur des conneries que mobiliser sa connerie sur des choses intelligentes » ?

Jacques Rouxel

Question du jour

À quelle actrice, qui fit sa publicité au tout début de sa carrière, Jean-Louis David doit-il son succès ?

Kim Novak

INVITÉ MYSTÈRE

Êtes-vous un homme ? – Oui.
Êtes-vous grand ? – Oui.
Combien mesurez-vous ? – 1,80 m.
Habitez-vous à Paris ? – Oui.
Portez-vous un pseudonyme ? – Non.
D'autres personnes de votre famille sont-elles célèbres ? – Oui.
Dans les rues de Rome, c'est un bon indice invité mystère, n'est-ce pas ? – C'est joli…
Êtes-vous un évêque ? – Non.
Êtes-vous chanteur ? – Hélas, non.
Le sport compte-t-il dans votre vie ? – Non.
Êtes-vous écrivain ? – Notamment. J'ai publié plusieurs livres.
Avez-vous été au gouvernement ? – Oui.

Frédéric Mitterrand

Les statistiques

112, c'est le nombre de langues dans lesquelles le moteur de recherche Google est disponible.

LES AUDITEURS FACE AUX GROSSES TÊTES

Laurent Ruquier : Bonjour Marie !
Titoff : Juste après une question sur le mur des Lamentations, c'est une spéciale aujourd'hui…
Laurent Ruquier : C'est vrai… Je vous salue, Marie !
Auditrice : Oh oui ! Pleine de grâce…
Laurent Ruquier : Que faites-vous dans la vie ?
Auditrice : Je suis infirmière.
Muriel Robin : Quel beau métier ! Bravo ! On a tous une admiration sans borne pour votre travail.
Auditrice : Franchement, je n'ai pas de mérite, j'ai la chance de faire un travail que j'aime…
Muriel Robin : Quand même… Votre travail n'est pas reconnu comme il le devrait !
Auditrice : Ah non ! Ça, je suis bien d'accord !
Titoff : Attendez, attendez ! Dans les films pornos, vachement, je trouve…

Défi du jour

Citez le nom complet du préfet de la Seine qui développa les espaces verts à Paris entre 1833 et 1848.

Claude-Philibert Barthelot, comte de Rambuteau

MARDI 8 SEPTEMBRE

SAINT ADRIEN

!!!
Ça balance aux **GROSSES TÊTES**

Caroline Diament : Je suis allée, il n'y a pas longtemps, dans une maison hantée, au Manoir de Paris.
Jérémy Ferrari : Tu bosses là-bas, tous les jours ?

Citation

Qui a dit : « Il existe deux genres de metteurs en scène : ceux qui croient être Dieu et ceux qui en sont convaincus » ?

Elvire Popesco

Question du jour

Quel joueur détient à ce jour le record de 109 titres gagnés au tennis ?

Jimmy Connors

Question du jour

Quel animal n'a pas de bouche, pas d'yeux et pas d'intestin ?

La méduse

Les statistiques

Dans le monde, 3,5 milliards de recherches sont faites sur Google chaque jour, soit plus de 40 000 requêtes par seconde.

Défi du jour

Citez la devise du comte de Rambuteau, préfet de la Seine entre 1833 et 1848, et qui développa les vespasiennes à Paris.

De l'eau, de l'air, de l'ombre.

LES AUDITEURS FACE AUX GROSSES TÊTES

Laurent Ruquier : On va appeler M. ou Mme M. Benimli.
Auditrice : Oui allô ?
Jeanfi Janssens : Oui, je suis bien chez M. M. Benimli.
Valérie Mairesse : Non, mademoiselle…
Laurent Ruquier : Emma ! C'est peut-être Emma, le prénom.
Jeanfi Janssens : Madame Emma ?
Auditrice : Je suis bien Mme Emma, je suis bien Mme Benimli.
Jeanfi Janssens : Alors devinez qui c'est qui vous appelle…
Auditrice : Jeanmi Janssens !
Christophe Beaugrand : Elle a dit Jeanmi !
Jeanfi Janssens : Voilà la question fatidique ! Madame Benimli, Connaissez-vous le contenu de la valise RTL ?
Auditrice : Malheureusement, je suis en plein travail, je ne suis pas à la maison, alors je ne connais pas le contenu. Mais au moins, j'aurais eu le plaisir de vous entendre.
Jeanfi Janssens : Vous n'avez pas une petite liste de tête ou un portable sur lequel elle est écrite ?
Auditrice : Rien du tout… Et pourtant je vous suis ! Mais en général, c'est l'après-midi ! Pas le matin !
Christophe Beaugrand : Oui, mais on enregistre…
Laurent Ruquier : Et RTL a décidé, vu l'ambiance, de nous passer toute la journée !
Auditrice : C'est une très bonne nouvelle pour la France !

!!! Ça balance aux GROSSES TÊTES

Stéphane Plaza : Avez-vous signé un petit autographe en arrivant ?
Invité mystère : J'ai fait une photo.
Cristina Córdula : Chéri, il n'y a plus d'autographe, ce sont des selfies maintenant.
Stéphane Plaza : Excusez-moi, mais je fais les deux, parce que je suis très connu. Les gens veulent avoir quelque chose de moi, un écrit…
Laurent Ruquier : Ils vous font signer une caution sans que vous vous en rendiez compte.

JEUDI 10 SEPTEMBRE

SAINTE INÈS

Citation

Qui a dit : « Il n'y a qu'une catégorie de gens qui pense plus à l'argent que les riches, ce sont les pauvres » ?

Oscar Wilde

Le jeu de mots

de Muriel Robin

La belle Otero pourrait faire la pub pour Gamm vert.

Question du jour

Qui était Catherine Hubscher, qui a vécu dans l'hôtel de ville de Pontault-Combault, en région parisienne ?

Madame Sans-Gêne

VENDREDI 11 SEPTEMBRE

SAINT ADELPHE

Question du jour

Dans quel film l'éléphante Rosie a-t-elle joué avec Reese Witherspoon et Robert Pattinson ?

De l'eau pour les éléphants

Le jeu de mots

de Philippe Geluck

(Après une discussion sur Fernand Raynaud qui avait deux doigts en moins)
Il avait, paraît-il, un caractère difficile… Il n'avait pas beaucoup d'amis et il disait toujours : « Les amis, on les compte sur les doigts d'une main. »

Citation

Qui a dit : « L'hiver anglais se termine en juillet pour recommencer au mois d'août » ?

Lord Byron

INVITÉ MYSTÈRE

Êtes-vous un garçon ? – Absolument.
Avez-vous des enfants ? – Un.
Quel âge a-t-il ? – Un an.
Êtes-vous le seul connu dans votre famille ? – Non.
C'est une tribu de gens du spectacle ? – Non plus. Mon épouse est aussi connue que moi.
Mais pas dans le même domaine ? – Non.
Lisez-vous la presse tous les matins ? – Non.
Votre épouse est-elle sportive ? – Oui.
Payez-vous l'ISF ? – Ah, ah, ah ! Je ne sais pas.
Êtes-vous russe ? – Je suis russe d'origine par ma mère.
Êtes-vous auteur-compositeur ? – Oui.
Aimez-vous bien Mika ? – Oui, c'est quelqu'un qui nous a bien aidés.
Ah ! Quand vous dites « il nous a bien aidés », vous étiez plusieurs ? – Exactement.
Avez-vous participé à un télécrochet ? – Oui.

Jérémy Frérot

LES AUDITEURS FACE AUX GROSSES TÊTES

Laurent Ruquier : Emma, vous avez gagné une montre RTL ! Vous aviez déjà gagné une chanson de Nicole Croisille, la célèbre chanson *(en chantant) Emma, je m'appelle Emma…*
Auditrice : Je préfère celle de Valéry François.
Valérie Mairesse : François Valéry, vous voulez dire !
Auditrice : Oui ! Ça, ce sont les Alsaciens, ils ont tendance à mettre tout à l'envers.
Laurent Ruquier : Steevy doit être alsacien alors. Mais je ne connais pas cette chanson… C'est comment ?
Auditrice *(en chantant)* : *Emmanuelle, comme un soleil…*
Christophe Beaugrand *(en chantant)* : *Emmanuelle, toujours plus belle Emmanuelle, devant mes yeux, la vraie merveille…*

SAMEDI 12 / DIMANCHE 13 SEPTEMBRE

SAINT APOLLINAIRE — SAINT AIMÉ

LES PÉPITES

Marcela Iacub : Jeanfi, je te vois très bien en soldat… Tu devais être super.

Gérard Jugnot : Regarde le maréchal Lyautey, il était quand même…

Jeanfi Janssens : J'aurais pu arroser le jardin du commandant…

Marcela Iacub : Mais pourquoi penses-tu cela ? Tu te penses comme une soubrette…

Jeanfi Janssens : Elle ne va pas bien ! J'ai dit que je n'avais pas fait l'armée, est-ce que cela fait de moi une soubrette ?

Marcela Iacub : Non, mais tu pensais que tu pouvais faire le jardinage avec une petite jupe…

Jeanfi Janssens : Je n'ai pas parlé de jupe !

Caroline Diament : Elle entend des mots !

Marcela Iacub : Mais qu'est-ce que tu as dit ?

Jeanfi Janssens : J'ai dit : « J'ai fait mes trois jours à Cambrai – c'est peut-être pour ça que tu as confondu – et j'ai été réformé. J'aurais pourtant bien arrosé le jardin du commandant. »

Question du jour

Pour quelle raison parle-t-on du film *The Upside*, avec Kevin Hart et Bryan Cranston, qui fait un carton aux États-Unis ?

C'est le remake américain du film français *Intouchables*.

L'anecdote de Philippe Geluck

J'ai rencontré Arthur Miller, l'auteur de la pièce de théâtre *Les Sorcières de Salem*. Je lui ai serré la main en 1975, lorsque j'étais jeune comédien, alors qu'il était venu à la première d'une de ses pièces. Et je vous jure qu'au moment où je lui ai serré la main, je me suis dit : « Putain ! Dire que cette main a été dans la petite culotte de Marilyn Monroe ! » J'y ai pensé… mais je ne le lui ai pas dit !

Iris Mittenaere ?

Une Grosse Tête exceptionnelle, Miss France et Miss Univers 2016, qui publie son autobiographie *Toujours y croire*.

L'histoire drôle de Christophe Dechavanne

Un octogénaire va voir son médecin pour une petite visite annuelle. Il lui dit : « Figurez-vous que j'ai une petite amie. » Le médecin lui répond : « C'est bien ça, Georges… – Oui. Elle a vingt-huit ans, et elle est enceinte. » Le médecin lui dit : « Écoutez, je vais vous raconter quelque chose, j'avais un ami qui était un peu plus jeune que vous, c'était un grand chasseur. Un jour, il est allé en Afrique… Il était très vif, très impatient, très rapide ! Et puis, un matin, il est parti chasser le buffle avec tous ses gars qui portaient ses bagages, ses armes… Et soudain, il s'est mis à pleuvoir. Et il était très distrait ! Et quand il était pressé et distrait, quelquefois il faisait n'importe quoi. On lui dit : "Vite, vite, vite ! Il faut partir chasser." Alors, il descend… Mais au lieu de prendre son fusil, il prend son parapluie. Tout d'un coup, un buffle arrive devant lui, il épaule… BAM ! Le buffle tombe. » Le petit vieux rétorque en se moquant : « Oui, mais là, ce n'est pas lui qui a tiré. – C'est là où je voulais en venir. »

Question du jour

Qu'est-ce qui est tétrapyle et dont on a beaucoup parlé pendant les manifestations des Gilets jaunes ?

L'Arc de triomphe

L'histoire drôle de Jean-Marie Bigard

Un papy qui garde ses arrière-petits-enfants leur raconte la guerre, l'Occupation… Il leur dit : « Vous savez, les enfants, ce n'était pas facile… À un moment, pendant l'Occupation, les Allemands sont arrivés dans notre village. Ils ont capturé tous les hommes de plus de dix-huit ans. Ils nous ont emmenés dans la forêt et, une fois dans la forêt, ils nous ont dit : "On va séparer votre groupe en deux ! La moitié va se faire en… ; et l'autre moitié, on va les tuer !" » Les yeux écarquillés, les petits-enfants demandent : « Alors, t'as fait quoi, papy ? » Il répond : « Ils m'ont tué. »

LES PÉPITES

(Après qu'Olivier de Kersauson a répondu à son téléphone en plein appel avec un auditeur)

Laurent Ruquier : C'est bien parce que c'est le dernier jour que je vous pardonne ! Autrement…

Jeanfi Janssens : Je vous trouve bien indulgent avec lui.

Gérard Jugnot : Vous lui pardonnez, sinon c'est sa main dans votre gueule, c'est facile.

Laurent Ruquier : Jamais Olivier de Kersauson ne se serait permis de lever la main sur moi, n'est-ce pas ?

Olivier de Kersauson : Évidemment ! C'est un ami ! Tu es la seule personne fréquentable ici !

Gérard Jugnot : C'est surtout son employeur.

Laurent Ruquier : Non, une véritable estime mutuelle nous lie, M. de Kersauson et moi…

Jeanfi Janssens : Estime du crédit mutuel.

Laurent Ruquier : C'est à la vie à la mort ! On a échangé notre sang.

Olivier de Kersauson : C'est à la vie à la mort de Jeanfi !

Laurent Ruquier : Vous êtes jaloux parce qu'une forte amitié s'est créée entre deux hommes qui représentent la virilité au sein de cette station. Deux aventuriers…

Stéphane Plaza : Peut-être pas les mêmes aventures…

Laurent Ruquier : Lui a traversé les océans, moi, j'ai traversé l'avenue Montaigne, d'Europe 1 à RTL.

!!! Ça balance aux GROSSES TÊTES

Laurent Ruquier : Vous allez nous faire croire que vous n'étiez pas né en 1940, Bernard ?

Jean-Jacques Peroni : C'était déjà un embusqué…

Bernard Mabille : Mais si j'étais né…

Florian Gazan : On l'appelait la Grosse Bertha à l'époque !

Laurent Ruquier : Vous aviez un nom de résistance, monsieur Mabille ?

Jean-Jacques Peroni : Michelin.

Laurent Ruquier : De la Résistance, il n'a connu que le plat.

Florian Gazan : Côté pantalon, il est plus XXL que SS…

L'anecdote de Laurent Baffie

Il n'y a pas longtemps, j'ai passé trois jours et trois nuits dans un sous-marin nucléaire, à cause de Michel Drucker. Maintenant, je connais cette ambiance très anxiogène. Il ne faut pas être claustro, et je le suis… Laurent, vous pensez souvent que je touche le fond, eh bien, là, je suis descendu beaucoup plus bas que vous ne l'imaginez, à des centaines de mètres de profondeur. Dès qu'on se parlait dans le sous-marin, quelqu'un se croisait les mains. Si on disait « bonjour », il répondait : « Non, tu n'as pas le droit de dire bonjour. » On n'a pas le droit de savoir que c'est bon et que c'est le jour. Il y a une parano ambiante. Je n'ai pas le droit de dire combien il y avait de bombes atomiques et de charges nucléaires, mais il y avait de quoi détruire l'Europe.

Question du jour

Pour quelle raison et dans quel cas oppose-t-on les villes de Lima, au Pérou, et de Stockholm, en Suède ?

Le syndrome de Lima (les ravisseurs éprouvent de l'amour ou de l'amitié pour leurs otages) est le syndrome opposé à celui de Stockholm (les otages tombent amoureux de leurs ravisseurs).

Le jeu de mots

de Christophe Dechavanne

(À propos de l'invitée mystère originaire de Montélimar)
Elle ne va pas nous casser les nougats !

Défi du jour

Citez les noms hébreu et arabe du mur des Lamentations, à Jérusalem.

HaKotel HaMa'aravi, en hébreu, et *al-Ḥā'iṭu 'l-Burāq*, en arabe.

INVITÉ MYSTÈRE

Seriez-vous capable de fredonner, même avec la voix déformée, une chanson de Charles Aznavour ? – *La bohème, la bohème*…
Déjà, on sait que vous n'êtes pas chanteur… – Si, j'ai fait des disques.
Êtes-vous un homme ? – Non.
Utilisez-vous un pseudonyme ? – Oui et non.
Il y a une partie qui a changé, vous avez gardé le prénom mais changé le nom, c'est ça ? – En fait, c'est l'inverse.
Avez-vous des enfants ? – Oui, trois.
Sont-ils dans le domaine artistique ? – Oui.
Font-ils le même métier que vous ? – Non.
Avez-vous ce qu'on appelle les initiales de la chance ? – Oui.
Avez-vous participé au film *37°2 le matin* ? – Oui.
De manière directe ou indirecte ? – Directe.
Avez-vous obtenu des récompenses ? – J'ai été nommée, mais je n'ai pas remporté de prix.

Clémentine Célarié

MERCREDI 16 SEPTEMBRE

SAINTE ÉDITH

Question du jour

À qui appartenait le revolver mis aux enchères le 19 juin 2019 à l'hôtel Drouot à Paris ?

Vincent Van Gogh. C'est le revolver avec lequel il s'est mortellement blessé.

Le jeu de mots

de Laurent Ruquier et Florian Gazan

– Qu'est-ce que le P.A.S. ?

– Le Parti des Anciennement Socialistes ?

Citation

Qui a dit : « Vieillir, c'est trois choses. La première, c'est perdre la mémoire ; les deux autres, je ne m'en souviens plus » ?

Ronald Reagan

JOURNÉE DU TRANSPORT PUBLIC

JEUDI 17 SEPTEMBRE

SAINT RENAUD

INVITÉ MYSTÈRE

Auriez-vous retrouvé le nom de Jean-Charles Tacchella, invitée mystère ? – C'est à moi que vous parlez ? Pardon, j'étais en train de finir une bouchée de gâteau.
C'est un gourmand ! Êtes-vous un homme ? – Attendez, je vérifie… Non, c'est bon, je n'ai pas de couilles.
C'est une femme… gourmande ! – On va le dire comme ça.
Cet accent un petit peu espagnol, c'est voulu ? – Ça vient de ma grand-mère.
Vous êtes plutôt du Sud ? – On va le dire comme ça.
Un de vos enfants est-il peintre ? – Oui. Comment savez-vous ça ?
Vous avez un fils avocat et un fils artiste peintre. – Vous êtes bien informé !
Vous avez donc quand même un certain âge… – Mais… je vous en pose des questions, moi !
Travaillez-vous sur M6 ? – On n'est pas loin, on n'est pas loin.
Êtes-vous actrice ? – Oui.

Marion Game

Question du jour

De quelle chanson la phrase « Maintenant dans le plus petit village, les gens travaillent comme des sauvages » est-elle extraite ?

Le travail, c'est la santé ! chanson interprétée par Henri Salvador, d'après des paroles de Maurice Pon.

Marc Lavoine ?

Une Grosse Tête exceptionnelle en tournée dans toute la France avec son nouvel *album Je reviens à toi*, mais qui d'abord revient à nous.

LES PÉPITES

Laurent Ruquier : Arielle, pouvez-vous me chanter quelque chose de Jacques Brel ?

Arielle Dombasle : *Ne… me quitte pas…* C'est lui ou pas ?

Muriel Robin : Je ne sais pas si c'est lui, mais on reconnaît bien que c'est toi ! Qu'elle est drôle, Arielle ! Comment as-tu été fabriquée ? Parce qu'on n'a pas du tout eu les mêmes composants toi et moi…

Arielle Dombasle : Il faut avouer que Brel n'a pas traversé l'Amérique latine puissamment, il ne fait pas partie des voix qui ont traversé l'océan…

Muriel Robin : D'accord, mais ça fait un moment que vous êtes en France quand même ?

Arielle Dombasle : C'est une position presque éthique… Je me dis qu'il faut toujours être la perpétuelle débutante, c'est la meilleure position !

!!! Ça balance aux GROSSES TÊTES

Caroline Diament ***(devant chercher le nom d'une fable)*** **:** S'agit-il de deux animaux ?
Laurent Ruquier : Justement pas.
Caroline Diament : Alors c'est *Perette et le pot au lait !* Ah non, que je suis con !
Éric Laugérias : *Le Laboureur et ses enfants.*
Caroline Diament : *Tant va la cruche à l'eau qu'elle se casse.*
Laurent Ruquier : Allez-y maintenant, alors !

VENDREDI 18 SEPTEMBRE

SAINTE NADÈGE

Question du jour

Qu'est-ce qui est composé de cinq bandes vert foncé de 5,5 mm séparées par 4 raies verticales blanches de 2,4 mm ?

La décoration de l'ordre des Arts et des Lettres

INVITÉ MYSTÈRE

Êtes-vous un monsieur ou une dame ? – Un monsieur.
Êtes-vous marié ? – Bien sûr.
Habitez-vous Saint-Cloud ? – Saint-Cloud, je ne connais pas.
Vous n'habitez pas Paris, alors ? – Parfois, mais pas toujours.
Avez-vous collaboré avec Stromae ? – Jamais.
Êtes-vous chanteur ? – Oui.
Comédien et chanteur ? – Aussi.
Et réalisateur ? – Non, pas réalisateur.
Connaissez-vous Mathilda May ? – Non. Qui est-ce ?
Stéphane pensait que vous étiez Gérard Darmon. Êtes-vous Gérard Darmon ? – Je l'ai rencontré.
Êtes-vous français ? – Français, aussi.

Charles Aznavour

Les statistiques

918 photos sont postées chaque seconde sur Instagram.

LES AUDITEURS FACE AUX GROSSES TÊTES

Laurent Ruquier : Ça va sonner chez M. Boulin…
Florian Gazan *(imitant Marcela Iacub)* : Là, il faut vraiment que ça réponde…
Auditeur : Allô ?
Marcela Iacub : Allô ?
Christophe Dechavanne *(d'une voix forte)* : Jean Boulin, entre ici !
Marcela Iacub : Êtes-vous bien monsieur Boulin ?
Auditeur : Oui…
Marcela Iacub : Pourquoi étiez-vous si silencieux tout à l'heure ?
Auditeur : Parce que… Je ne sais pas… J'avais…
Christophe Dechavanne : Peur de la voix ?
Auditeur : Je pensais que c'était un canular…
Laurent Ruquier : Mais là, vous avez reconnu la dame aux cheveux rouges ?
Florian Gazan *(imitant Marcela Iacub)* : C'est Régine !
Jean-Luc Lemoine : Vous avez reconnu Anne Roumanoff !

Défi du jour

Citez le nom de la femme et des enfants de Babar ?

Céleste, sa femme ; Pom, Flore et Alexandre ses enfants.

!!! Ça balance aux GROSSES TÊTES

Laurent Ruquier : C'est une bonne réponse de Roselyne Bachelot, ne la minimisez pas…
Bernard Mabille : Il faut du boulot pour minimiser Bachelot !

Citation

Qui a dit : « Les forêts précèdent les peuples, les déserts les suivent » ?

François-René de Chateaubriand

Question du jour

Dans quel roman M. Morel, qui est passé de ses actions en faveur des hannetons à des actions en faveur des éléphants, apparaît-il ?

Les Racines du ciel de Romain Gary

LA POLITIQUE EXPLIQUÉE AUX ENFANTS…

LUNDI 21 SEPTEMBRE

SAINT MATTHIEU

Question du jour

Sous quel autre nom connaît-on mieux le comte de Péluse, célèbre mathématicien ?

Gaspard Monge

INVITÉ MYSTÈRE

Êtes-vous un homme ? – Tout à fait.
Êtes-vous célibataire ? – Non.
Êtes-vous marié, avec des enfants ? – On peut dire ça, oui. Non, il est marié avec une personne de son âge. Avec des enfants, c'est illégal… Vous habitez Paris ? – J'habite Paris et le Sud aussi.
Le stylo est-il important pour vous ? – Oui.
Vous voit-on à la télévision ? – Oui.
Et au cinéma ? – Oui.
Est-ce qu'on vous voit chez le boucher ? – Régulièrement.
Vous jouez dans des feuilletons télé et également au cinéma ? Êtes-vous animateur ? – Tout à fait.
Invité mystère, peut-on vous voir sur les planches ? – Oui.
Avez-vous tourné dans le film *Raid Dingue* de Dany Boon ? – Oui.
Vous arrive-t-il d'être devant et derrière la caméra ? – Oui.

Patrick Mille

Guy Carlier ?

Une Grosse Tête qui peut aussi bien écrire une chanson pour Johnny qu'un livre sur Nadine Morano ou Mathieu Valbuena.

!!! Ça balance aux GROSSES TÊTES

Laurent Ruquier : Vous êtes la Madonna d'aujourd'hui.
Chantal Ladesou : Un petit peu, oui, c'est vrai… Une carrière internationale.
Laurent Ruquier : Comment s'appelle votre tournée ?
Chantal Ladesou : *On The Road Again.*
Laurent Ruquier : Vous lancez votre culotte à la fin du spectacle ?
Chantal Ladesou : Oui, oui, oui…
Florian Gazan : Et on la lui renvoie !
Laurent Ruquier : Votre gaine… *On The Road Again…* Ça vient de là !

LES PÉPITES

Valérie Mairesse : Je l'ai ! Je l'ai ! *(À l'invité mystère)* Est-ce que j'ai fait ta mère ?
Invité mystère : Oui.
Valérie Mairesse : Je l'ai !
Laurent Ruquier : Je ne savais pas que vous aviez fait la mère de notre invité mystère…
Valérie Mairesse : J'ai fait la mère de pas mal de mecs. À défaut d'autre chose, je fais leur mère.
Laurent Ruquier : Notre invité mystère, c'est…
Les Grosses Têtes *(en chœur)* : Florent Peyre !

MARDI 22 SEPTEMBRE

SAINT MAURICE

LES AUDITEURS FACE AUX GROSSES TÊTES

Laurent Ruquier : Sonia au téléphone est impressionnée… Ce n'est quand même pas tous les jours qu'on a Roselyne Bachelot en ligne !
Roselyne Bachelot : Bonjour Sonia !
Laurent Ruquier ***(ironiquement, car Roselyne Bachelot n'a pas répondu à la question à son sujet)*** **:** Celle qui connaît très bien Gaspard Monge…
Roselyne Bachelot : Tu parles…
Laurent Ruquier ***(ironiquement, car Yoann n'a pas répondu à la question à ce sujet)*** **:** Il y a Yoann Riou, qui connaît très bien, évidemment, tous les vainqueurs du Tour du France, y compris le dernier… Tandis que les autres, je ne citerai même pas leurs noms…
Élie Semoun : Eh bien, on va le faire nous-mêmes ! Je suis Élie Semoun, bonjour !
Caroline Diament : Bonjour, je suis Caroline Diament. J'en suis à trois jours d'abstinence…
Laurent Ruquier : Bonjour les Incultes anonymes !
Yoann Riou : On est les Incultes unanimes !

Question du jour

Qui a écrit *Le Feu*, et qui a remporté le prix Goncourt en 1916 ?

Henri Barbusse

Citation

Qui a dit : « La jeunesse est le temps que l'on a devant soi » ?

Jules Romains

Le jeu de mots

de Laurent Ruquier

(Alors qu'Arielle fait la pub de son parfum)

Il y en a une qui nous vend son parfum, l'autre sa véranda à connasses…

L'anecdote de Jeanfi Janssens

Quand les gens ne maîtrisent pas leur environnement, ils font parfois des choses incroyables. Un jour, dans l'avion, une dame avait posé son bébé dans son Maxi-Cosi, par terre devant son siège. Je passe et lui dis : « Vous ne pouvez pas laisser le bébé par terre dans le Maxi-Cosi, il faut le mettre dans le coffre. » Et quand je suis repassé, il n'y avait plus de Maxi-Cosi, mais il n'y avait plus de bébé non plus ! Elle avait mis le bébé et le Maxi-Cosi dans le coffre !

L'histoire drôle de Jean-Jacques Peroni

Avec quoi un canard aveugle fait-il l'amour ? Une cane blanche.

Question du jour

Qui a fait son retour dans *Fort Boyard* à partir de l'été 2019 ?

Patrice Laffont. Il joue un personnage qui propose aux candidats de refaire des épreuves mythiques.

JOURNÉE NATIONALE DU REFUS DE L'ÉCHEC SCOLAIRE

Le jeu de mots

de Cristina Córdula et Laurent Ruquier

(Parlant du tourisme médical)
– Tu téléphones à ton tour opératoire ?
– Tour-opérateur ! Mais c'est un néologisme qui fonctionne mieux !

Défi du jour

Citez le nom du poète auteur des œuvres *Le Testament de l'âne*, *Le Pet du vilain* ou *La dame qui fit trois fois le tour de l'église*.

Rutebeuf

Les statistiques

6 000 tweets sont postés chaque seconde dans le monde.

LES AUDITEURS FACE AUX GROSSES TÊTES

Laurent Ruquier : Bonjour Olivier ! Que faites-vous dans la vie ?
Auditeur : Gardien de la paix.
Laurent Ruquier : Ça existe encore ça… Gendarme, quoi ?
Auditeur : Policier.
Laurent Ruquier : Et c'est facile d'être gardien de la paix dans le Pas-de-Calais ?
Auditeur : Oui, bien sûr.
Laurent Ruquier : Vous écoutez *Les Grosses Têtes* régulièrement ?
Auditeur : Oui, bien sûr.
Laurent Ruquier : Tout est « bien sûr » chez Olivier !
Laurent Baffie : Affirmatif, il peut dire aussi.
Laurent Ruquier : Olivier, vous allez affronter les Grosses Têtes au domaine de la Klauss. Un hôtel 4 étoiles, un restaurant gastronomique, un spa dédié à l'évasion…
Laurent Baffie : « À l'évasion », ça ne va pas lui plaire !

Question du jour

Quel autre nom donne-t-on à l'herbe à chats ?

La valériane

Citation

Qui a dit : « On construit des maisons de fous pour faire croire à ceux qui n'y sont pas enfermés qu'ils ont encore la raison » ?

Michel de Montaigne

L'histoire drôle de Michel Boujenah

Les habitants juifs d'un petit village de Pologne apprennent que les nazis vont arriver pour les arrêter. Ils discutent pour décider comment ils vont se cacher. Certains disent : « On va aller dans la montagne. – Non, dans la montagne, ils vont nous trouver tout de suite. » L'idiot du village dit : « J'ai une idée, on va se cacher dans le puits. – Mais si on va dans le puits, il n'y aura plus d'écho dedans et on sera dans la merde… – S'ils s'approchent du puits et qu'ils parlent, on fera l'écho nous-même. » Les nazis arrivent, le chef crie : « Trouvez-moi tous les Juifs ! » Ils cherchent partout et l'un d'eux déclare : « Chef, il n'a aucun Juif dans ce village, c'est incroyable ! » Là, il s'appuie sur la margelle du puits et déclare : « C'est incroyable ça ! » Les Polonais cachés dans le puits répètent : « Incroyable… Ble… Ble… Ble ! – Ils ont dû se cacher quelque part ! – Quelque part… part… part – Peut-être sont-ils dans la montagne ! – Montagne …Tagne… Tagne… Tagne – Ou alors ! Ils sont dans le puits ?! – Tagne… Tagne… Tagne. »

!!! Ça balance aux GROSSES TÊTES

Arielle Dombasle : J'ai chanté en prison et ils étaient ob…
Valérie Mairesse : Ils étaient obligés d'écouter, tu veux dire ?
Laurent Ruquier : C'est la première fois que personne ne s'en va !
Arielle Dombasle : Oui, ils sont tous restés. Mais après, j'ai dû distribuer 326 baisers. Entourée de matons, un baiser par prisonnier… C'était mignon.
Laurent Ruquier : Ça n'a pas pu aller plus loin… C'était la faute aux matons.

Question du jour

Pour quelle raison l'hospitalisation en mars 2019 de Massimiliano Fedriga, membre du parti la Ligue du Nord en Italie, a-t-elle provoqué le rire d'une partie de la population ?

Il a été hospitalisé pour cause de varicelle, alors qu'il était opposé à la vaccination obligatoire.

Citation

Qui a dit : « On ne vit qu'une fois… et encore ! » ?

Marcel Achard

!!! Ça balance aux GROSSES TÊTES

Laurent Ruquier : Michèle adore quand Arielle chante.
Michèle Bernier : J'adore Arielle de toute façon !
Arielle Dombasle : Je suis son juke-box !
Laurent Baffie : Tu es mon alarme de voiture… Tu vois, tu sers à tout le monde !

LES AUDITEURS FACE AUX GROSSES TÊTES

Laurent Ruquier : Direction Béthune où nous attend Émilie… Bonjour Émilie !
Auditrice : Bonjour Laurent !
Laurent Ruquier : Que faites-vous dans la vie ?
Auditrice : Je suis commerçante. Je fais les marchés de fruits et légumes.
Muriel Robin : Comme mes parents ! Je connais bien. Je vois bien le travail que vous faites, c'est un travail difficile. Il faut y être le matin !
Laurent Ruquier : Vous n'étiez pas dans le légume, vous étiez dans la chaussure…
Muriel Robin : Non, mais n'empêche, le matin quand on arrive à cinq heures du matin sur le marché et qu'il fait un froid de canard… Je peux vous dire que les fruits et légumes, c'est du boulot !
Arielle Dombasle : Mais toi, tu étais où ? Dans une petite caisse sous le comptoir ?
(Après un fou rire général.)
Muriel Robin *(en riant)* : Ils voulaient me cacher déjà… Pourquoi aurais-je été dans une petite caisse ? À trois ans, on voyait déjà que j'étais homosexuelle et donc mes parents me cachaient ? Pourquoi tu me vois dans une petite caisse ? C'est quoi cette vision ?
Arielle Dombasle : Elle raconte les étals à cinq heures du matin… Mais qu'est-ce qu'ils faisaient du bébé ? Ils l'emmenaient avec eux, le bébé… dans un cageot !
Laurent Ruquier : Il n'y a pas de cageot ici ! N'est-ce pas Émilie ?
Muriel Robin : En tout cas, c'est un beau métier. Courageux. Bravo !
Auditrice : Merci.

LES PÉPITES

Florian Gazan : Quel escroc !
Stéphane Plaza : Laurent, il a dit plutôt brun…
Jérôme Commandeur : J'ai des cheveux, j'ai du bulbe. C'est quoi ça ? C'est du cheveu. C'est le début du cheveu.
Christophe Beaugrand : C'est le début de la fin, ouais.
Laurent Ruquier : Jérôme vient nous parler de son *one man chauve*.

SAMEDI 26 / DIMANCHE 27 SEPTEMBRE

SAINT CÔME, SAINT DAMIEN — SAINT VINCENT DE PAUL

L'anecdote de Jeanfi Janssens

Hier, à la conférence de presse de *Danse avec les stars*, j'ai rencontré les autres participants. J'ai déjà fait huit heures de danse en deux jours ! C'est de l'exploitation ! Il y a une grande marge de progression pour tout le monde. On part tous du niveau zéro, ça, je l'ai bien compris ! Pour l'instant, pas de rivalité, on essaie juste de s'en sortir et de savoir respirer. C'est intense ! Ma danseuse, elle danse, fait des pas et des tourniquets… elle reste fraîche ! Moi, au bout de cinq minutes, je suis trempé comme une merde, avec la caméra qui me suit partout, bien sûr… Et là, je me dis : « C'est quoi son secret ? Là, ce n'est pas le botox qui va m'aider ! »

Question du jour

Quel peintre a représenté la comète de Halley sur une célèbre toile s'appelant *L'Adoration des mages* ?

Giotto di Bondone

Le jeu de mots

de Laurent Ruquier

Vous croyez qu'avant de mourir Lady Di a vu un grand tunnel avec de la lumière blanche ?

Défi du jour

Citez le nom du prédicateur dont la voix a résonné dans Notre-Dame de Paris le 2 mars 1687, marquant l'histoire de la cathédrale.

Jacques-Bénigne Bossuet. Il faisait l'oraison funèbre du cousin de Louis XIV, Louis II de Bourbon-Condé.

INVITÉ MYSTÈRE

Êtes-vous un monsieur ou une fille ? – Attendez, je regarde…

Et alors, qu'est-ce que ça vous dit ce que vous voyez là ? – Un monsieur.

Vous a-t-on reconnu quand vous êtes arrivé ? – Dans le hall ? Oui.

Êtes-vous brun ou blond ? – Plutôt brun.

Perdez-vous vos cheveux ou en avez-vous encore plein ? – Oh ! J'en ai encore.

Est-ce du brun qui grisonne un peu ? – Pas encore.

Utilisez-vous un pseudonyme ? – Non.

Êtes-vous sportif ? – Autant que vous, Chantal.

Vous avez chanté avec Grace Jones ? – Non.

Jouiez-vous la comédie ? – Oui.

Étiez-vous plusieurs sur la scène ce jour-là ? – Oui.

Mais parfois vous êtes tout seul ? – Oui.

Êtes-vous un comique ? – J'espère.

Jérôme Commandeur

Question du jour

Quel général, mort le 10 avril 1919 à 39 ans, avait pour devise : *Mieux vaut mourir debout que vivre toute une vie à genoux* ?

Le général Emiliano Zapata

Citation

Qui a dit : « Il ne faut jamais juger les gens sur leurs fréquentations. Tenez, Judas, par exemple, il avait des amis irréprochables » ?

Paul Verlaine

Le jeu de mots

de Laurent Ruquier

(Alors que Philippe Manœuvre critique le nouveau tracé de bus dans Paris)

Le seul bus que vous devriez prendre, c'est Le Bus Palladium, monsieur Manœuvre !

Les statistiques

48 %

de la population de l'Ouganda est âgée de moins de 14 ans.

Défi du jour

Citez le nom du chef des gitans dans le roman *Notre-Dame de Paris* de Victor Hugo.

Clopin Trouillefou

MARDI 29 SEPTEMBRE

SAINT MICHEL, SAINT GABRIEL

INVITÉ MYSTÈRE

Êtes-vous une femme ? – Oui.
Allez-vous soutenir le Français à l'Eurovision ? – Oh ! Oh ! Oh ! Je ne sais pas.
Le stylo a-t-il de l'importance dans votre vie ? – Non, pas plus que ça.
Votre voix a-t-elle de l'importance dans votre vie ? – Oui.
Vous arrive-t-il de passer sur des écrans ? – Oui.
Portez-vous un pseudonyme ? – Oui.
Le rapport avec l'indice de Bowie, c'est que vous avez fait une reprise ? – Oui.
Seriez-vous Axelle Red ? – Non.
Êtes-vous née en France ? – Oui.
Avez-vous un prénom composé ? – Oui.
Miou-Miou a chanté dans cet indice. Avez-vous un point commun avec elle ? – Oui.

Enzo Enzo

Question du jour

À quel sculpteur doit-on la célèbre œuvre *Le Départ des volontaires de 1792*, haut-relief situé sur l'arc de triomphe de l'Étoile à Paris ?

François Rude

Pierre Bénichou ?

Une Grosse Tête plus attirée par la conquête du premier rang que par la conquête de l'Ouest.

!!! Ça balance aux GROSSES TÊTES

Stéphane Plaza : Pierre Dac !
Laurent Ruquier : Pierre Dac ! Bonne réponse de Stéphane Plaza !
Steevy Boulay : Je l'avais !
Stéphane Plaza : Mais je suis plus rapide ! Dès que c'est de la culture, c'est moi !
Steevy Boulay : Oh bah, oui…
Laurent Ruquier : Pierre Dac, ce n'est pas de la culture, c'est de l'habitude… Mais maintenant, on va passer à une vraie question culturelle…
Stéphane Plaza : Parce que quand je réponds, ce sont des fausses questions, c'est ça ?

LES PÉPITES

Franz-Olivier Giesbert : On est jaloux ! On est jaloux de l'accent de Cristina, de la richesse de Plaza.

Stéphane Plaza : J'aurais préféré que tu dises de mon intelligence, mais enfin…

Franz-Olivier Giesbert : Aussi… parce que pour être riche comme ça, il faut être intelligent.

Laurent Ruquier : Les femmes qui connaissent votre compte en banque vous trouvent très intelligent.

Stéphane Plaza : Je n'irai pas sur ce terrain-là.

Jean-Jacques Peroni : Quand il va mourir, il aura le cerveau intact.

Philippe Geluck : Vous savez que, dans l'immobilier, un mec qui grimpe sur les immeubles, on l'appelle King Kong.

MERCREDI 30 SEPTEMBRE

SAINT JÉRÔME

Question du jour

Quelle est l'originalité du western, sorti en 1938, avec au casting : Billy Curtis, Yvonne Moray et Billy Platt ?

C'est un film avec uniquement des acteurs nains. Le film s'appelle *Terreur à Tiny Town*.

Les statistiques

En moyenne, une même personne fait 3 à 4 requêtes sur Google par jour.

Défi du jour

Citez le nom de l'écrivain dont deux des filles furent respectivement la maîtresse et l'épouse de Pierre Louÿs.

José-Maria de Heredia

LES AUDITEURS FACE AUX GROSSES TÊTES

Auditeur : Oui, allô ?
Arielle Dombasle : Allô ! Allô ! Allô ! Est-ce que je suis en présence de Romain ?
Auditeur : Bonjour Arielle… Mon Dieu, les Grosses Têtes m'appellent !
Arielle Dombasle : Bravo !
Auditeur : Mon Dieu, c'est merveilleux !
Arielle Dombasle : Savez-vous pourquoi on vous appelle ?
Auditeur : Vous m'appelez pour la valise RTL.
Arielle Dombasle : Oui !
Stéphane Plaza ***(moqueur et prenant une voix aiguë)*** **:** Oui ! Oui !
Auditeur : C'est incroyable ! Je viens d'arriver en Ile-de-France et, de temps en temps, le lundi, je viens assister à l'émission… et jamais je n'aurais cru recevoir un appel des Grosses Têtes…
Arielle Dombasle : Cher Romain, avez-vous retenu le montant et le contenu de la valise ?
Auditeur : Non, stupidement, je n'ai pas écouté RTL cette semaine. J'étais en vacances en Bretagne…
Michèle Bernier : C'est vrai qu'en Bretagne il n'y a pas RTL.
Laurent Ruquier : Que faites-vous dans la vie pour avoir besoin de vous reposer en Bretagne ?
Auditeur : Je suis un méchant banquier…
Stéphane Plaza : Il y en a des sympas, parce qu'en ce moment les taux sont bas, si on veut acheter, c'est le moment… Stéphane Plaza Immobilier, quand même.
Muriel Robin : Si je peux me permettre, tu as un culot, toi ! Oh la vache !… Et justement puisqu'on parle de vaches, je vais faire une pétition pour soutenir les éleveurs…

L'anecdote de Jeanfi Janssens

Je suis monté dans la statue de la Liberté. Tu peux entrer dans sa tête… Mais ce n'est pas très grand, quand tu es dedans ! Y a pas grand-chose dans sa tête, en fait !

JEUDI 1ER OCTOBRE

SAINTE THÉRÈSE DE LISIEUX

!!! Ça balance aux GROSSES TÊTES

Laurent Ruquier : Une citation pour Catherine qui habite Portsmouth… Je le prononce bien, Christine ?
Christine Ockrent : Je n'ai rien compris…
François Rollin : Ça prouve que c'est bien.

Citation

Qui a dit : « La superstition, c'est l'art de se mettre en règle avec les coïncidences » ?

Jean Cocteau

Question du jour

Quel est l'autre nom très connu de la buprénorphine ?

Subutex

TROP DE BRAS, TROP DE CHOCOLAT !

VENDREDI 2 OCTOBRE

SAINT LÉGER

Question du jour

Que veut supprimer Gaspard Gantzer, candidat indépendant à la mairie de Paris, à la grande surprise de tous ?

Le boulevard périphérique

INVITÉ MYSTÈRE

Êtes-vous une femme ? – Je crois, oui. Jusqu'à présent.
Utilisez-vous un pseudonyme ? – Non…
Avez-vous gardé votre nom de jeune fille et raccourci votre prénom ? – Voilà.
Avez-vous vécu à l'étranger ? – Pas du tout.
Êtes-vous née à l'étranger ? – Pas du tout.
Portez-vous beaucoup de bijoux ? – Pas du tout. Je n'en ai rien à foutre.
On se comprendrait tous les deux… – Mais on s'aime déjà, tu sais, depuis longtemps !
Vous connaissez Stéphane Plaza ? – Oui…
Vous parlez encore à Peroni ? – Oui.
On se connaît alors ? – Écoute, mon vieux, il me semble que oui.
Une ex de Peroni, dites donc ! Il ne doit pas en avoir 36.
Êtes-vous Macha Méril ? – Pas du tout.
Steevy propose Amanda Lear, vous n'êtes pas Amanda Lear ? – Ah, ah, ah !
On a dit une femme ! Stéphane Plaza pense à Anny Duperey. Êtes-vous Anny Duperey ? – Non plus… Enfin, elle aime les chats et les poules, comme moi…
Peut-on dire que vous avez fait une longue carrière ? – Oh oui !
Avez-vous fait de la télé ? – Oui, aussi, entre autres, bien sûr. On m'y voit régulièrement.

Mylène Demongeot

Le jeu de mots

de Philippe Manœuvre

(Alors que Laurent a raconté comment Pete Doherty s'est fait attaquer par un hérisson)
Voilà une anecdote qui ne manque pas de piquant !

L'anecdote de Jeanfi Janssens

Il y a des degrés de notoriété… Je le vois quand je me balade avec Plaza. Quand je suis tout seul, on me demande quelques photos, mais ce n'est pas la cohue. Mais alors quand je suis avec Stéphane, il y a un raz-de-marée qui arrive. Les gens te poussent pour faire la photo avec lui… Et Stéphane qui est toujours très gentil dit : « Mais c'est Jeanfi Janssens ! » Et les gens font : « Pfff… »

Olivier de Kersauson ?

Une Grosse Tête capable de nous sortir un poème au pied levé et une Grosse Tête sur coup de pied au cul.

SAMEDI 3 / DIMANCHE 4 OCTOBRE

SAINT GÉRARD — *SAINT FRANÇOIS D'ASSISE*

L'histoire drôle de Roselyne Bachelot

Les responsables du club de foot marseillais essaient d'étoffer leur équipe. Ils entendent parler d'un joueur irakien formidable. Ils vont à Bagdad le chercher. Le joueur irakien arrive, mais évidemment on ne le met pas tout de suite dans l'équipe première. Il reste sur le banc de touche. Un soir où l'OM est mené 2-0, ils se disent : « On va faire rentrer l'Irakien. » L'Irakien rentre et marque trois buts. C'est la gloire… Il fait gagner son équipe et devient une vedette extraordinaire… Il téléphone à sa mère et lui dit : « Maman, tu sais, c'est formidable, à l'OM, je suis devenu la star. Et toi maman, comment ça va ? – Oh mon fils ! On a pris des tirs de kalachnikov. Ton frère a été tué, ton autre frère a été enlevé, ta sœur a été violée… » Il dit : « Maman, je t'avais dit de ne pas me suivre à Marseille ! »

Question du jour

Dans quelle ville d'Espagne le journaliste britannique George Steer a-t-il sa statue ?

Guernica. C'est le premier journaliste à avoir relaté le bombardement de Guernica.

LES PÉPITES

Jeanfi Janssens (*après une discussion sur les « quinquados », les quinquas ados*) : J'espère que, quand je serai vieux – dans un moment –, je deviendrai un beau vieux. Un vieil élégant…

Laurent Ruquier : Trop tard.

Jeanfi Janssens : J'en vois plein, des vieux. Tu les vois de derrière, tu te dis : « C'est le lycée » ; ils se retournent : « C'est le musée ». Ils sont habillés comme des jeunes, avec des casquettes, des machins… Cela n'a pas de sens. Par exemple, j'ai quarante-cinq ans, je sens bien que c'est un âge charnière. C'est le moment où je me sens en pleine forme et créatif, mais c'est le moment où les assurances te demandent des contrôles médicaux… Ça devient compliqué.

Jean-Luc Lemoine : Et tu reçois tous les jours des mails sur des trucs pour la prostate.

Jeanfi Janssens : On m'a demandé de faire une coloscopie !

Karine Le Marchand : Ils savent qu'il y a du passage…

Jeanfi Janssens : Je l'ai faite hier. On t'endort, sous anesthésie générale. L'anesthésiste me dit : « C'est le moment de penser à des belles choses. », alors j'ai commencé à penser à une licorne sur un arc-en-ciel. Quand je me suis réveillé, la licorne m'avait encorné !

!!! Ça balance aux GROSSES TÊTES

Laurent Ruquier : Pourquoi allez-vous en Polynésie, tous les deux ?

Jeanfi Janssens : Je vais faire mon spectacle là-bas.

Christine Ockrent : Même là-bas ?

Jeanfi Janssens : Oui, la Polynésie m'attend. Ils ont des goûts de luxe sûrement ! Et lui, il va faire l'élection des Miss, c'est ça ?

Stéphane Plaza : Oui, je n'y vais pas pour mon film, parce qu'ils ne l'ont pas acheté. Mais je vais présenter l'élection de Miss Tahiti.

Jeanfi Janssens : Le destin nous a mis en même temps sur la même destination, c'est incroyable !

Olivier de Kersauson : Un malheur n'arrive jamais seul !

LUNDI 5 OCTOBRE

SAINTE FLEUR

Question du jour

Qui a écrit, avant de se suicider le 5 avril 1994, les mots suivants dans sa lettre d'adieu : « Mieux vaut brûler franchement que s'éteindre à petit feu » ?

Kurt Cobain. Il cite une phrase de la chanson *Hey Hey, My My* de Neil Young.

Le jeu de mots

de Laurent Baffie

Hercule est l'inventeur de la marche arrière.

Citation

Qui a dit : « Je mets souvent de l'eau bouillante dans le congélateur, et quand j'ai à nouveau besoin d'eau bouillante, je la décongèle » ?

Jean Carmet

JOURNÉE MONDIALE DU SOURIRE

Les statistiques

Une grand-mère britannique a remporté 21 000 € (18 000 £) en pariant sur le prénom Archie pour le fils de Meghan Markle et du prince Harry.

MARDI 6 OCTOBRE

SAINT BRUNO

INVITÉ MYSTÈRE

Êtes-vous un homme ? – Oui.
Êtes-vous connu depuis longtemps ? – Oui.
D'autres membres de votre famille sont-ils connus ? – Oui.
Êtes-vous connu dans plusieurs domaines ? – Oui.
Avez-vous fait une comédie musicale ? – Oui.
Êtes-vous danseur ? – Non.
Avez-vous une carrière internationale ? – Oui.
Êtes-vous connu au Canada ? – Non.
Et aux États-Unis ? – Non.
Êtes-vous connu au Luxembourg ? – Oui.
Vous avez donc une carrière francophone ? – Oui.
Êtes-vous chanteur ? – Oui.
Êtes-vous également auteur-compositeur ? – Parfois.
Avez-vous écrit pour Hélène Rollès ? – Non.
Êtes-vous comédien aussi ? – Cela m'est arrivé. J'ai même joué avec Jean Benguigui une fois.
A-t-on tourné ensemble il y a longtemps ? – Oui, Jean.
Êtes-vous plutôt vu comme un crooner ? – Oui.

Dave

Question du jour

Pour quelle raison est-il amusant que Thomas Dutronc chante *Vesoul* dans l'album hommage *Ces gens-là* dédié à Jacques Brel ?

On parle de son père dans les paroles de la chanson : « T'as voulu voir Dutronc et on a vu Dutronc. »

Sophie Davant ?

Une Grosse Tête qui présente « Affaire conclue » et avec qui beaucoup aimeraient conclure.

LES PÉPITES

Laurent Ruquier : Qui est mort en tombant d'un arbre d'au moins douze mètres de haut ?

Steevy Boulay : Tarzan !

Laurent Ruquier : Non.

Steevy Boulay : Ç'aurait été une fin dramatique !

Laurent Ruquier : D'où le cri : « Ah ah ah aaaaaaaaah » ! Non, Tarzan n'est pas tombé d'un arbre.

Michèle Bernier : C'est un homme ?

Laurent Ruquier : Non, une femme.

Steevy Boulay : C'est la Jane !

!!! Ça balance aux GROSSES TÊTES

Laurent Ruquier : C'était une question pour vous ça, Roselyne…

Roselyne Bachelot : Je le savais, mais je n'ai pas été assez rapide.

Laurent Ruquier : Arrêtez de regarder Titoff comme ça…

Caroline Diament : Elle lui fait des infidélités, parce qu'elle rit et regarde beaucoup Laurent Baffie aussi… Elle est en mode polyamoureuse.

Laurent Ruquier : C'est parce qu'elle louche…

Question du jour

Pourquoi le nom de Philippe Petit est-il revenu dans l'actualité lors de l'incendie de la cathédrale Notre-Dame de Paris, le 15 avril 2019 ?

C'est un funambule qui était passé entre les deux tours.

INVITÉ MYSTÈRE

Êtes-vous un homme ? – Oui, je suis un homme.
Êtes-vous un homme heureux ? – Tout à fait.
Intellectuel ? – Non.
Combien d'enfants ? – Euh… Aucun.
Vous avez hésité ! Il y en a un en route ? – Non, aucun.
Qu'avez-vous en fond d'écran sur votre portable ? – Une peinture.
De qui ? – Marc Chagall.
Êtes-vous coquet ? – Non.
Y a-t-il beaucoup de miroirs chez vous ? – Non.
Écrivez-vous ? – Oui.
Est-ce votre métier principal ? – Non. Je viens pour mon deuxième livre.
Avez-vous écrit des best-sellers ? – Non.
Vous a-t-on connu dans un groupe ? – Oui.
Avez-vous travaillé dans une série ? – Tout à fait.
Auriez-vous pu être natif d'Agen ? – Pour faire un jeu de mots, oui.

Bruno Salomone

Karine Le Marchand ?

Une Grosse Tête qui, selon la rumeur, enlèverait des agriculteurs pour les marier.

!!!

Ça balance aux GROSSES TÊTES

Chantal Ladesou : Vous ne savez pas ce qu'est un *porto flip* ?
Christophe Beaugrand : Non, c'est quoi ?
Chantal Ladesou : C'est deux doigts de porto, avec un jaune d'œuf battu et un peu de sucre. C'est délicieux et ça requinque ! J'ai été élevée au *porto flip*.
Christophe Beaugrand : Ça s'entend.
Laurent Ruquier : On est plus près du flip que du porto…

LES PÉPITES

Laurent Ruquier : Vous savez ce qu'est Radio-Paris, monsieur Boulay ?
Steevy Boulay : La radio de Paris !
François Rollin *(en chantant)* : « *Radio-Paris ment, Radio-Paris ment, Radio-Paris est allemand.* »
Steevy Boulay : C'est là où on faisait passer les messages…
Laurent Ruquier : Voilà.
Steevy Boulay :… de la Résistance.
Jean-Jacques Peroni : Ah non !
Laurent Ruquier : C'est justement l'inverse.
Chantal Ladesou : À un moment donné, tu t'étais cultivé… Tu as arrêté ?

JEUDI 8 OCTOBRE

SAINTE PÉLAGIE

LES AUDITEURS FACE AUX GROSSES TÊTES

Laurent Ruquier : Fanny est à Issoire… Bonsoir Fanny !

Auditrice : Bonsoir Laurent !

Jean-Jacques Peroni : Vous connaissez la devise ? « Issoire : bon vin à boire, belles filles à voir »…

Auditrice : Faut venir pour ça…

Laurent Ruquier : Ça fait plaisir à Fanny. On ira vérifier ! Que faites-vous dans la vie, Fanny ?

Auditrice : Je suis en formation pour devenir assistante maternelle.

Laurent Ruquier *(après un précédent auditeur « responsable de formation »)* : Tout le monde est en formation ! Ça se forme en France en ce moment !

Jean-Jacques Peroni : Il n'y a que ma femme qui est déformée.

Stéphane Plaza : Par l'alcool ou par toi ?

Laurent Ruquier : J'aimerais bien la rencontrer un jour, Mme Peroni…

Jean-Jacques Peroni : Ça fait longtemps que je ne la sors plus.

Laurent Ruquier : Vous êtes toujours là, Fanny ? Qui aimez-vous parmi les Grosses Têtes ?

Auditrice : Oui. J'aime beaucoup Stéphane et Valérie !

Stéphane Plaza : Les plus intelligents !

Laurent Ruquier : Fanny, vous aimez quand on distribue des chèques RTL, en fait.

Auditrice : Non, ils sont très cultivés.

Stéphane Plaza : Exactement ! Elle aime la finesse, l'élégance à la française…

L'anecdote de Muriel Robin

Josiane Balasko m'a vomi dessus une fois. Elle n'était pas bien, on était au même endroit… Je lui ai dit : « Écoute, Josiane, vas-y… Vaut mieux que ce soit sur moi que… » Alors, chaque fois que je la vois, elle me dit : « Quand je pense que je t'ai vomi dessus… » Et en plus, moi, je venais de m'acheter un vêtement un peu au-dessus de mes moyens… Je faisais un peu la crâneuse… Elle m'a flingué le truc à 600 balles ! Affreux.

Question du jour

Comment appelait-on la sirène qui, par ses chants, attirait les bateliers sur les écueils du Rhin ?

La Lorelei

Le jeu de mots

de Laurent Ruquier
et Laurent Baffie

– Le Marrakech du rire aura lieu en juin avec Jamel Debbouze.
– Et Élie Semoule.

Citation

Qui a dit : « Sans le kangourou, l'homme n'aurait jamais su qu'il ne possédait pas de poche marsupiale » ?

Alexandre Vialatte

Question du jour

Qui est l'auteur de la pièce de théâtre *La Mort d'Agrippine* ?

Cyrano de Bergerac.

Les statistiques

Sans les insectes, 80 % des fruits et légumes disparaissent.

Défi du jour

Citez les noms des dieux ou demi-dieux dont le mot *Shazam* est l'acronyme.

Salomon (la sagesse), Hercule (la force), Atlas (l'endurance), Zeus (la foudre), Achille (le courage) et Mercure (la vitesse).

LES AUDITEURS FACE AUX GROSSES TÊTES

Laurent Ruquier : Solange est au téléphone. Bonjour Solange !
Auditrice : Bonjour Laurent ! Bonjour les Grosses Têtes !
Laurent Ruquier : Vous êtes dans le Bas-Rhin et vous avez cinquante-qua… Oh pardon ! Il ne faut pas dire l'âge, si ?
Caroline Diament : C'est un peu tard, là…
Laurent Ruquier : Vous êtes plus jeune que moi, de toute façon, Solange…
Auditrice : Je suis née le 25 décembre 1965.
Florian Gazan : Une gamine…
Laurent Ruquier : Et vos parents ne vous ont pas appelée Noëlle ? Ça arrive souvent d'habitude…
Auditrice : Non, non… C'est allé trop vite et mon père était paniqué… Ça a donné Solange.
Caroline Diament : Qu'est-ce qui est allé trop vite ? Votre création ou votre naissance ?
Auditrice : Ma naissance.

!!! Ça balance aux GROSSES TÊTES

Laurent Ruquier : Steevy, vous êtes déjà allé à Marrakech ?
Steevy Boulay : Je n'ai jamais mis un pied au Maroc. Je ne connais pas le Maghreb, ni l'Algérie, ni la Tunisie, ni le Maroc.
Laurent Ruquier : Pourtant vous êtes de là-bas !
Caroline Diament : C'est comme moi, je suis originaire d'un pays, je n'ai jamais…
Laurent Baffie : C'est loin la Mongolie !

L'histoire drôle de Philippe Geluck

Deux mecs sont à l'hôpital, dans une chambre double. L'un d'eux se réveille de son opération. Il a un grand pansement autour du sexe parce qu'il est venu faire une castration volontaire. Il se réveille, il sort des vapes. Il voit l'autre homme à côté et lui dit : « Ça fait mal… Vous, vous êtes venu pour quoi ? » L'autre lui répond : « Oh rien de grave, une simple circoncision. – Merde ! C'est ça le mot que je ne retrouvais pas ! »

Citation

Qui a dit : « La musique est le plus cher de tous les bruits » ?

Théophile Gautier

Le jeu de mots

de Laurent Ruquier et Laurent Baffie

– Niki Lauda était un grand pilote de Formule 1.
– Et un esclavagiste !
On l'appelait le négrier…
(nez grillé)

Question du jour

Qui sont Tony et Joe les interprètes de la célèbre chanson *Bella Notte* ?

Ce sont des personnages de *La Belle et le Clochard* de Walt Disney.

Question du jour

Qui a fait graver sur sa tombe « Avec le soleil pour témoin » ?

Mireille

Citation

Qui a dit : « La statistique a démontré que la mortalité dans l'armée augmente sensiblement en temps de guerre » ?

Alphonse Allais

!!! Ça balance aux GROSSES TÊTES

Marcela Iacub : Je ne comprends pas que quelqu'un puisse aimer l'opéra et le football en même temps…
Caroline Diament : Justement, c'est ça qui est génial…
Roselyne Bachelot : C'est bien ça, la France, il faut être enfermé dans une case… Si on aime l'opéra, on n'aime pas le foot. C'est con comme la lune, cette réflexion !
Marcela Iacub : Tu veux dire que je suis conne comme la lune ?
Laurent Ruquier : On n'osait pas vous le dire, Marcela.

LES AUDITEURS FACE AUX GROSSES TÊTES

Laurent Ruquier : On va appeler Dominique ! C'est un prénom épicène, Dominique. On ne sait pas…
Cristina Córdula : Je pensais que Dominic, homme, s'écrivait avec un « c » et que « Dominique » avec « que », désignait une femme…
Laurent Ruquier : Ah non ! Il y a toujours un « q » chez les hommes comme chez les femmes !
Cristina Córdula : Il y a des « q » partout alors !
Auditeur : Allô ? Bonjour ?
Cristina Córdula : Monsieur Dominique !
Auditeur *(répondeur)* : Vous êtes bien au 02…
Laurent Ruquier : Il est malin, Dominique !

LES PÉPITES

Laurent Ruquier *(à Yoann Riou)* : Êtes-vous content de retrouver Karine Le Marchand ?
Yoann Riou : Bien sûr !
Karine Le Marchand : C'est la première fois que je le vois ! Je ne le connaissais pas…
Laurent Ruquier : Eh bien, je vous présente des hommes…
Karine Le Marchand : Je ne suis pas sûre qu'il soit vraiment… Je suis votre genre de femme ?
Yoann Riou : Oui, et surtout…
Karine Le Marchand : Ah bon ? !
Yoann Riou : Comme mes grands-parents ont été agriculteurs…
Karine Le Marchand : Ah !
Yoann Riou : Je sais que vous avez fait tellement, tellement… Quand je rentre en Bretagne, je vais toujours dans la ferme familiale que l'on a gardée, avec des cochons et des moutons juste à côté… Laurent, pourquoi rigolez-vous comme un bossu ?
Laurent Ruquier *(en riant)* : Parce que depuis tout à l'heure, elle croit que vous êtes pédé !
Karine Le Marchand *(en riant)* : C'est vrai !
Jeanfi Janssens : Ah non ! Nous, on n'en veut pas, on vous le laisse.

MARDI 13 OCTOBRE

SAINT GÉRAUD

L'anecdote de Jeanfi Janssens

Quand j'étais steward et qu'on allait à l'île Maurice, il y avait, au petit déjeuner, une dame préposée à la fabrication des crêpes. Elle ne faisait que cela. Je me pointe avec mon assiette et lui dis : « Je vais en prendre deux ou trois, parce que je les aime bien et, comme ça, je n'aurai pas à revenir… » et elle me répond : « Non. C'est une crêpe à la fois ! »

Question du jour

Où trouve-t-on des « poissons tropicaux pleins d'piquants sur le dos » ?

Dans la chanson *Vive le douanier Rousseau* de La Compagnie Créole

Le jeu de mots

de Jean-Jacques Peroni

(À propos de la seule femme à avoir débarqué sur Omaha Beach avec les 157 000 soldats)

Remarque, ils n'avaient pas de bol, les Anglais avaient débarqué !

Défi du jour

Citez les journaux (ou magazines) mentionnés dans la chanson *Femme libérée* de Cookie Dingler.

Marie Claire, Le Nouvel Obs, Le Monde, Match, Elle.

INVITÉ MYSTÈRE

Vous êtes un monsieur ? – Non.
Avez-vous été mariée ? – Oui.
L'êtes-vous toujours ? – Non.
Avez-vous des enfants ? – Oui, trois.
Avec le même papa ? – Oui.
Portez-vous un pseudonyme ? – Non.
Y a-t-il quelqu'un de célèbre dans votre famille ? – Oui.
Ascendant ou descendant ? – Ascendant… et descendant.
C'est papa ou c'est maman ? – Maman.
Fait ou faisait-elle le même métier que vous ? – Non.
Vous voit-on sur les planches ? – Jamais.
Chantez-vous ? – Non.
Êtes-vous plutôt au cinéma ? – Plutôt.
Faites-vous bien la cuisine ? – Oui, oui.
Êtes-vous plutôt devant ou derrière la caméra ? – Devant… Euh, derrière ! Pardon, je confonds.
Croisez-vous souvent Karine Le Marchand dans la vie ? – Oui.

Lisa Azuelos

Question du jour

Quel peintre est l'auteur du célèbre tableau de 1806 montrant Napoléon passant en revue la Garde impériale à Iéna ?

Horace Vernet

L'histoire drôle de Laurent Ruquier

Un type avec un œil de verre va à une soirée. Il y a un grand saladier de sangria où chacun se sert à la louche. Et au moment où le type se penche pour se servir un verre, son œil de verre tombe dans le saladier. Il a beau essayer de chercher, plein de gens se servent en même temps. Un homme rentre de la soirée et ne dort pas de la nuit. Il sent un truc qui monte et qui redescend dans son ventre… Le lendemain, il va chez le médecin : « Docteur, je ne comprends pas… Il y a un truc qui monte, qui redescend, qui monte, qui redescend… » Le docteur répond : « Ouvrez grand la bouche, je vais regarder… Dites-moi quand ça monte ou que ça redescend… – Ça monte ! Ça monte ! » Il regarde, il ne voit rien. « Ça descend ! Ça descend ! » Alors le médecin se met à l'orifice inférieur… L'homme répète sans cesse : « Ça descend ! Ça descend ! » Là, le médecin voit un œil arriver et dit : « On n'a pas confiance ? »

Le proverbe

de Jean-Jacques Peroni

(Après qu'un auditeur prénommé Martin a refusé une BD de Philippe Geluck)
Fais du bien à Martin,
il te chiera dans la main.

LE BILLET DE LAURENT RUQUIER

Margot Wölk était la goûteuse d'Hitler. Elle a goûté les plats d'Hitler à partir de l'automne 1943. Elle n'était pas la seule, elles étaient plusieurs réunies enfermées dans une ancienne école. Elles étaient obligées de goûter tous les plats de la cuisine du Repaire du loup. Elles avalaient chaque bouchée la peur au ventre. Cette histoire est racontée par Rosella Postorino dans un livre qui a reçu plusieurs prix.

LES PÉPITES

Laurent Ruquier : En quelle année Jeanne d'Arc a-t-elle été brûlée ?
Éric Laugérias : 1432 !
Laurent Ruquier : Non, 1431, je connais la date par cœur.
Titoff : Elle a commencé à brûler en 1431 et ça a fini en 1432, les cendres étaient vraiment…
Melha Bedia : Elle a brûlé pendant un an ?
Laurent Ruquier : Pardon ?
Melha Bedia : Mais il a dit…
Roselyne Bachelot : C'était une dure à cuire !

JEUDI 15 OCTOBRE

SAINTE THÉRÈSE D'AVILA

INVITÉ MYSTÈRE

Auriez-vous retrouvé le nom de Gilbert Cesbron ? – Non. C'est honnête de votre part, mais cela surprend en même temps… Laurent pense que vous êtes un intellectuel. Êtes-vous un homme ? – Oui.
Êtes-vous membre de l'Académie française ? – Non.
L'*Académie des neuf* ? – Je l'ai été.
Avez-vous des enfants ? – Oui.
Des petits-enfants ? – Non.
Combien avez-vous d'enfants ? – Deux.
De la même mère ? – Non.
Portez-vous un pseudonyme ? – À moitié.
C'est-à-dire que vous avez gardé votre prénom mais que vous avez changé votre nom ? – Non.
Votre nom de scène est un raccourci de votre nom normal ? – Non.
Donc vous avez gardé votre nom de famille, mais changé votre prénom ? – Oui.
Le stylo est-il important pour vous ? – Pas trop.
Est-ce que le papier toilette, ça vous parle ? – Jamais.
Dans la chanson qu'on vient d'entendre, on parle de la Judée, avez-vous un lien particulier avec cette région ? – Non.
On a eu peur que vous soyez juif ! Êtes-vous né en France ? – Oui.
Êtes-vous chanteur ? – Oui.
Êtes-vous compositeur et auteur ? – Oui.
Avez-vous collaboré avec Marie Laforêt ? – Non.
Êtes-vous également acteur ? – Je suis très mauvais. J'ai tourné dans un film, je n'ai jamais recommencé.
Avez-vous les initiales du bonheur ? – Non.
Avez-vous les dents écartées ? – Non.
Jouez-vous au poker ? – Jamais.
Faites-vous partie des Enfoirés ? – Oui.
C'est Arielle, est-ce que je vous ai rencontré aux Enfoirés ? – Oui.
Avons-nous chanté ensemble ? – Oui.

Maxime Le Forestier

Question du jour

Avant *Once Upon a Time… in Hollywood* de Quentin Tarantino, dans quel film Margot Robbie avait-il déjà joué avec Leonardo DiCaprio ?

Le Loup de Wall Street de Martin Scorsese

Le jeu de mots

de Florian Gazan
et Laurent Ruquier

(Cherchant le sens de Taconeos*)*
– C'est un pet espagnol ? On dit : « J'ai lâché à Taconeos » ?
– Vous voulez dire un gaz pas chaud ?

Citation

Qui a dit : « Je ne connais pas d'endroit plus tranquille que le bureau des réclamations d'un club de parachutiste » ?

Jean Yanne

VENDREDI 16 OCTOBRE

SAINTE EDWIGE

Question du jour

Quel film a été projeté en ouverture du Festival de Cannes en 2019 ?

The Dead Don't Die de Jim Jarmusch

LES AUDITEURS FACE AUX GROSSES TÊTES

Laurent Ruquier : Bonjour Philippe !
Auditeur : Bonjour Laurent, bonjour à tous les chroniqueurs et bonjour au public !
Florian Gazan : On sent le commercial…
Auditeur : Non, même pas, je suis responsable de formation. J'interviens à domicile pour tout ce qui est multimédia, objets connectés.
Muriel Robin : Quelle est la moyenne d'âge de vos clients ?
Auditeur : On a tous les âges, mais c'est plus à partir de 60-70 ans…
Muriel Robin : C'est quand même cette génération-là, beaucoup…
Auditeur : Beaucoup plus âgés que vous, Muriel !
Muriel Robin : Vous savez, vous pourriez venir chez moi… mais il faudrait m'envoyer une photo d'abord !
Auditeur : Ça peut s'arranger…
Muriel Robin : Une photo un peu comme le maire du Havre.
Auditeur : Ça se discute !
Muriel Robin : Comme ça on gagne du temps, on avance… Ça fait bien longtemps que je n'en ai pas vu en plus ! Je dis ça pour rassurer tout le monde… Mais ne vous inquiétez pas, j'ai encore bien la main !
Chantal Ladesou : Si tu avais connu ça avant…
Muriel Robin : Tu l'as vue, la photo ?
Chantal Ladesou : Non, fais voir !
Florian Gazan : Moi, la première fois que je l'ai vue, j'ai cru que c'était le pont de Normandie !
Laurent Ruquier : Vous êtes toujours là, Philippe ?
Auditeur : Bien sûr !

!!! Ça balance aux GROSSES TÊTES

Laurent Ruquier : C'est bientôt l'Eurovision, alors j'ai deux ou trois questions…
Arielle Dombasle : Bilal ! Bilal !
Laurent Ruquier : Oui, non. Je ne vais quand même pas vous demander le nom du représentant de notre pays, Arielle ! Ce serait trop facile… Je vais vous poser une question plus difficile tout de même, puisque…
Muriel Robin : Gigliola Cinquetti !
Laurent Ruquier : Bonne réponse de Muriel Robin !
Muriel Robin : Et voilà ! Je donne la réponse avant la question ! Alors tu vois, Florian, pardon, mais…

Philippe Manœuvre ?

Une Grosse Tête qui, comme Line Renaud, Zizi Jeanmaire ou Joséphine Baker, a été meneur de revue pendant 24 ans.

Les statistiques

500 œufs bio, du comté de Suffolk, ont été nécessaires pour le *sponge cake* servi au mariage du prince Harry et de Meghan Markle.

SAMEDI 17 / DIMANCHE 18 OCTOBRE

SAINT BAUDOUIN

SAINT LUC

Question du jour

Qui est l'auteur de l'œuvre dystopique *La Planète des singes* ?

Pierre Boule

Citation

Qui a dit : « J'ai passé un an à Saint-Étienne, c'était un dimanche » ?

Jacques Martin

Défi du jour

Citez l'auteur qui a obtenu le prix Renaudot en 1931 pour son premier roman, puis le prix Goncourt en 1939, puis le grand prix du roman de l'Académie française en 1944 ?

Philippe Hériat

L'anecdote de Florian Gazan

Je suis voisin de Stephan Eicher dans la ville magnifique d'Aigues-Mortes, en Camargue. Il fait un truc génial, qui montre à quel point c'est un artiste généreux. Il a monté une chorale avec des gens de la ville. Tout le monde peut aller chanter avec Stephan Eicher, c'est quand même incroyable !

Question du jour

Qu'est-ce que les Japonais ont de plus court que tout le monde ?

Leur hymne national, qui dure moins d'une minute.

INVITÉ MYSTÈRE

Êtes-vous un homme ? – Oui.
Est-ce que ça fait plus de vingt ans qu'on vous connaît ? – Oui.
Êtes-vous né en France ? – Non.
Vivez-vous en France ? – Oui, on peut le dire d'une certaine manière, mais pas tout à fait.
Habitez-vous aussi un peu à Los Angeles ? – C'est aussi l'une de mes résidences.
Exercez-vous davantage sur la toile ou sur les planches ? – Ni toile, ni planches… Non pas que je fasse une allergie particulière…
Êtes-vous un homme de plume ? – Oui, de temps en temps… mais ce n'est pas mon activité principale.
Présentez-vous des émissions à la télévision ? – Oui.
C'est Philippe, nous connaissons-nous ? – Oui ! Nous avons même un point commun.

Olivier Minne

Le jeu de mots

de Florian Gazan et Laurent Ruquier

(Devant chercher le nom d'un homme guillotiné)
– A-t-il un nom à particule ?
– Pas du tout, c'est surtout la partie tête qui est tombée !

LES PÉPITES

Caroline Diament : J'adore le « cosmopolitain ». C'est un cocktail à base de vodka, et je demande un « baby cosmopolitain », avec très peu de vodka, du jus de canneberge et un zeste de citron… C'est super bon !

Titoff : Moi, je fais pareil mais uniquement avec de la vodka.

Laurent Ruquier : Quel est votre cocktail préféré, Roselyne ?

Roselyne Bachelot : Le gin tonic !

Titoff : Ce n'est pas un cocktail !

Laurent Ruquier : Vous voulez dire un jean avec quelque chose de tonique à l'intérieur ?

Titoff : Moi, c'est le cocktail de James Bond.

Michèle Bernier : Moi, c'est le mojito royal, avec du champagne à la place du Perrier.

Laurent Baffie : Moi, c'est le Bloody Mary avec un tampon en déco.

Roselyne Bachelot : Oh !

Citation

Qui a dit : « Si quelqu'un vous dit : "Je me tue à vous le dire", laissez-le mourir » ?

Jacques Prévert

MARDI 20 OCTOBRE

SAINTE ADELINE

LES AUDITEURS FACE AUX GROSSES TÊTES

Laurent Ruquier : Sonia est au téléphone depuis Carcassonne. Bonjour Sonia !

Auditrice : Bonjour…

Laurent Ruquier : Vous avez l'air toute timide, Sonia…

Auditrice : Oui, un peu…

Laurent Ruquier : Impressionnée par le savoir de mes Grosses Têtes, peut-être…

Caroline Diament : Il se fout de notre gueule en plus…

Laurent Ruquier : Vous auriez retrouvé Giotto ? Ce n'est pas le nom d'un chien, c'est un peintre italien…

Auditrice : Non, du tout…

Laurent Ruquier : Je vous sens vraiment tout intimidée… Il va falloir souffler un grand coup Sonia… Allez-y !

(L'auditrice souffle au téléphone.)

Laurent Ruquier : Voilà ! Et vous avez bonne haleine en plus Sonia !

Question du jour

Que veulent dire les initiales OCS dans le nom de la chaîne OCS City qui a notamment diffusé *Game of Thrones* en France ?

Orange Cinéma Séries

L'histoire drôle de Jean-Marie Bigard

C'est un couple qui fait chambre à part. Au milieu de la nuit, l'homme entend sa femme hurler : « Au secours ! Au secours ! » Il se précipite dans sa chambre et voit une silhouette sauter par la fenêtre et s'éloigner dans le jardin. Il lui demande : « Qu'est-ce qui t'est arrivé, chérie ? – Le mec là-bas, il m'a violée. Deux fois. » Le mari dit : « Comment ça, deux fois ? Tu aurais peut-être pu hurler un petit peu plus tôt… – La première fois, j'ai cru que c'était toi et, quand il a recommencé, je me suis dit : "Non, ce n'est pas lui"… »

Franz-Olivier Giesbert ?

Une Grosse Tête qui depuis plusieurs décennies jette « l'encre » dans les journaux.

L'anecdote de Laurent Ruquier

Je voudrais présenter toutes mes excuses à la guide qui nous a fait visiter les chutes d'Iguazú, avec Stéphane Plaza et Jeanfi Janssens… En plein mouvement « MeToo, Balance ton porc »… J'ai cru qu'on allait tous finir en taule quand ces deux abrutis lui ont lancé, sous prétexte qu'elle avait l'air de vouloir faire la fête : « Retire ta culotte, c'est moi qui pilote ! »

!!! Ça balance aux GROSSES TÊTES

Laurent Ruquier : On est au XVIIIe siècle. Il a fait un pèlerinage jusqu'à Rome…

Gaël Tchakaloff : Au XVIIIe siècle ? C'est vachement récent !

Laurent Ruquier : Il y a des saints très récents. Les saints ne sont pas tous comme les vôtres.

Gaël Tchakaloff : Alors écoutez, vous n'avez jamais vu mes seins et justement, c'est l'un des trucs les plus réussis chez moi !

Laurent Ruquier : D'ailleurs un dictionnaire de saints devrait s'appeler *Le Robert*.

Question du jour

Qui jouait le rôle du cardinal de Paris dans le film *Notre-Dame de Paris* de Jean Delannoy ?

Boris Vian

Les statistiques

90 %

des baleines et des requins ont disparu.

Défi du jour

Citez le nom de la mère de Jean-Baptiste Poquelin dit Molière.

Marie Cressé

LES AUDITEURS FACE AUX GROSSES TÊTES

Laurent Ruquier : Attention, nous allons appeler M. Maille…

Jean-Jacques Peroni : C'est un cornichon.

Laurent Ruquier : Ça sonne chez M. Maille.

Auditeur : Oui ? Bonjour…

Valérie Mairesse : Allô ? Monsieur Maille ? *Il n'y a que Maille qui m'aille.*

Laurent Ruquier : Monsieur Maille ?

Auditeur : Oui ?

Laurent Ruquier : Vous n'avez pas reconnu Valérie Mairesse qui vous appelait ?

Auditeur : Ah non ! Désolé.

Valérie Mairesse : Et pourquoi ?

Laurent Ruquier : Vous écoutez pourtant bien *Les Grosses Têtes* sur RTL.

Auditeur : Tout à fait.

Valérie Mairesse : Savez-vous pourquoi on vous appelle ?

Auditeur : C'est pour la valise…

Valérie Mairesse : Et alors… Qu'est-ce qu'il y a dans la valise ?

Auditeur : Je vais essayer de retrouver ma petite fiche et je vais vous dire ça…

Valérie Mairesse : Retrouvez la petite fiche, pendant ce temps-là je vous aide à plonger dans la valise…

Auditeur : D'accord.

!!! Ça balance aux GROSSES TÊTES

Laurent Ruquier : Franchement, aujourd'hui, vous avez brillé.

Philippe Manœuvre : Merci.

Laurent Ruquier : On finit mieux l'émission qu'on ne l'a commencée.

Pierre Palmade : Pas moi… Je n'ai rien trouvé, rien compris…

Philippe Manœuvre : Bienvenue à Pierre Palmade ! Ce sont ses débuts, dans moins de six mois, il va répondre à tout, je le sens…

Laurent Ruquier : Vous savez, Chantal, ça fait à peu près six ans qu'elle est là…

Chantal Ladesou : J'ai répondu à deux questions quand même !

JEUDI 22 OCTOBRE

SAINTE SALOMÉ, SAINTE ÉLODIE

Question du jour

Comment une touriste canadienne a-t-elle trouvé la mort sur le parvis de Notre-Dame de Paris le 7 août 1983 ?

Elle a été écrasée par une personne qui s'est suicidée en se jetant du haut des tours.

Le jeu de mots

de Bernard Mabille

(Devant trouver le nom de l'homme mort dans les bras de la princesse Ildico)
Le gros Robert ?

Citation

Qui a dit : « Quand on dit d'une femme qu'elle est assez jolie, c'est qu'elle ne l'est justement pas assez » ?

Sacha Guitry

Question du jour

▼

Sur la tombe de quel écrivain peut-on lire cette épitaphe : « Don't try » ?

Charles Bukowski

Le jeu de mots

de Florian Gazan et Laurent Ruquier

– La garbure !
– Bonne réponse
de Florian Gazan, qui garbure dans cette émission !

INVITÉ MYSTÈRE

Êtes-vous un homme ? – Oui.
Avez-vous les cheveux longs ou courts ? – Courts.
Êtes-vous né à Paris ? – Oui, dans le 15e.
Vous a-t-on reconnu quand vous êtes arrivé à RTL ? – Oui.
Aimez-vous le sport ? – Oui.
À la télé ou vous en faites ? – Les deux.
Avez-vous un corps de sportif ? – *(en riant)* C'est ce que me dit ma femme…
Êtes-vous un *quinquados* (quinqua ado) ? – On peut le dire.
Êtes-vous divorcé ? – Pas encore.
Avez-vous déjà eu des récompenses dans votre discipline ? – Oui.
Avez-vous déjà eu un césar ? – Oui.
Vous arrive-t-il d'être sur scène ? – Ça m'arrive.
Faites-vous du cinéma surtout comme acteur ? – Oui.
Du théâtre aussi ? – Oui.
Êtes-vous déjà venu dans l'émission comme invité mystère ? – Oui.

Guillaume de Tonquédec

!!! Ça balance aux GROSSES TÊTES

Yoann Riou : Olivier, comment pouvez-vous préférer la Polynésie à la Bretagne ? Ciel gris…
Olivier de Kersauson (*en lui coupant la parole*) : Je t'ai déjà dit que tu ne me parlais pas, toi !
Yoann Riou : Mon père est marin-pêcheur…
Jeanfi Janssens : T'es un enfant turbulent, toi !
Olivier de Kersauson : Tu ne me parles pas !
Yoann Riou : Quand je suis né en 1978, tu faisais ta première Route du Rhum.
Olivier de Kersauson : Retourne brailler sur le football et dégage d'ici !

LES PÉPITES

Laurent Ruquier : Yoann Riou est le seul à avoir brillé dans son domaine, aujourd'hui…
Karine Le Marchand : Non.
Laurent Ruquier : Ah bon ? Pourquoi ?
Karine Le Marchand : J'ai trouvé le feu de cheminée.
Laurent Ruquier : C'est votre domaine, ça ?… Ah oui, c'est vrai, c'est votre domaine.
Yoann Riou : C'est normal, vous avez le feu au culte.
Karine Le Marchand : Je n'ai pas compris la vanne.
Yoann Riou : Le culte de l'amour, le culte de…
Karine Le Marchand : C'est un peu capillotracté, votre truc.
Laurent Ruquier : Il n'a pas beaucoup de cheveux, alors il ne peut pas tirer dessus !

SAMEDI 24 / DIMANCHE 25 OCTOBRE

SAINT FLORENTIN — *SAINT CRÉPIN*

LES AUDITEURS FACE AUX GROSSES TÊTES

Laurent Ruquier : Que faites-vous dans la vie, monsieur Maille ? À part tricoter évidemment !
Auditeur : Je travaille chez Renault.
Valérie Mairesse : Moi, j'ai une Renault !
Auditeur : C'est très bien !
Bernard Mabille : Vous avez une petite pensée pour M. Ghosn ?
Auditeur *(en riant)* : Ah, ah, ah !
Bernard Mabille : Qui est parti au Japon avec un guide du Petit futon ?
Auditeur : C'est ça…

L'anecdote de Jeanfi Janssens

Pendant nos vacances au Brésil, c'est vrai que d'entendre Stéphane crier « La papaye ! » toutes les cinq minutes, au bout d'un moment, ça attaquait les oreilles. J'essayais de le tempérer, mais c'est comme un enfant, tu ne sais pas le tenir s'il n'est pas fatigué. Laurent a eu sa vengeance du vengeur masqué ! Je lui avais soumis l'idée. Il a pris ce truc que tu accroches à la porte de ta chambre pour le petit déjeuner et il a commandé un petit déjeuner à cinq heures du matin pour Stéphane Plaza avec un supplément « papaye ». Le serveur est arrivé à l'heure dite. Toc ! Toc ! Toc ! Lui, bien sûr, ouvre, la louloute à l'air, et dit : « Mais qu'est-ce que c'est que cette histoire ? Je n'ai jamais commandé de petit déjeuner ! C'est n'importe quoi, à cinq heures du matin ! » Il a soulevé le couvercle, il a vu la papaye… Il a compris.

Question du jour

Quel est le cri de l'oie ?

Elle cacarde.

Citation

Qui a dit : « L'eau conduit l'électricité mais, si tu mets du vin dedans, elle n'a plus le droit de conduire » ?

Jean-Marie Gourio

Valérie Mairesse ?

Une Grosse Tête qui a un pied à La Rochelle et un pied à Paris, c'est vous dire si elle est restée souple.

L'histoire drôle de Jean-Marie Bigard

Un petit garçon demande à son papa. « Papa, pourquoi est-ce qu'on a une espèce de turban tout le temps autour de la tête ? – C'est pour protéger notre crâne du soleil, de la chaleur. – Mais pourquoi on a une grande robe qui va jusqu'aux pieds… – C'est une djellaba qui protège notre peau du vent, du sable… – Pourquoi on a des chaussures ridicules avec le bout qui remonte ? – Ce sont des babouches ! Sinon, on pourrait se brûler les pieds dans le sable. » Là, le garçon dit : « J'ai une dernière question, papa… – C'est quoi mon fils ? – Dis-moi, équipés comme on est, qu'est-ce qu'on fout à Clermont-Ferrand ? »

LUNDI 26 OCTOBRE

SAINT DIMITRI

Question du jour

Comment s'appelle le roman de Stephen King paru en 2019 en France ?

L'Outsider

INVITÉ MYSTÈRE

Êtes-vous un homme ? – Oui.
Olivier de Kersauson vous fait-il peur ? – Si !
Le connaissez-vous ? – Non.
Protégez-vous ! – C'est fait.
Êtes-vous quelqu'un de plutôt musclé ? – Non.
Utilisez-vous un pseudonyme ? – Non.
Avez-vous des cheveux ? – Oui.
Noirs, blonds, bruns ? – Noirs.
Êtes-vous né et habitez-vous à Paris ? – Oui.
Êtes-vous souvent dans la presse people ? – Non.
Avez-vous un nom à consonance étrangère ? – Oui.
Auriez-vous aimé écrire la chanson *Imagine* de John Lennon ? – Pas spécialement… Je ne suis pas musicien.
Utilisez-vous le stylo, le crayon dans votre métier ? – Oui.
Êtes-vous connu pour être écrivain ? – Oui.
Utilisez-vous parfois des prénoms pour vos livres ? – Oui.
Avez-vous un frère que les actrices aiment bien ? – Oui.

David Foenkinos

Les statistiques

50 % de notre oxygène provient du phytoplancton présent dans les océans en danger.

LES AUDITEURS FACE AUX GROSSES TÊTES

Laurent Ruquier : Vous avez gagné la valise RTL !
Auditeur : C'est génial, je vous remercie beaucoup !
Valérie Mairesse : Qu'est-ce qu'on dit à Valérie ?
Auditeur : Merci Valérie ! Je suis avec tous mes collègues autour de moi, c'est incroyable…
Laurent Ruquier *(faisant la liste du contenu de la valise)* : Vous allez pouvoir distribuer des livres, une montre, des capotes, des croquettes… Vous allez pouvoir leur donner des tas de choses ! Mais vous allez surtout nous donner le nouveau montant de la valise RTL, Jean-Pierre.
Auditeur : 1 069 €.
Laurent Ruquier : 1 069 €… Voilà, ça, c'est facile à retenir effectivement… à cause du département du Rhône…

Défi du jour

Citez le nom de la chanson dans laquelle on retrouve les noms « Pyla-sur-Mer », « Arguin », « Ferret », « Arcachon », « Piquey » et « Frédéliand » ?

Tombé pour elle de Pascal Obispo

MARDI 27 OCTOBRE

SAINTE ÉMELINE

!!! Ça balance aux GROSSES TÊTES

Laurent Ruquier : Une question… normalement pour Yoann Riou…
Élie Semoun : C'est du foot…
Laurent Ruquier : Ce n'est pas du foot, mais c'est du sport.
Bernard Mabille : Attends, il n'est pas sportif !

Citation

Qui a dit : « La seule façon de rendre enfin un musée de cire intéressant, ce serait d'y mettre le feu » ?

Jean-Edern Hallier

Question du jour

Quel oiseau mythique a la grandeur d'un aigle, une tête ornée de plumes formant un cône, des caroncules à la gorge, un cou rayonnant d'or et le reste du corps de couleur pourpre sauf la queue, d'un azur éclatant ?

Le Phénix

MERCREDI 28 OCTOBRE

SAINT SIMON, SAINT JUDE

Question du jour

Quel est le nom complet de la deuxième église « Notre-Dame » située dans le 4e arrondissement comme la cathédrale Notre-Dame de Paris ?

L'église Notre-Dame-des-Blancs-Manteaux

LES AUDITEURS FACE AUX GROSSES TÊTES

Laurent Ruquier : Sarah est au téléphone. Bonjour Sarah !
Auditrice : Bonjour Laurent, bonjour les Grosses Têtes !
Laurent Ruquier : Que faites-vous dans la vie ?
Auditrice : Je travaille dans les ressources humaines pour une association qui s'occupe de personnes en situation de handicap mental.
Florian Gazan : Ah ! Bernard ?
Gaël Tchakaloff : Vous êtes bien tombée ici !
Laurent Ruquier : C'est un beau métier en tout cas… Vous habitez Dompierre-sur-Mer, en Charente-Maritime…
Valérie Mairesse : On n'est pas loin.
Auditrice : C'est ça !
Jeanfi Janssens : Est-ce que vous pouvez prendre en charge Valérie ?
Bernard Mabille : Il faut venir avec une remorque…
Jean-Jacques Peroni : C'est l'hôpital qui se fout de la charité !

!!! Ça balance aux GROSSES TÊTES

Jeanfi Janssens : Parfois, j'imprime des photos et je les sors en magnets pour les mettre sur mon frigo.
Gaël Tchakaloff : T'as des magnets sur ton frigo ?
Jeanfi Janssens : J'ai des albums complets !
Gaël Tchakaloff : Laisse tomber, c'est pour ça que tu ne trouves pas de Jules !
Florian Gazan : Il n'a que des photos de Plaza.
Laurent Ruquier : Vous n'aimez pas les magnets ?
Gaël Tchakaloff : Si un mec a des magnets sur son frigo, je me tire direct !
Valérie Mairesse : En même temps, il ne te cherche pas du tout, Jeanfi !

LES PÉPITES

Yoann Riou : Est-ce que madame Fabian pourrait nous faire l'honneur de chanter quelques instants la reprise de *Je suis malade*, l'une des plus belles chansons de l'histoire.

Laurent Ruquier : Je trouve que vous la chanteriez mieux qu'elle, *Je suis malade…*

Lara Fabian *(en chantant)* : « *Je suis malade / Complètement malade / Comme quand ma mère sortait le soir / Et qu'elle me laissait seule avec / Mon désespoir / Je suis malade* »

Laurent Ruquier : Lara Fabian, il faut que je vous explique, le petit vient d'arriver dans l'émission et il s'est fait larguer la semaine dernière, au même moment…

Lara Fabian : Quand je peux faire plaisir, il n'y a pas de problème.

Laurent Ruquier : Ne lui dites pas cela, malheureuse !

Christophe Beaugrand : C'est-à-dire que sa fiancée est arrivée et lui a fait *(en chantant)* : « *Tout, tout / Tout est fini entre nous…* »

Laurent Ruquier : Vous allez peut-être repartir avec Yoann Riou, parce que vous chantez aussi *Alien…*

JEUDI 29 OCTOBRE

SAINT NARCISSE

INVITÉ MYSTÈRE

Vous arrive-t-il de porter des robes ? – Oui.
Donc vous êtes une femme ou Jean-Paul Gautier… – Oui.
Portez-vous un pseudonyme ? – Oui.
Allez-vous défiler pour le 1er mai ? – Non.
Êtes-vous française ? – Oui, avec la triple nationalité.
Signez-vous beaucoup d'autographes ? – Oui.
Donc vous êtes en même temps américaine ? – Non.
Vivez-vous en France ? – Non.
Avez-vous pris l'avion pour venir ? – Non.
Avez-vous pris le train ? – Oui.
Vous êtes venue de Belgique ? – Non.
De Suisse ? – Oui.
Avez-vous des enfants ? – Non.
Pas de petits Suisses ? – Non.
Mabille ! De toute façon, vous n'êtes pas suisse… – Non.
Est-ce que le stylo est important pour vous ? – Non.
Est-ce que la petite cuillère est importante pour vous ? – Non.
Le stylo n'est pas important parce que vous travaillez sur ordinateur, j'imagine… – Oui.
Est-ce que le micro est important pour vous ? – Oui.
Vous arrive-t-il d'être sur scène ? – Oui.
Avec un instrument ? – Oui.
Guitare ? – Oui.
Et le piano ? – Parfois.
Vous arrive-t-il de chanter ou de jouer dans d'autres pays ? – Oui.
Je suis un homme, chantée par Zazie, c'est un bon indice n'est-ce pas ? – Oui.
Faites-vous partie des Enfoirés ? – Non.
Avez-vous interprété une chanson avec un prénom d'homme ? – Sûrement.
Avez-vous chanté dans une comédie musicale ? – Oui.
Allez-vous parfois au Canada ? – Oui.
Avez-vous déjà eu des prix ? – Oui.
Est-ce que le mot « safari » vous dit quelque chose ? – Oui.

Diane Tell

Question du jour

Comment s'appelle l'opéra de Venise, victime de plusieurs incendies ?

La Fenice

Le jeu de mots

de Laurent Ruquier

(À Gaël Tchakaloff)
Même le nom d'une soupe, vous ne pouvez pas répondre ? Vous qui êtes dans le potage depuis le début de cette émission !

Défi du jour

Citez le nom des laboratoires qui produisent chaque année mille tonnes de granules à Messimy, près de Lyon.

Les laboratoires Boiron

VENDREDI 30 OCTOBRE

SAINTE BIENVENUE

Question du jour

Pourquoi prête-t-on particulièrement attention à la présence de Maria Letizia Ramolino sur le tableau *Le Sacre de Napoléon* ?

C'est la mère de Napoléon, et elle n'était pas présente le jour du sacre.

Les statistiques

33 %

des Français ont déclaré que la raclette était leur plat préféré.

Défi du jour

Citez les noms et prénoms des parents de Tanguy, qui ont fait leur retour au cinéma en avril 2019.

Paul et Édith Getz

LES AUDITEURS FACE AUX GROSSES TÊTES

Laurent Ruquier : Yoann Riou, vous allez appeler Mme Dubois, dans les Yvelines. Vous connaissez le principe : ça sonne, ça décroche, vous lui demandez si elle vous reconnaît et ensuite le contenu de la valise…
Laurent Baffie : Ne vous étonnez pas si elle ne vous reconnaît pas.
Yoann Riou : Je suis tout nouveau, ça ne fait que trois semaines, Laurent !
Auditrice : Allô ?
Yoann Riou : Oui, bonjour, madame Dubois ?
Auditrice : Oui, bonjour.
Yoann Riou : Vous allez bien ? Tout va bien pour vous ?
Auditrice : À qui je parle ?
Yoann Riou : Vous ne me reconnaissez pas ?
Laurent Baffie : Nous avons commandé 3 stères, madame Dubois, et nous n'avons rien reçu !
Yoann Riou : Je pense que vous nous reconnaissez avec tous ces sourires, non ? On applaudit madame Dubois ! *(Le public applaudit)*. Je suis sûr que vous savez pourquoi on vous appelle. C'est pour vous faire gagner quelque chose !
Bernard Mabille : Allez, on applaudit, on applaudit !
Auditrice : C'est une blague ?
Yoann Riou : Non, ce n'est pas une blague. Il y a 100 personnes qui vous écoutent et environ 2 500 000 auditeurs…
Laurent Ruquier : Il connaît les chiffres en plus ! Même moi, je ne les connais pas !

!!! Ça balance aux GROSSES TÊTES

Laurent Ruquier : On est très fier aujourd'hui parce que M. Plaza a un papier dans *Le Monde*… C'est écrit : « Stéphane Plaza, les affaires… » Comment c'est écrit ? Non, ce n'est pas écrit « escroc », c'est écrit… « Les bonnes affaires de la maison Plaza » !

L'histoire drôle de Jean-Jacques Peroni

Pourquoi la poule a-t-elle mal au cul ? Parce qu'elle est passée du coq à l'âne.

Question du jour

Quelle illustration originale de *Martine* s'est vendue à près de 50 000 euros, en avril 2019, à Paris ?

L'une des illustrations de *Martine, petit rat de l'Opéra*

Le jeu de mots

de Gérard Jugnot

(Durant une conversation sur le crochet)
J'ai connu un capitaine qui faisait du crochet.

Citation

Qui a dit : « Il n'existe pratiquement aucune différence entre un Anglais en état d'érection et un Italien impuissant » ?

Frédéric Dard

LUNDI 2 NOVEMBRE

SAINT VICTORIN

Question du jour

Qui incarnait la maman de Marlène Jobert dans le film *Nous ne vieillirons pas ensemble* de Maurice Pialat ?

Christine Fabréga

Citation

Qui a dit : « L'ennui avec les voitures de sport, c'est que quand vous avez les moyens d'en acheter une, vous ne pouvez plus rentrer dedans » ?

Orson Welles

INVITÉ MYSTÈRE

Êtes-vous brun ou blond ? – Blond.
Avez-vous passé le week-end à Paris ? – Oui.
Étiez-vous sur les Champs-Élysées ? – Non, j'étais plus au sud.
Avez-vous des enfants ? – Un.
Portez-vous un pseudonyme ? – Non.
Peut-on dire que vous êtes doué de vos mains ? – Non, pas particulièrement.
Vous l'avez été tout de même ! – Effectivement. Mais on le sait moins.
Avez-vous eu une première vie avant celle que vous menez actuellement ? – Oui.
Avez-vous des pouvoirs magiques ? – Non, mais j'aimerais bien.
Écrivez-vous des chansons ? – Pas des chansons.
Êtes-vous écrivain ? – Oui. J'étais au Salon du livre ce week-end. C'est pour ça que je disais que j'étais un peu plus au sud.
Vous écrivez de la littérature, pas du théâtre ? – Oui.
Vos livres ont-ils été parfois adaptés au théâtre ? – Oui.
Écrivez-vous des romans un peu historiques ? – Oui.
Participiez-vous à une émission télévisée ? – Oui.

Jean Teulé

Défi du jour

Citez le titre et l'auteur de l'opéra dans lequel Siegmund retrouve sa sœur jumelle.

La Walkyrie de Richard Wagner

LES AUDITEURS FACE AUX GROSSES TÊTES

Laurent Ruquier : Robin est au téléphone. Bonjour Robin !
Auditeur : Bonjour Laurent, bonjour les Grosses Têtes !
Élie Semoun : T'as changé de voix, Muriel !
Laurent Ruquier : Il habite Frotey-lès-Vesoul.
Michèle Bernier : Ça fait envie !
Jean Benguigui : C'est pour Bigard, ça !
Laurent Ruquier : C'est où Frotey-lès-Vesoul ?
Auditeur : À trois kilomètres de Vesoul, en Haute-Saône.
Laurent Ruquier : T'as voulu voir Vesoul, mais tu n'es pas arrivé jusque-là !

MARDI 3 NOVEMBRE

SAINT HUBERT

!!!
Ça balance aux

GROSSES TÊTES

Philippe Geluck : Un mouvement est en train de naître dans les pays nordiques pour boycotter l'avion.
Cristina Córdula : Pour ne pas sortir de l'Europe ?
Philippe Geluck : Non.
Cristina Córdula : En train, oui, mais tu ne peux pas aller aux États-Unis en train par exemple.
Philippe Geluck : C'est-à-dire qu'il faut essayer de voyager autrement…
Cristina Córdula : Quand je vais aller au Brésil, ça va prendre combien de jours en bateau ?
Philippe Geluck : Tu y resteras, c'est tout.
Cristina Córdula : Ce n'est pas la première fois que vous êtes méchant avec moi…
Philippe Geluck : Je reconnais que ce que j'ai dit n'était pas aimable… mais les gens ont ri. Ce sont eux qui sont cruels, pas moi ! *(Au public)* Vous êtes dégueulasses ! Vous êtes des salauds !

Question du jour

Sous quel nom la chanteuse Pauline Matthews est-elle plus connue ?

Kiki Dee

Les statistiques

800 g

de fromage à raclette sont consommés en moyenne chaque année par foyer en France.

JOURNÉE MONDIALE DE LA GENTILLESSE

SAINT CHARLES

Question du jour

Quel écrivain est mort très jeune, dans les années 1920, d'une fièvre typhoïde contractée au Cap-Ferret ?

Raymond Radiguet

Citation

Qui a dit : « Le temps, c'est de l'argent. Sur les tempes » ?

Robert Sabatier

INVITÉ MYSTÈRE

Êtes-vous un homme ? – Oui.
Avez-vous les cheveux longs ? – Non.
Vous a-t-on reconnu quand vous êtes arrivé au studio RTL ? – Je n'ai pas fait attention.
Êtes-vous né en France ? – On va dire ça.
Portez-vous un pseudonyme ? – Non.
Avez-vous fait *Danse avec les stars* ? – Non.
Avez-vous travaillé dans la police ? – Non.
Connaissez-vous personnellement Gérard Jugnot ? – Oui.
Êtes-vous chanteur ? – Non.
Avez-vous des enfants ? – Oui.
Êtes-vous acteur ? – Oui.
Êtes-vous également réalisateur ? – Non.
Êtes-vous plus scène ou cinéma ? – Les deux.
Avez-vous commencé au sein d'un groupe ou d'une troupe ? – Une troupe.

Christian Clavier

!!! Ça balance aux GROSSES TÊTES

Laurent Ruquier : Vous allez regarder Roland-Garros ?
Stéphane Plaza : J'adore ! Je vais même aller sur place…
Laurent Ruquier : Il paraît que vous êtes très reconnaissable dans les gradins.
Stéphane Plaza : Parce que je suis gros !
Laurent Ruquier : Non, mais comme vous arrivez souvent en retard, vous êtes le seul qui tourne la tête dans l'autre sens !

LES PÉPITES

Laurent Ruquier : On a appris la disparition de George Bush ; le premier Bush, l'autre est toujours vivant. Le 41e président des États-Unis est mort à l'âge de 94 ans. Son fils lui, Bush Junior – c'est toujours bizarre de dire Bush Junior pour un monsieur qui a quel âge ? 70 ?

Florian Gazan : Oh, pas loin…

Laurent Ruquier : Un vieux junior.

Chantal Ladesou : Mais c'est quand même Bush Junior !

Laurent Ruquier : Et, chose étonnante, qu'a-t-il fait le jour même de ses 90 ans ?

Jean-Jacques Peroni : Il s'était fait tailler une pipe… pour voir si tout fonctionnait encore.

Laurent Ruquier : Oh non ! Écoutez…

Florian Gazan : Il s'est fait faire un tatouage « Mon fils est un con. »

LES AUDITEURS FACE AUX GROSSES TÊTES

Auditrice : Qui est là aujourd'hui ?
Laurent Ruquier : Mme Bachelot…
Auditrice : J'adore Roselyne, elle est fun, elle est géniale, je l'adore !
Roselyne Bachelot : Merci.
Laurent Ruquier : J'ai Steevy Boulay en magasin.
Auditrice : Steevy, c'est un amour, bien sûr !
Steevy Boulay : Merci, mademoiselle !
Laurent Ruquier : M. Peroni, vous connaissez M. Peroni ?
Auditrice : Ah oui ! Breton… comme moi.
Florian Gazan : Tout est dit.
Jean-Jacques Peroni : À la vôtre !
Laurent Ruquier : J'ai M. Manœuvre, qui ne dit rien pour l'instant…
Auditrice : J'ai rencontré plusieurs fois Philippe Manœuvre parce que j'ai travaillé pendant quinze ans dans l'industrie du disque, chez Sony Music.
Philippe Manœuvre : Ouais…
Florian Gazan *(imitant Philippe Manœuvre)* : Oui, bien sûr ! Et on a baisé ou pas ?
Auditrice : Non, Philippe… J'étais trop sage ! Philippe, sans déconner, mon mari va écouter, ce n'est pas cool !
Laurent Ruquier : Votre mari va être content, car on va vous envoyer deux montres RTL !

Question du jour

Dans quelle pièce de Jean Anouilh Michel Bouquet joue-t-il le rôle de Charles VII et Suzanne Flon le rôle titre ?

L'Alouette

Le jeu de mots

de Valérie Mairesse et Stéphane Plaza

– Franchement, la testostérone de Napoléon ne m'intéresse pas !
– Pourtant, il avait un bon appart' !

Philippe Geluck ?

Une Grosse Tête qui n'a pas un poil dans la main, mais carrément un chat dans la tête.

L'anecdote de Muriel Robin

Je sais ce que je mettrais sur ma tombe. Je ferais écrire : « Il fait chaud ou c'est moi ? »

L'histoire drôle de Philippe Manœuvre

Il y a une blague très connue à propos des gros nibards de Dolly Parton. « Est-ce que tu as vu les pieds de Dolly Parton ? – Non. – Eh bien, elle non plus. »

Question du jour

Quel est le titre du film dans lequel Henri Guybet a joué son seul rôle principal au cinéma ?

Le Pion de Christian Gion

LES AUDITEURS FACE AUX GROSSES TÊTES

Laurent Ruquier : Johnny est au téléphone. Bonjour Johnny !
Stéphane Plaza : Halliday ? Où est Laeticia ?
Muriel Robin : *Allumez le feu !... Oh Marie !*
Laurent Ruquier : Ce doit être un prénom difficile à porter en ce moment, n'est-ce pas ?
Auditeur : Oui, tout à fait.
Laurent Ruquier : Vos parents vous ont appelé ainsi à cause de Johnny ?
Auditeur : Oui. Mon père est un grand fan.
Laurent Ruquier : Et vous-même ?
Auditeur : Oui, j'aime beaucoup.
Muriel Robin : Votre papa s'appelle aussi Johnny peut-être ?
Auditeur : Ah non, il s'appelle Patrick.
Muriel Robin : Rien à voir… Patrick Juvet ?
Auditeur *(en riant)* : Non.
Michèle Bernier : C'est plus compliqué Patrick Juvet…
Laurent Ruquier : Et vous avez trouvé votre Laeticia, Johnny ?
Auditeur : Oui, elle s'appelle Alexandra.
Laurent Ruquier : Que faites-vous dans la vie, Johnny ?
Auditeur : Chauffeur routier.
Laurent Ruquier : Voilà ! Johnny est sur les routes et il écoute *Les Grosses Têtes* l'après-midi !

Citation

Qui a dit : « J'adore parler de rien. C'est le seul domaine où j'ai des vagues connaissances » ?

Oscar Wilde

!!! Ça balance aux GROSSES TÊTES

Laurent Ruquier : Monsieur Riou, vous pourriez au moins nous raconter une petite épreuve que vous avez pu faire à *Fort Boyard* !
Yoann Riou : Non, ça a été dur… mais c'est ça le…
Laurent Ruquier : Mais une ! Une !
Yoann Riou : Non, on ne peut pas… Sinon…
Laurent Ruquier : Sinon quoi ? Ils ne vont pas mettre l'émission à la poubelle. Tandis que sinon, ici, vous êtes viré !

LES PÉPITES

Laurent Ruquier : Gérard Jugnot connaît l'auteur de cette citation, c'était à l'époque où il travaillait dans une émission de télévision.
Gérard Jugnot : Sacha Distel ?
Laurent Ruquier : Vous avez fait le Sacha Show ?
Gérard Jugnot : Oui.
Laurent Ruquier : Qu'est-ce que vous foutiez dans l'émission ?
Gérard Jugnot : Je faisais des conneries entre les numéros de chanson. J'ai dû faire ça deux fois.
Laurent Ruquier : Ils n'ont pas pris Isabelle Mergault en revanche dans le Sacha Show !

SAMEDI 7 / DIMANCHE 8 NOVEMBRE

SAINTE CARINE — *SAINT GEOFFROY*

L'anecdote de Philippe Geluck

J'ai vu Clara Luciani en concert à l'*AB* à Bruxelles. Il y a aussi une raison, familiale : mon fils, Chance, chantait en première partie. Il a traduit *Geluck* qui veut dire « chance » en flamand.

Question du jour

À qui appartenait le chien Fufu élevé à la dignité de maréchal d'aviation ?

C'était le caniche de Rama X, le roi de Thaïlande.

INVITÉ MYSTÈRE

Êtes-vous une femme ? – Oui.
Des enfants ? – Oui.
Vos enfants ont-ils des enfants ? – Non.
Avez-vous travaillé hier soir ? – Non. Même s'il m'arrive de travailler le soir.
Êtes-vous brune ou blonde ? – Ça dépend.
Portez-vous un pseudonyme ? – Non.
Utilisez-vous beaucoup votre stylo pour travailler ? – Oui.
Avez-vous connu Michel Berger ? – Oui.
Êtes-vous chanteuse ? – Oui.
Êtes-vous à la fois chanteuse et compositrice ? – Oui.
Jouez-vous d'un instrument ? – Oui.
Êtes-vous dans le style rock ? – Oui.
Avez-vous été récompensée il n'y a pas longtemps ? – Non.
Johnny qui chante *La Première Fois,* c'est un double indice, n'est-ce pas invitée mystère ? – Oui.
Êtes-vous en ce moment en concert à Paris ? – Non.
Avez-vous chanté avec Johnny ? – Oui.
Connaissez-vous Philippe Manœuvre ? – Oui.
Vous a-t-il déjà interviewée ? – Non.
Avez-vous sorti beaucoup d'albums ? – Oui.
Combien ? – Seize.

Jeanne Mas

Le jeu de mots

d'Arielle Dombasle et Laurent Ruquier

– Mon frère est allé au Père-Lachaise…
– C'est normal, il s'appelle Pierre ! Il va au Père-Lachaise : « Pierre Dombasle » !

Défi du jour

Citez le plus gros des crocodiles connu à ce jour.

Le porosus

LUNDI 9 NOVEMBRE

SAINT THÉODORE

Question du jour

Selon la presse, dans quelle station de métro trouverait-on le plus de pickpockets à Paris ?

Bir-Hakeim

INVITÉ MYSTÈRE

Êtes-vous un homme ? – Oui.
Êtes-vous la seule personne connue dans votre famille ? – Oui, je crois.
Êtes-vous né en France ? – Oui.
Portez-vous un pseudonyme ? – Non.
Avez-vous réussi grâce à votre physique ? – *(en riant)* Oh non ! Non !
Il rigole comme s'il était moche. Avez-vous connu Georges Pompidou comme président de la République ? – Oui.
Peut-on vous croiser dans les tribunes des stades ? – Non.
Êtes-vous présent sur les réseaux sociaux ? – Très peu.
Êtes-vous grand-père ? – Oui.
Lisez-vous au moins un livre par semaine ? – Oui.
Êtes-vous toujours marié ? – Oui !
Êtes-vous venu en taxi ? – Non, en scooter.
Vous reconnaît-on dans la rue ? – Les vieux me reconnaissent, pas les jeunes.
Est-ce en rapport avec votre domaine d'activité ? – Oui.
Avez-vous été célèbre jeune ? – Non.
Habitez-vous en Corse ? – Non, mais j'en suis originaire.

Jérôme Bonaldi

Le jeu de mots

de Laurent Baffie

(Après avoir trouvé le prénom de la mère de Jeanne d'Arc)
Elle était comme sa fille, femme au foyer.

L'histoire drôle de Laurent Baffie

Deux bites sont sur la plage. L'une se lève et s'étire. Elle dit : « Je vais me baigner. Tu gardes les sacs ? »

Citation

Qui a dit : « Si un homme me tient à distance, ma consolation est qu'il s'y tient aussi » ?

Jonathan Swift

L'anecdote de Jeanfi Janssens

Le Machu Picchu, j'y suis allé quand je faisais des escapades avec Air France. C'est beau ! Mais tu as du mal à respirer parce que c'est en altitude, quand même… Tu montes les escaliers mais tu souffles !

LES AUDITEURS FACE AUX GROSSES TÊTES

Laurent Ruquier : Chère Muriel, vous allez appeler Damien dans le Vaucluse…
Auditeur : Allô ?
Muriel Robin : Damien ?
Auditeur : Oui…
Muriel Robin : Oui, bonjour ! Reconnaissez-vous ma voix ?
Auditeur : Pas du tout.
Muriel Robin : Est-ce que je fais des sketches ? Peut-être aimez-vous ce que je fais… Si vous n'aimez pas, je raccroche tout de suite. Ce serait dommage pour vous parce qu'il y a peut-être quelque chose…
Auditeur : J'ai bien un doute…
Muriel Robin : Alors allez-y, lancez-vous !
Auditeur : Ce sont *Les Grosses Têtes* ?
Muriel Robin : Oui, ce sont *Les Grosses Têtes*, Damien.
Philippe Geluck : On va vous aider, c'était Arielle Dombasle qui vous parlait…
Auditeur : Alors ça, c'est Philippe Geluck !

Question du jour

Dans *Les Femmes savantes*, quel est le nom de la maman d'Henriette, qui souhaite qu'elle épouse Trissotin plutôt que Clitandre ?

Philaminte

Pierre Bouby ?

Une Grosse Tête à qui ça sert d'être Grosse Tête surtout sur les corners, puisqu'il est footballeur.

LES PÉPITES

Arielle Dombasle : Le public est vif aujourd'hui ! Et je reconnais quelqu'un que j'aime beaucoup, qui a été groom au Ritz et qui est le dernier à avoir connu Coco Chanel vivant au Ritz.
Christophe Beaugrand : Il vient tous les jours !
Florian Gazan : Il est groom à RTL maintenant !
Arielle Dombasle : C'est Serge. Il m'a connue enfant parce que ma marraine…
Christophe Beaugrand : Il doit être extrêmement âgé alors… *(à Serge)* Vous êtes centenaire ?
Florian Gazan : Il a connu Arielle en noir et blanc.
Arielle Dombasle : Mais il était tout jeune quand il était groom au Ritz !
Florian Gazan : Il s'appelait Spirou.
Arielle Dombasle : Il a connu ma marraine, Laura Bacon, qui a habité trente ans au Ritz.
Laurent Ruquier : Elle passait toujours au petit déjeuner.

!!! Ça balance aux GROSSES TÊTES

Laurent Ruquier : Guillaume, est-ce conseillé de regarder ce soir sur M6, le film *Les Petits Mouchoirs* avant la sortie de la suite mercredi ?
Guillaume Canet : Je ne vais pas dire que ce n'est pas conseillé, sinon, chez M6, ils ne seront pas contents. Mais on peut aller voir le deuxième sans avoir vu le premier.
Laurent Ruquier : Gérard Jugnot, un conseil à Guillaume Canet : est-ce qu'il faut qu'il fasse un trois ou pas ?
Guillaume Canet : Oh, la question piège !
Gérard Jugnot : Nous, on a attendu trente ans et on s'est pris des seaux de merde… Donc je ne le conseille pas forcément.

MERCREDI 11 NOVEMBRE

ARMISTICE 1918, MORTS POUR LA PATRIE

Question du jour

Qu'est-ce qu'une aposiopèse ?

Une figure de style consistant à ne pas finir une phrase.

Le jeu de mots

de Laurent Ruquier

(À propos du chat d'Arielle Dombasle qui a tout vu d'un cambriolage)

Il n'a pas pu raconter les faits à la police… Il n'a pas donné sa langue !

Défi du jour

Citez les célèbres paroles prononcées par César avant de franchir le Rubicon ?

Alea jacta est, ce qui veut dire : « Le sort en est jeté. »

JEUDI 12 NOVEMBRE

SAINT CHRISTIAN

LES AUDITEURS FACE AUX GROSSES TÊTES

Laurent Ruquier : Sonia, vous êtes prête ?
Auditrice : Oui.
Laurent Ruquier : Quel est le premier acteur, rejoint depuis par certaines personnalités, à avoir protesté contre le sultanat de Brunei en demandant que l'on boycotte les hôtels *Meurice, Plaza Athénée* ou encore le *Dorchester* à Londres…
Caroline Diament : Une star hollywoodienne…
Auditrice : Stéphane Plaza ?
Élie Semoun : Non… Une star hollywoodienne…
Laurent Ruquier *(en riant)* : Écoutez, je vais vous engager comme Grosse Tête, parce que vous ne trouvez pas la réponse, mais vous êtes drôle, Sonia !
Élie Semoun : C'est une star… Un beau gosse…
Auditrice : Ah oui ! Je l'ai vu…
Laurent Ruquier : C'est un grand acteur international…
Élie Semoun : Moi, en version américaine !
Laurent Ruquier : Oh !
Laurent Baffie : Oh non !
Élie Semoun : Si, c'est pareil… Un beau gosse…
Auditrice : C'est George Clooney.
Laurent Ruquier : Ah ! Ouf !
Caroline Diament : C'est Élie Semoun qui vous a mis sur la piste ?
Laurent Ruquier : Vous trouvez vraiment qu'Élie Semoun ressemble à George Clooney, Sonia ?
Auditrice : Non, du tout !
Élie Semoun : Je vous remercie !… Tu pourrais être polie, ce n'est pas parce que tu as gagné un séjour je-ne-sais-pas-où que…

!!! Ça balance aux GROSSES TÊTES

Laurent Ruquier : Vous avez regardé *Game of Thrones* ?
Arielle Dombasle : Oui ! Et il y a une sorte de nain lubrique qui peut peut-être vous plaire…
Roselyne Bachelot : C'est une biographie d'Élie Semoun ?
Élie Semoun : Ça va !
Laurent Ruquier : Il y a longtemps que l'on n'avait pas eu de nouvelles de Philippe Bouvard !

Question du jour

Que veut dire le mot « lusophile » ?

Il désigne quelqu'un qui aime les Portugais et la culture portugaise.

Citation

Qui a dit : « Celui qui meurt cette année en est quitte pour l'an prochain » ?

William Shakespeare

Les statistiques

Kevin O'Connell, ingénieur du son, a dû attendre sa 21e nomination aux Oscars pour être enfin récompensé par la statuette du cinéma américain.

Question du jour

Dans quel film d'Alfred Hitchcock, Doris Day chante-t-elle *Que sera, sera* ?

L'homme qui en savait trop

INVITÉ MYSTÈRE

Êtes-vous une femme ? – Oui.
Un peu farouche ? – Très.
Êtes-vous née en France ? – Non.
Dans un pays francophone ? – Oui.
Avez-vous des enfants ? – Oui.
Combien ? – Deux.
Êtes-vous actrice ? – Oui.
Êtes-vous d'origine égyptienne ? – Oui, je suis née à Alexandrie.
Jouez-vous dans des séries ? – Non.
Faites-vous essentiellement du cinéma ? – Du tout. Du théâtre.
Êtes-vous actuellement en répétition ? – Non.

Isabelle de Botton

Les statistiques

99 % du territoire de la Libye sont constitués de désert.

LES AUDITEURS FACE AUX GROSSES TÊTES

Laurent Ruquier : Armand est au téléphone.

Auditeur : Bonjour Laurent !

Laurent Ruquier : Vous avez 20 ans, vous êtes tout jeune. Vous êtes à Castelnau-d'Estrétefonds, c'est bien ça ?

Auditeur : Oui, je ne vous facilite pas la tâche avec un nom pareil.

Laurent Ruquier : C'est en Haute-Garonne. Que faites-vous ? Vous avez une voix plus âgée qu'un garçon de 20 ans je trouve…

Auditeur : Ah bon ? Je suis volontaire en Service civique.

Laurent Ruquier : Un garçon bien pour la France. Armand, vous allez peut-être gagner un séjour au Futuroscope. Un hôtel 3 étoiles vous est déjà réservé… Je ne sais pas pourquoi trois et pas quatre, mais enfin, c'est comme ça…

Valérie Mairesse : Parce qu'au Futuroscope il n'y a pas de 4 !

Stéphane Plaza : Tu connais bien Poitiers, toi !

Valérie Mairesse : J'ai passé ma vie à y aller avec mon fils quand il était petit parce qu'il adorait…

Défi du jour

Citez le nom de l'acteur qui dit le seul mot prononcé dans le film quasi-muet *La Dernière Folie de Mel Brooks*.

Le mime Marceau

SAMEDI 14 / DIMANCHE 15 NOVEMBRE

SAINT SIDOINE — SAINT ALBERT

!!!
Ça balance aux **GROSSES TÊTES**

Laurent Ruquier : Bonne réponse collective !
Stéphane Plaza : J'aime bien les réponses collectives !
Laurent Ruquier : Ce que j'appelle « réponse collective », c'est quand tout le monde répond sauf vous.

Citation

Qui a dit : « Ce qu'on a réussi à faire avec le téléphone sans fil, j'espère qu'on réussira à le faire avec les haricots » ?

Philippe Geluck

Question du jour

Quel acteur français est présent dans la distribution de *L'homme qui en savait trop* d'Alfred Hitchcock ?

Daniel Gélin

LUNDI 16 NOVEMBRE

SAINTE MARGUERITE

Question du jour

Quel monument a son adresse officielle au 5, avenue Anatole-France ?

La tour Eiffel

Le jeu de mots

de Cristina Córdula et Bernard Mabille

– Est-ce qu'il y a des gens qui consomment de la viande de zèbre ?
– À la caisse, c'est pratique ! Il n'y a pas besoin de code-barres.

Citation

Qui a dit : « L'expérience est une lanterne que l'on porte sur le dos et qui n'éclaire jamais que le chemin déjà parcouru » ?

Confucius

JOURNÉE MONDIALE DE LA TOLÉRANCE

? INVITÉ MYSTÈRE

Vous rasez-vous le matin ? – Je me rase, mais le soir.
Pourquoi le soir et pas le matin ? – Parce que le matin, ça coupe l'inspiration.
Avez-vous des enfants ? – Oui, cinq.
Laurent Baffie pense que vous êtes Loïck Peyron. Êtes-vous navigateur à ce point ? – J'ai beaucoup d'admiration pour lui, c'est un ami.
Mais vous n'êtes pas navigateur professionnel ? – Non.
Êtes-vous poissonnier ? – Non.
Avez-vous un bateau ? – J'en ai eu plusieurs.
Êtes-vous sportif ? – Je l'ai été. Mais pas professionnellement.
C'est vous qui avez écrit *La Ville ainsi soit-il* pour Pierre Bachelet ? – Oui, je l'ai écrite avec joie. J'adorais Pierre Bachelet.
Êtes-vous chanteur ? – Non.
Êtes-vous écrivain ? – Oui.
Êtes-vous breton ? – Oui.
Votre sœur joue-t-elle du piano ? – Tout à fait.

Yann Queffélec

Question du jour

Qui était président du jury du Festival de Cannes en 2019 ?

Alejandro González Iñárritu

Jérémy Ferrari ?

Une Grosse Tête qui serait capable d'appeler son fils Renaud, juste pour l'emmerder.

LES PÉPITES

Yoann Riou : Je suis très heureux de vous voir, Jean-Luc Lemoine, car j'ai su que vous avez été un petit peu fâché avec Laurent Ruquier, pendant quelques mois… Je suis heureux de vous retrouver.

Laurent Ruquier : Jean-Luc Lemoine et moi ? Oh non !

Yoann Riou : Un petit peu, quelques mois…

Valérie Mairesse : Il ne faut pas écouter la rumeur !

Jeanfi Janssens : Il invente des rumeurs encore !

Christine Ockrent : Il ne faut pas croire les médias !

Jean-Luc Lemoine : Mais oui, pas quelques mois… Quelques années à peine.

Jeanfi Janssens : Ils couchent encore ensemble !

Laurent Ruquier : On n'a jamais été fâchés, vous savez ce que sont les journaux… Ils vous font dire des trucs sur l'un, sur l'autre… Moi, ils m'ont fait dire des compliments sur vous, c'est dire…

!!! Ça balance aux GROSSES TÊTES

Olivier de Kersauson : Ça s'écrit comment « Melha » ?

Melha Bedia : M-E-L-H-A.

Florian Gazan : C'est comme une pêche melba sans le B.

Melha Bedia : Voilà, et avec un H aspiré.

Olivier de Kersauson : Et Bedia ?

Melha Bedia : B-E-D-I-A. J'ai l'impression qu'il me fait mon thème astral.

Olivier de Kersauson : Je ne te vois pas un bel avenir…

Question du jour

Quel roman de Vercors, le pseudonyme de Jean Bruller, est paru aux Éditions de Minuit en 1942 ?

Le Silence de la mer

!!! Ça balance aux GROSSES TÊTES

Nelson Monfort : En 1983, j'ai vu un objet extraordinairement lumineux au-dessus de la crête des Alpes. À un moment donné oscillant à 45° et s'enfuyant à une vitesse vertigineuse. Qu'est-ce que vous voulez que ce soit ?
Laurent Ruquier : Vous avez vu cet OVNI en 1983 et vous ne nous le dites que maintenant ?
Nelson Monfort : Cela fait 35 ans que vous ne m'avez pas invité.

Le jeu de mots

de Laurent Ruquier et Bernard Mabille

– Il paraît que dans les grandes surfaces, on pouvait trouver des steaks de lama…
– Il ne chante plus ?

INVITÉ MYSTÈRE

Nous entendez-vous, invitée mystère ? – Oui, je vous entends bien.
Femme ! Femme ! Une femme délicate… Êtes-vous seule dans la loge ? – Oui.
Avez-vous des enfants ? – Oui.
Avez-vous été récompensée d'une victoire de la musique récemment ? – Non.
Et avant ? – Non.
Portez-vous un pseudo ? – Oui.
Vous a-t-on reconnue quand vous êtes arrivée à RTL ? – C'est-à-dire devant ? Oui.
Le pseudo est-il composé uniquement d'un mot ? – Oui. On utilise mon nom aussi de temps en temps, maintenant.
Avez-vous un pseudonyme de trois lettres ? – Non.
Êtes-vous venue de loin ou êtes-vous de Paris ? – En ce moment, je suis dans le sud de la France, et je suis venue exprès pour une journée de promo.
Vous travaillez dans le Sud… – En ce moment, oui.
Vous êtes dans le tourisme ? – *(en riant)* Exactement ! Non, je tourne dans le Sud, en ce moment.
Tourner, c'est votre activité principale ? – Ça dépend, je fais plusieurs choses.
Faites-vous de la scène ? – Oui.
Avez-vous déjà fait du cinéma ? – Oui.
Et vous avez déjà eu une récompense pour ça ? – Non.
Donc vous n'êtes pas très bonne… Êtes-vous sur les réseaux sociaux ? – Oui.
Avez-vous collaboré avec Dany Brillant ? – Non.
Avez-vous un rapport avec le film *La vie est belle* ? – Non.
C'est votre vie à vous qui est belle ? – Aussi. Pas uniquement.
Mais avez-vous chanté cette chanson ? – J'ai chanté une chanson qui s'appelle *La vie est belle*.
Jouez-vous dans la série *Demain nous appartient* ? – Oui.

Lorie Pester

JEUDI 19 NOVEMBRE

SAINT TANGUY

LES AUDITEURS FACE AUX GROSSES TÊTES

Laurent Ruquier : On va vous envoyer une montre RTL… Vous écoutez notre émission régulièrement ?

Auditeur : Depuis très longtemps, je suis fan.

Laurent Baffie ***(alors que Philippe Manœuvre est resté silencieux depuis un moment)*** **:** Xavier, ça vous a touché, vous, la disparition de Philippe Manœuvre ?

Laurent Ruquier : Philippe, dites un mot gentil à notre auditeur !

Philippe Manœuvre : Bonjour auditeur !

Laurent Ruquier : Si Philippe était gentil, il…

Antoine Duléry : Il chanterait du Dick Rivers !

Laurent Ruquier : Il vous offrirait deux places… Pour quoi, Philippe ?

Philippe Manœuvre : Bien sûr qu'on va lui mettre deux places à cet auditeur fabuleux.

Laurent Ruquier : Pour le Stade de France, pour aller applaudir…

Philippe Manœuvre : 1 000 amateurs de rock, qui vont jouer du rock pendant deux heures.

Laurent Ruquier : Eh bien voilà, vous avez deux places pour le Stade de France !

Auditeur : Merci ! J'adore le rock et j'adore Philippe en plus…

Philippe Manœuvre : Et tiens, prends ça Baffie ! PAF ! PAF ! PAF ! Dans ton cul ! « Ah, il n'est pas là, Philippe Manœuvre ! »

Question du jour

Quel est le nom de l'île très connue qui se trouve dans la province de Cadix en Andalousie ?

L'île du Trocadéro

Citation

Qui a dit : « Je n'ai pas un talon d'Achille, j'ai un corps d'Achille » ?

Woody Allen

Yann Moix ?

Une Grosse Tête qui comprend toutes les questions, mais dont on ne comprend pas toujours les réponses.

L'anecdote de Chantal Ladesou

L'autre jour, j'ai beaucoup marché dans le bois et, étonnamment, quand j'ai regardé mon portable, je n'avais fait que 150 pas. Et je me suis dit : « C'est bizarre, ça n'a pas enregistré mes données… » Mais en fait, je ne l'avais pas sur moi ! Il faut l'avoir sur soi ?!… Et alors, la reconnaissance faciale ? Mon portable ne me reconnaît jamais !

L'histoire drôle de Jean-Marie Bigard

Quelle est la différence entre une poule et une dinde ? La poule t'attend à l'hôtel et la dinde à la maison.

Question du jour

Quel monument a été construit en 1 284 mois ?

La cathédrale Notre-Dame de Paris. 1 284 mois = 107 ans. D'où l'expression : « On ne va pas y passer 107 ans. »

LE BILLET DE PHILIPPE MANUVRE

Hitler prenait de la cocaïne au kilo. Il prenait ça au Coton-Tige, c'était de la cocaïne liquide. Il y avait beaucoup de *speed*, car les nazis avaient inventé une amphétamine très puissante pour permettre à leurs pilotes d'aller bombarder l'Angleterre et de revenir. Ce qui prenait vingt-trois heures d'avion. Les nazis étaient dans un état de délire *speed* total.

L'histoire drôle de Philippe Geluck

Cela me rappelle l'histoire du coiffeur qui dit à son client : « Je vous fais le shampoing aux œufs ? – Non, seulement à la tête. »

Le proverbe

de Laurent Ruquier

Il vaut mieux faire cuire les nouilles que faire nuire les couilles.

LES PÉPITES

Hélène Ségara : Dans mon livre de recettes, le programme, c'est vraiment de réapprendre à équilibrer ses repas. Les fruits ne sont pas interdits. J'ai horreur des régimes où on interdit les fruits…

Muriel Robin : Plutôt les framboises que les fraises, plutôt les fruits rouges parce qu'il y a moins de sucres.

Hélène Ségara : Non, même la banane, tu peux y aller !

Pierre Palmade : Eh oui !

Muriel Robin : Elle me regarde dans les yeux et elle me dit à moi : « Même la banane, tu peux y aller ! » Je vais te dire un truc, Hélène, j'y vais beaucoup à la banane ! Souvent avec deux clémentines.

Laurent Ruquier : Écoutez Muriel !

Hélène Ségara : Oh la vache…

Muriel Robin : Prenons un autre fruit, c'est mieux pour tout le monde ! Ou un légume, tiens… Prenons le concombre !

!!! Ça balance aux GROSSES TÊTES

Roselyne Bachelot : C'est très bien les audio-livres. On peut les écouter en voiture…

Valérie Mairesse : Oui, enfin, un audio-livre, c'est un CD. C'est donc un livre qu'on ne lit pas…

Roselyne Bachelot : J'ai intégré un CD audio dans le livre que j'ai consacré à Verdi et c'est très chouette !

Laurent Ruquier : Jeanfi, vous aussi, vous avez publié il n'y a pas longtemps…

Roselyne Bachelot : Il a fait un idiot-livre, c'est différent !

Laurent Ruquier : Je vous l'ai amené, avouez… J'y allais doucement… Elle m'a grillé, la garce ! Elle vient de me piquer ma vanne !

INVITÉ MYSTÈRE

Invité mystère, auriez-vous retrouvé le nom de Pierre Doris ? – Oui, bien sûr !
Vous êtes très vieux alors ! – Ou pas…
Portez-vous une barbe ? – Tout à fait.
Clairsemée avec des poils blancs ? Ou bien noire… ou jaune ? – Elle est toute fraîche.
Le stylo est-il important pour vous ? – Tout à fait.
Êtes-vous du genre à mettre l'ambiance dans une assemblée ? – J'aime beaucoup.
Diriez-vous que vous êtes un intello ou pas spécialement ? – Pas du tout.
Êtes-vous né en France ? – Oui.
Êtes-vous lié au football ? – Pas du tout.
En arrivant, avez-vous été reconnu ? – Oui.
Avez-vous un fan-club ? – Oui.
Êtes-vous fan de Kendji ? – Je l'aime beaucoup.
Avez-vous travaillé avec lui ? – Tout à fait.
Lui avez-vous écrit des chansons ? – Non.
Vous arrive-t-il d'être sur scène ? – Oui, tout à fait.
Avez-vous un instrument de musique quand vous êtes sur scène ? – Tout à fait.
Faites-vous rire ? – Parfois, mais ce n'est pas mon truc.
Ce n'est pas votre métier en tout cas ? – Non.
Écrivez-vous de la musique, des chansons ? – Oui.
Faites-vous partie d'un groupe rock ? – Non.
Êtes-vous chanteur ? – Oui.
Avez-vous des tubes que tout le monde connaît ? Qui ont été n°1 ou n°2 ? – Oui.
Que même ceux qui sont nés en 1990 peuvent connaître ? – Bien sûr !
Avez-vous été révélé par un télécrochet ? – Oui.
Avez-vous fait Les Francofolies de La Rochelle ? – Oui.
Avez-vous gagné ce télécrochet ? – Non. J'ai été éliminé dès le début.

Claudio Capéo

Question du jour

Que veulent dire les initiales HBO désignant la chaîne américaine qui diffusait *Game of Thrones* ?

Home Box Office

Le jeu de mots

de Laurent Ruquier

Steevy, vous ne connaissez pas les numéros de bus de Paris, mais on vous voit souvent à l'arrêt. *(la raie)*

Citation

Qui a dit : « Quand un homme dit des obscénités à une femme, c'est du harcèlement sexuel ; quand c'est une femme qui dit des obscénités à un homme, c'est 3,95 $ la minute » ?

Steven Wright

LUNDI 23 NOVEMBRE

SAINT CLÉMENT

Question du jour

Dans une brigade de cuisine, qu'est-ce que le communard ?

Celui qui prépare le repas des cuisiniers de la brigade.

LES AUDITEURS FACE AUX GROSSES TÊTES

Auditeur : Je suis un opposant farouche de Pierre Bouby. Je suis fan du Clermont Foot.

Pierre Bouby : Ils ont raté la montée quand même, cette année ! Mais c'est une équipe qui est sympa à aller voir jouer. Ils font du bon football.

Auditeur : Absolument ! On passe toujours un très bon moment !

Laurent Ruquier : Vous avez vu Pierre Bouby jouer au foot ?

Auditeur : J'ai vu Pierre Bouby, qui a pris une sacrée défaite chez nous, d'ailleurs !

Pierre Bouby *(sous les rires des Grosses Têtes)* : J'étais malade !

Auditeur : J'ai un 3-0 en tête…

Laurent Ruquier : Ça veut dire qu'il joue vraiment au foot ? Parce qu'on avait des doutes…

Auditeur : C'est un peu comme le loch Ness, personne ne l'a vraiment jamais vu, mais…

Pierre Bouby : Bravo…

Les statistiques

Un Américain de l'État du Wisconsin a vu le film *Captain Marvel* 116 fois au cinéma.

L'histoire drôle de Jean-Marie Bigard

Un mec rentre chez lui avec un jour d'avance. Il prend un taxi et se confie au chauffeur : « Vous voyez, je rentre chez moi avec un jour d'avance et je suis persuadé que ma femme me trompe. Je vais vous demander de bien vouloir m'accompagner pour constater l'adultère. Je vous donnerai 150 €. » Le chauffeur de taxi accepte. Ils rentrent très doucement dans la maison, arrivent jusqu'à la chambre et découvrent la femme avec son amant. Le mari sort un flingue énorme et lui colle sur le front en lui disant : « Toi, je vais te fumer ! » Sa femme s'interpose : « Non, chéri, non, s'il te plaît ! Je t'en supplie, ne tire pas ! Je t'ai menti, mon amour, je n'ai jamais hérité de ma tante. Ta Lamborghini, c'est lui qui l'a achetée. Le yacht que nous avons, c'est lui aussi. Et le chalet au bord du lac ; et tous les billets des matchs de foot que tu aimes regarder. Et en plus, il paie nos impôts ! » Le mec, un petit peu désemparé, baisse son revolver, se tourne vers le chauffeur de taxi et lui dit : « Vous feriez quoi à ma place ? » Le chauffeur de taxi lui répond : « Je lui remonterais tout de suite la couette pour qu'il n'attrape pas froid. »

Défi du jour

Citez les trois romans écrits par Victor Hugo pendant son exil à Guernesey.

Les Misérables, *Les Travailleurs de la mer* et *L'homme qui rit*.

MARDI 24 NOVEMBRE

SAINTE FLORA

Citation

Qui a dit : « Donner avec ostentation, ce n'est pas très joli ; mais ne rien donner avec discrétion, ça ne vaut guère mieux » ?

Pierre Dac

Le jeu de mots

d'Éric Laugérias

Vous savez quand on sait qu'on est arrivé au pont de la rivière Kwaï ? Quand on voit un Japonais qui a très froid et qu'on dit : « Le Nippon de la rivière caille. »

Question du jour

Quel film a obtenu la Palme d'or en 2018 ?

Une affaire de famille, réalisé par Hirokazu Kore-eda.

Question du jour

Quel animal s'est répandu en France, passant de dix couples nicheurs dans les années 1970 à plus de 2 400 en 2017 ?

La cigogne

INVITÉ MYSTÈRE

Vous êtes en forme ? – Je suis en pleine forme, mon cher Laurent.
Oh la grosse voix ! C'est un garçon ? – Oui.
Vous chantez ? – Non.
Vous dansez ? – Non.
Vous jouez la comédie ? – Non plus.
Au revoir, monsieur. – Salut Muriel !
Vous faites de la politique ? – Non plus.
C'est un garçon qui porte un pseudonyme ? – Non.
On s'est déjà rencontrés ? – Je ne crois pas, Muriel.
Vous auriez aimé qu'on se rencontre ? – J'aurais adoré ! Mais je vous ai vue sur scène en revanche.
Vous êtes un « fils de » ? – Non.
Vous êtes un sportif ? – Non, je ne suis pas sportif.
Êtes-vous brun ? – Je suis plus blond que brun.
Êtes-vous moustachu ? – Non plus.
Est-ce que vous êtes animateur à la télévision ? – Oui.
Travaillez-vous à RTL ? – Non.
Avez-vous aussi animé le Loto ? – Exactement.

Cyril Féraud

Le jeu de mots

de Laurent Ruquier

(Alors qu'Arielle Dombasle raconte qu'elle a vu deux pigeons par la fenêtre de son dentiste)
Généralement, les pigeons sont dans la salle d'attente.

LES PÉPITES

Florian Gazan : Madame a des enfants ?
Invitée mystère : Oui.
Florian Gazan : Combien ?
Invitée mystère : Trois.
Florian Gazan : Oh, les alloc' !
Michèle Bernier : Avec le même papa ?
Invitée mystère : Oui.
Michèle Bernier : Avec le même pere… dis donc !
Jean-Jacques Peroni : Non, avec la même paire…
Laurent Ruquier : Excusez M. Peroni…
Valérie Mairesse : Cela revient au même, il a raison.

Citation

Qui a dit : « Un zigzag est le chemin le plus court pour aller d'un bar à un autre » ?

Dean Martin

LES AUDITEURS FACE AUX GROSSES TÊTES

Laurent Ruquier : 52 000 chats sont perdus chaque année, et on en retrouve 17 000.

Christophe Dechavanne : Vous êtes tout émue, madame… Vous avez un chat ?

Auditrice : Non, nous avons des chiens. Le quatrième se sauve aussi de temps en temps… Vive la puce électronique.

Laurent Ruquier : J'aime bien connaître le nom des chiens. Comment s'appelle le vôtre ?

Auditrice : Elle s'appelle Orphée, elle a treize mois. C'est un braque allemand, c'est déjà un beau spécimen.

Laurent Ruquier : C'est une erreur de votre part. Orphée, c'est un mâle ou une femelle ?

Auditrice : Une femelle. Orphée.

Laurent Ruquier : Eh bien, non, justement. Orphée est un homme.

Florian Gazan : C'est peut-être un chien transgenre.

Laurent Ruquier : On croit toujours qu'Orphée est une femme, mais c'est un homme.

Auditrice : Tant pis. On aurait dû vous consulter avant alors…

Question du jour

Qui appelle-t-on « l'écrivain aux 45 millions d'exemplaires » ?

Marc Levy

Gad Elmaleh ?

Une Grosse Tête chouchou des Français et maintenant des Américains, puisqu'il a remporté en 2019 le prix Best Comedy Special de l'autre côté de l'Atlantique.

L'histoire drôle de Jean-Marie Bigard

C'est un mec qui dit à son pote : « Qu'est-ce que tu aimes qu'on te fasse après l'amour ? » Son pote réfléchit et répond : « Tout de suite après avoir fait l'amour, ce que je préfère, c'est qu'on me rende l'argent. »

L'anecdote de Yoann Riou

Il y a une semaine, *L'Équipe magazine* a fait quatre pages sur Philippe Manœuvre car, en 1988, il a organisé de manière hallucinante une rencontre extraordinaire entre Michaël Jackson – qui était au sommet – et Jean-Pierre Rives. Il a organisé ça, on ne sait pas comment, mais grâce à cette rencontre le Parc des Princes a été rempli à ras bord.

!!! Ça balance aux GROSSES TÊTES

Laurent Ruquier : Avez-vous déjà croqué Arielle Dombasle ?

Emmanuel Chaunu : Oui, tout à fait. Enfin, on n'a pas besoin de la croquer : il suffit de l'entendre pour que déjà les images apparaissent… Elle est extraordinaire ! Elle est magnifique !

Florian Gazan : On dirait un crayon, quoi !

Emmanuel Chaunu : Oui, mais je ne vais pas la tailler.

Muriel Robin : Moi, je préfère la gomme. La grosse gomme, rose en haut, bleu en bas.

Question du jour

Que se passe-t-il quand on castre un lion ?

Il perd sa crinière.

Le jeu de mots

de Bernard Mabille

Bientôt Laeticia n'aura plus rien à Smet.

!!! Ça balance aux GROSSES TÊTES

Philippe Manœuvre : La dernière fois que j'étais à côté de Mme Tchakaloff, c'était en novembre 2018 et elle nous a dit : « Le premier ministre Édouard Philippe n'est plus là que pour quinze jours… » Voilà exactement la journaliste politique dont on a besoin aujourd'hui !
Gaël Tchakaloff : À l'époque, je n'avais pas compris que le président avait du mal à licencier les gens qui l'entouraient…

Fabrice ?

Une Grosse Tête qui quitte parfois la Suisse pour faire un coucou en France.

Défi du jour

Citez les noms de l'éditeur et du procureur général qui s'affrontèrent lors du procès des *Fleurs du mal* de Charles Baudelaire.

L'éditeur Auguste Poulet-Malassis et le procureur général Ernest Pinard, qui réussit à faire retirer six poèmes des *Fleurs du mal*.

SAMEDI 28 / DIMANCHE 29 NOVEMBRE

SAINT JACQUES DE LA MARCHE *SAINT SATURNIN*

INVITÉ MYSTÈRE

Êtes-vous un garçon ? – Oui.
Avez-vous des enfants ? – Oui.
Utilisez-vous un pseudonyme ? – Oui.
Connaît-on quand même votre vrai nom ? – Non.
Votre pseudonyme est-il composé d'un nom et d'un prénom ? – Non.
Avez-vous déjà reçu une récompense ? – Oui.
Un album, bien sûr ? – Oui.
Êtes-vous drôle ? – Oui.
Ça s'entend en tout cas… Sur scène ? – Oui.
Êtes-vous plutôt un séducteur ? – Non.
Connaît-on vos opinions politiques ? – Oui.
Avez-vous volé l'orange ? – Oui.
Avez-vous participé à une émission de télécrochet ? – Non.
Avez-vous réinterprété une chanson de Gilbert Bécaud ? – Oui.
Ce n'est pas le seul lien que vous avez avec Gilbert Bécaud, n'est-ce pas ? – C'est exact.
Avez-vous baisé Nathalie ? *(L'invité rit.)*
Êtes-vous de Perpignan ? – Oui.

Cali

Question du jour

Qu'est-ce que la *sfumata* ?

C'est la fumée (noire ou blanche) qui indique les résultats de l'élection d'un pape.

Citation

Qui a dit : « Je vais donc enfin vivre seul ! Et, déjà, je me demande avec qui » ?

Sacha Guitry

LES PÉPITES

Laurent Ruquier : La Belgique a pratiqué les tests de virginité jusqu'au 16 février dernier. Chez nous, je ne pense pas que ça existe encore…

François Rollin : Ils ont compris que c'était inutile. Cela ne prouve rien. Pourquoi pratiquait-on ce test ? Pas pour le bien de la personne.

Caroline Diament : Pour que les pères ou les parents puissent marier une jeune fille vierge.

François Rollin : Voilà, c'était pour des raisons religieuses et morales…

Laurent Ruquier : Ces tests étaient surtout pratiqués aux Antilles, évidemment…

Éric Laugérias et Laurent Ruquier *(en chantant)* : Cé-Cé-Cé-Célimène !

Steevy Boulay : Ça veut vraiment dire ça ?

Caroline Diament : Mais non !

Laurent Ruquier : En revanche, en France, les tests d'intelligence sont toujours autorisés… Et ça s'appelle *Les Grosses Têtes.*

LUNDI 30 NOVEMBRE

SAINT ANDRÉ

Question du jour

Qu'est-ce qui est apparu en 1992 sur les chocos BN ?

Un sourire

Citation

Qui a dit : « Les femmes vivent plus longtemps que les hommes, surtout quand elles sont veuves » ?

Georges Clemenceau

LES AUDITEURS FACE AUX GROSSES TÊTES

Laurent Ruquier : On va confier la valise à Valérie Mairesse. Caroline va nous donner un numéro entre 1 et 20… et Gaël Tchakaloff va nous écouter.

Caroline Diament : Le 14.

Laurent Ruquier : Nous allons appeler Miguel. Si j'en crois son site internet, il doit être pompier… On va appeler les pompiers en quelque sorte, au 14, cette fois.

Steevy Boulay : Au secours…

Valérie Mairesse : Allô Miguel !

Auditeur : Oui ?

Valérie Mairesse : Au secours !… J'ai besoin de vous, Miguel !

Auditeur : Oui, d'accord… Super.

Valérie Mairesse : Comment ça « D'accord » ? Ah oui, parce que vous avez cru que c'était une blague ?

Laurent Ruquier : Eh oui, il n'est plus là… On rappelle.

!!!

Ça balance aux GROSSES TÊTES

José Garcia : J'aime bien les sports extrêmes, des sports de niche. Le kitesurf, par exemple.

Muriel Robin : Oh, j'en ai fait et j'ai cru que j'allais m'envoler et ne plus jamais redescendre… J'ai eu la peur de ma vie, mais c'était très agréable comme sensation.

Laurent Ruquier : Arielle Dombasle en a fait et elle n'est jamais redescendue !

Muriel Robin : On la cherche encore !

Michèle Bernier : Elle est toujours perchée, elle fait de l'accrobranche.

LES PÉPITES

Valérie Mairesse : Je trouve que l'accident de Pelé est terrible, parce que c'est un gars qui s'est énormément servi de ses jambes…

Stéphane Plaza : Pas uniquement !

Valérie Mairesse : Et maintenant, il est dans un fauteuil roulant.

Franz-Olivier Giesbert : Certains se servent beaucoup de leurs couilles et tu vois dans quel état ils sont !

Valérie Mairesse : À chaque fois, ce sont des choses dont on s'est énormément servi ; Michelle Morgan, par exemple, on lui a dit : « T'as d'beaux yeux, tu sais » dans un film et elle a fini aveugle…

Philippe Geluck : Vous voulez dire qu'il y a une malédiction ? Tu imagines Rocco Siffredi ? À la fin de sa vie, il va devoir la pousser dans un caddie de supermarché !

Valérie Mairesse : Exactement !… Je peux te dire que je surveille énormément mes nichons !

MARDI 1ER DÉCEMBRE

SAINTE FLORENCE

INVITÉ MYSTÈRE

Êtes-vous un homme ? – Oui.
Portez-vous un pseudonyme ? – Oui.
Coucheriez-vous avec une fille de 50 ans ? – Oui.
Je ne savais que vous aviez un pseudonyme. Je pensais que c'était votre vrai prénom et votre vrai nom… – Oui.
Alors vous n'avez pas de pseudonyme… – Si, en plus.
Faites-vous d'autres choses qui ne sont pas à votre nom ? – Oui.
Êtes-vous venu en joggant ? – Non.
En taxi ? – Oui.
Ça ne nous avance pas. Avez-vous d'autres personnes connues dans votre famille ? – Oui.
Êtes-vous le plus connu de votre famille ? – En France, oui, de loin.
Votre carrière a-t-elle commencé depuis un moment ? – Oui.
Avez-vous reçu des récompenses ? – Oui.
Combien de césars ? – Deux.
Vous faites donc du cinéma… Aimez-vous les actrices ? – Beaucoup.
C'est Valérie, nous connaissons-nous ? – Oui.
Faites-vous chanter les actrices ? – Parfois.
Êtes-vous auteur ? – Ce n'est pas le mot exact…
Compositeur ? – Oui.

Vladimir Cosma

Question du jour

Qu'est-ce que Martha Gellhorn, correspondante de guerre américaine, est la seule femme à avoir fait ?

C'est la seule femme à avoir participé au débarquement sur Omaha Beach le 6 juin 1944, avec 157 000 hommes.

Le jeu de mots

de Laurent Ruquier

(Alors que Jeanfi Janssens a critiqué la tenue panthère de Roselyne Bachelot)
Grâce à la panthère, le gay part.

L'anecdote d'Arielle Dombasle

On m'a arraché une dent de sagesse récemment… Je suis bien boostée, puisqu'on m'a donné des milligrammes de cortisone, de machin, de truc… Et j'ai goûté pour la première fois du valium hier ! J'ai adoré ! On plane vraiment, c'est génial… Chez mon dentiste, il y a une fenêtre et un marronnier… Il y avait deux pigeons très mignons quand j'y suis allée.

Défi du jour

Citez le nom de la seule actrice à avoir incarné Tracy, l'épouse de James Bond, dans *Au service secret de sa Majesté*.

Diana Rigg

Question du jour

Qu'est-ce qui fut inventé par des moines franciscains du monastère de Cimiez, à Nice, alors qu'ils semaient à la volée un mélange de graines ?

Le mesclun

Les statistiques

Chaque Français mange une moyenne de 27,2 kg de fromage par an.

Défi du jour

Citez le nom de celui qu'on a longtemps appelé *Il Prete Rosso* (« le prêtre roux »).

Vivaldi. Il était aussi prêtre de l'Église catholique.

INVITÉ MYSTÈRE

Êtes-vous un homme ou une femme ? – Une femme.
Une femme rigolote ? – Oui, mais ce n'est pas mon métier.
Utilisez-vous un pseudonyme ? – Non.
Avez-vous des enfants ? – Oui, trois.
Ont-ils des pseudonymes ? – Non plus.
Êtes-vous encore en âge de faire des enfants ? – Oui.
Classe cette question… Êtes-vous mariée à quelqu'un de connu ? – Non.
Vous a-t-on déjà vu nue quelque part ? – Oui.
Dans un film ? – Oui.
Êtes-vous parisienne ? – Oui.
Avez-vous déjà dîné avec Kad Merad ? – Euh… Oui.
Ce n'était pas un super dîner apparemment ! Vous n'aimez pas Kad Merad ? – Si, si, je l'aime bien.
Ce n'est pas lui qui a payé l'addition ? – Je ne sais plus.
Vous voit-on plutôt sur les planches ? – Non, mais cela m'est arrivé.
La chanson *Pleure pas,* de Jean-Luc Lahaye, est le premier indice… L'indice, c'est la chanson ou Jean-Luc Lahaye ? – Jean-Luc Lahaye.
Avez-vous déjà joué avec André Dussollier ? – Oui.
Vous êtes donc actrice ? – Oui.
Jouez-vous dans une série actuellement ? – Non.
Le printemps s'en va d'Hugues Aufray est le deuxième indice, comprenez-vous cet indice ? – Non.
Êtes-vous chanteuse aussi ? – Non, mais il m'est arrivé de chanter.
Dans un film ? – Aussi, oui.
Avez-vous eu un césar ? – Non.
Êtes-vous d'origine française ? – Oui, enfin… J'ai des origines étrangères.
Européennes ? – Oui.
¿Hablas español ? – Sí.
Yo tambien ! Vous avez des origines espagnoles… – Oui.
On sait assez peu que vous avez des origines espagnoles, n'est-ce pas ? – Oui.

Virginie Ledoyen

JEUDI 3 DÉCEMBRE

SAINT FRANÇOIS-XAVIER

!!!
Ça balance aux GROSSES TÊTES

Caroline Diament : Honnêtement, à quoi sert cette info zoophile, à part poser à Laurent une question ultra-précise pour que tu puisses briller ?
Laurent Baffie : Tu as tort, si tu connaissais le poids des baleines bleues, tu retrouverais peut-être des ancêtres.

Le jeu de mots

de Laurent Ruquier

Quand Mamie devient Papy, on dit : « Mais qu'est-ce qu'a fait grand-mère ? »

Question du jour

Quel saint est réputé pour avoir fait vœu de ne pas se laver, si bien qu'on l'avait surnommé « le pou canonisé » ou « l'illustre crasseux » ?

Saint Benoît

Question du jour

Quel écrivain français, entré dans la Pléiade en 2019, est mort en 1907 d'un cancer de la mâchoire ?

Joris-Karl Huysmans

LES AUDITEURS FACE AUX GROSSES TÊTES

Laurent Ruquier : Que faites-vous dans la vie, Michèle ?
Auditrice : Je suis retraitée, actuellement. J'étais dans le social.
Gérard Jugnot : Actuellement… Parce que vous allez faire autre chose ?
Auditrice : Je pense. Je vais me reconvertir encore une fois.
Laurent Ruquier : Après…
Auditrice : Après, je ne sais pas… J'ai l'avenir devant moi !
Laurent Ruquier : Bien sûr !
Jeanfi Janssens : Oui, enfin… Au cimetière, ce n'est pas l'avenir…
Auditrice : Je vous en prie, monsieur Janssens !
Jeanfi Janssens : Oh ça va, c'est pour rigoler !
Auditrice : Je ne suis pas décrépie à ce point !
Laurent Ruquier : Bien sûr que non, Michèle ! Il n'y a pas d'âge pour sortir en boîte !
Auditrice : Vous êtes en forme !
Laurent Ruquier : On vous embrasse, Michèle !

Le jeu de mots

de Christophe Dechavanne

Guitry n'était pas le vrai nom de Sacha Guitry. Son vrai nom, c'était Touille.

!!! Ça balance aux GROSSES TÊTES

Laurent Ruquier : C'est une bonne question, chère Arielle, dont je n'ai pas la réponse.
Muriel Robin : Ce n'est pas sur la fiche ! S'il n'y a rien sur la fiche, il ne sait rien, le père Laurent. Parfois, il se balade dans les rues de Paris sans ses fiches, tu verrais, c'est grotesque ! On lui demande : « Comment vas-tu ? », il sort une fiche.
Laurent Ruquier : Ce n'est pas bien, Muriel
Muriel Robin : C'est la vérité ! Ce n'est pas toujours agréable la vérité, je le sais…

LES PÉPITES

Laurent Ruquier : Le maire du Havre est en train de devenir très célèbre. Je ne sais pas si vous avez vu les photos…
Melha Bedia : Ça a bourlingué au Havre… Il y a des histoires.
Valérie Mairesse : Ce n'est pas Édouard Philippe, le maire du Havre ?
Laurent Ruquier : Ce n'est plus lui, c'est son successeur…
Christophe Beaugrand : Qu'est-ce qu'il a fait ?
Laurent Ruquier : Il a envoyé des « sextos » et…
Christophe Beaugrand : Et c'est sorti…. Enfin, c'est sorti…
Laurent Ruquier : Dans ces cas-là, il faut toujours montrer son sexe sans que la tête…
Valérie Mairesse : Ah ! Des gens l'ont reconnu ? Comment voulez-vous que ça aille politiquement ?
Laurent Ruquier : On ne peut pas dire qu'il ne branle rien.

INVITÉ MYSTÈRE

Bienvenue invitée mystère. Vous, je sais que vous auriez retrouvé Lou Andreas-Salomé, n'est-ce pas ? – Absolument.
Avez-vous déjà entendu parler de la féminologie ? – Oui, bien sûr.
Vous êtes une femme alors ? – Oui.
Êtes-vous brune ou blonde ? – Brune.
Avez-vous des enfants ? – Oui. J'ai un enfant.
Nino Ferrer est notre premier indice… Avez-vous chanté avec lui ? – Non.
Avez-vous chanté du Nino ? – J'ai chanté cette chanson, *La Rua Madureira*, de Nino Ferrer.
Êtes-vous chanteuse ou avez-vous chanté pour l'occasion ? – Je suis chanteuse.
Êtes-vous plutôt rock, blues ou country ? – Plutôt folk.
Êtes-vous interprète ou compositeur ? – Non, j'écris mes chansons. Mais pas pour le projet que j'ai sorti fin 2018.
Vous voit-on à la télévision en ce moment ? – Oui, beaucoup. Je suis en promotion pour mon album.

Nolwenn Leroy

Question du jour

Qui a publié un livre de mémoire intitulé *Un souvenir de Solférino* en octobre 1862 ?

Henry Dunant. Il a ensuite fondé la Croix-Rouge.

Citation

Qui a dit : « L'Académie ? Avec une minuscule, c'est un corps de jolie femme. Avec une majuscule, c'est un corps de vieux barbons » ?

Paul Morand

Jeanfi Janssens ?

Une Grosse Tête qui a souvent demandé aux passagers d'attacher leur ceinture mais qui, de son côté, la boucle rarement.

L'anecdote de Gérard Jugnot

Un jour, en Côte d'Ivoire, pendant le tournage du film *Les Bronzés font du ski*, une araignée m'a pondu dans le pied.

L'histoire drôle de Jean-Marie Bigard

Un petit garçon dit à son papa : « C'est quoi le 69 ? » Son père est embêté, parce que le petit a déjà 9 ans, et il se dit que s'il ne le met pas un peu à jour, le lendemain à l'école, il va passer pour un gros blaireau… Donc il se lance et il dit : « 69, c'est quand papa et maman s'embrassent le zizi en même temps… – Je sais ça ! Je te demande le département ! »

Question du jour

Quel est le nom du prédécesseur du président Lula dont le film brésilien *Domingo* raconte l'investiture, le 1er janvier 2003 ?

Fernando Henrique Cardoso

LES AUDITEURS FACE AUX GROSSES TÊTES

Laurent Ruquier : Caroline, comprenez-vous qui vous appelle ?
Auditrice : Oui, ça y est, je viens de comprendre… Mais pour moi, la valise RTL, c'est le soir, pas le matin.
Laurent Baffie : Pour nous, les auditeurs sont intelligents, ce ne sont pas des abrutis !
Laurent Ruquier : Certes, mais Caroline, on enregistre l'émission, vous voyez…
Auditrice : C'est vrai… Mais je ne m'attends pas à ce qu'on m'appelle le matin pour la valise RTL.
Laurent Baffie : Bon, on va appeler quelqu'un d'autre ! Visiblement, ça vous emmerde !
Auditrice : Non, mais du coup, je n'ai pas écouté la valise.
Laurent Ruquier : Que faites-vous dans la vie, Caroline ?
Laurent Baffie : Elle fait chier tout le monde.
Auditrice : C'est ça. Tu me connais bien ! Je suis ravie de vous entendre…
Caroline Diament : Vous avez un très joli prénom…
Laurent Ruquier : Je vais vous envoyer une montre RTL, Caroline…
Auditrice : Merci.
Laurent Baffie : J'imagine que vous n'êtes pas mariée…
Auditrice : Si, bien sûr que si !
Laurent Ruquier : Que faites-vous dans la vie, Caroline ?
Auditrice : Je suis enseignante.
Laurent Baffie : Oh putain, je n'aimerais pas être dans sa classe !
Laurent Ruquier : Vous êtes prof ou maîtresse ?
Auditrice : Maîtresse.
Laurent Baffie : Alors là, je peux vous voir le mardi à 17 heures.

!!! Ça balance aux GROSSES TÊTES

Laurent Ruquier : J'ai une autre question… et cette fois, ce sera normalement une question à laquelle tout le monde va pouvoir répondre très rapidement.
Jean-Jacques Peroni : Sauf un.
Stéphane Plaza : Toi aussi, tu me cherches ou quoi ?
Laurent Ruquier *(en riant)* : À qui pensez-vous, Peroni ?
Jean-Jacques Peroni : Je vais vous aider, monsieur le directeur.
Franz-Olivier Giesbert : Il s'est formé pendant l'Occupation, il était déjà excellent…

Les statistiques

Le pule, le fromage le plus cher du monde, fabriqué uniquement à partir de lait d'ânesse, coûte 1 000 € le kg.

MARDI 8 DÉCEMBRE

SAINT ELFRIED

Citation

Qui a dit : « Si Dieu n'existe pas, qui ouvre les portes automatiques dans les supermarchés ? »

Pierre Légaré

Le jeu de mots

de Laurent Ruquier et Roselyne Bachelot

– Vous avez un balcon chez vous, Roselyne ?
– Non. J'ai des vrais cons, mais pas de balcon.

Question du jour

Quel est le nom du héros interprété par Keanu Reeves dans un thriller dont le troisième volet est sorti au cinéma en mai 2019 ?

John Wick

JOURNÉE MONDIALE DU CLIMAT

Florian Gazan ?

Une Grosse Tête qui n'aurait pas pu faire de la politique parce que, quand on lui pose une question, il ne répond jamais à côté.

Défi du jour

Citez le nom du révolutionnaire, journaliste, écrivain et homme politique à l'origine d'un courant de pensée qui était une préfiguration du communisme et même de l'anarchisme, qui fut guillotiné en 1797 ?

Gracchus Babeuf

Question du jour

De quoi souffre une personne podagre ?

Elle souffre de la goutte.

Citation

Qui a dit : « L'expérience est un peigne que vous donne la vie quand vous êtes devenu chauve » ?

Bertrand Blier

LES AUDITEURS FACE AUX GROSSES TÊTES

Laurent Ruquier : Fanny est au téléphone. Bonjour Fanny, à Marseille. Ça tombe bien !

Auditrice : Bonjour à tous !

Laurent Ruquier *(imitant l'accent du Sud)* : Comment il va Marius, Fanny ! Et César, comment il va César ?

Jean-Jacques Peroni : Qu'est-ce qu'il fait bien Bourvil !

Bernard Mabille : C'est incroyable…

Laurent Ruquier : C'est quand même génial de s'appeler Fanny et d'habiter Marseille !

Auditrice : Oui…

Laurent Ruquier : Que faites-vous dans la vie, Fanny ?

Bernard Mabille : Elle joue de la pétanque.

Auditrice : En ce moment, je suis en congé maternité.

Laurent Ruquier : Comment vous avez appelé le petit ou la petite ?

Auditrice : On va l'appeler Marius !

Florian Gazan : C'est original… Il y a trois prénoms à Marseille, en fait !

Laurent Ruquier : Je n'étais pas loin. Il n'est pas encore né le petit…

Auditrice : Non, je l'attends.

Laurent Ruquier : Et ça peut arriver à tout moment, là ?

Auditrice : C'est ça.

!!! Ça balance aux GROSSES TÊTES

Laurent Ruquier *(après une question théâtrale)* : Encore une bonne réponse de Gérard Jugnot !

Caroline Diament : C'est normal, il est acteur ! Dès qu'on est dans son domaine, on s'y connaît mieux.

Jeanfi Janssens : Les questions sont un peu orientées, je trouve…

Laurent Ruquier : Ah oui ? Parce que vous n'êtes pas acteurs, tous les deux ?

Stéphane Plaza : Oooooh…

Olivier de Kersauson : Ils sont quand même spécialisés dans le navet…

Laurent Ruquier : C'est pour ça qu'ils sont copains avec Karine Le Marchand !

LES PÉPITES

Laurent Ruquier : Je vais vous parler de Didier Lallement, l'homme à poigne, qui a remplacé Michel Delpuech à la tête de la Préfecture de police de Paris. C'est quand même marrant de choisir un mec qui s'appelle Lallement pour faire régner l'ordre sur les Champs-Élysées.

Christophe Beaugrand *(imitant l'accent allemand)* : Ça va rappeler de bons souvenirs… *Ja !* Quel bonheur de retrouver la capitale ! La capitale de la France…

Florian Gazan *(imitant l'accent allemand)* : À l'époque, ce n'était pas le gilet qui était jaune, monsieur Ruquier !

JEUDI 10 DÉCEMBRE

SAINT ROMARIC

INVITÉ MYSTÈRE

Auriez-vous aimé être une Grosse Tête exceptionnelle, comme Kad Merad aujourd'hui ? – Non.
C'est gentil ! Pourquoi ? – Parce que j'étais bloqué au travail.
Avez-vous une grosse barbe ? – Non, non, non.
Avez-vous des enfants ? – Non.
Connaissez-vous personnellement certains artistes ? – Oui, Élie Semoun, par exemple.
Est-ce qu'on connaît son sexe ? Enfin… – Ah, ah, ah ! C'est un mâle à mon avis. Êtes-vous gaucher ? – Non.
Êtes-vous humoriste ? – Non, mais je divertis tout de même.
Sportif ? – Non.
Avez-vous un rapport avec le Japon ? – Non.
Avez-vous un rapport avec le chant lyrique ? – Non.
Êtes-vous chanteur ? – De douche.
Vous arrive-t-il d'être sur scène ? – Oui.
Marias Callas, que l'on a entendue, était grecque. Avez-vous un lien avec ce pays ? – Non.
Alors, l'indice c'est *Madame Butterfly* ? – Oui.
Avez-vous joué au *Paradis latin* ? – Oui.
Votre métier est-il physique ? – Oui, assez.
Dansez-vous ? – Non.
Êtes-vous originaire d'un autre pays ? – Oui.
On vient d'entendre le clip officiel de la campagne de François Hollande… Êtes-vous un homme politique ? – Non !
Avez-vous un rapport avec le changement ? – Oui.

Arturo Brachetti

L'anecdote de Laurent Ruquier

À l'école, j'ai eu un professeur de mathématiques qui s'appelait M. Cassemiche… Et il portait bien son nom, croyez-moi ! Ah… Les logarithmes de M. Cassemiche !

Question du jour

Dans quel cas la Fête des mères ne peut-elle pas se dérouler comme chaque année, en France, le dernier dimanche du mois de mai ?

Quand la Pentecôte tombe le même jour que la Fête des mères. Elle se déroule alors le 1er dimanche de juin.

Le jeu de mots

de Laurent Ruquier et Pierre Palmade

– Qu'est-ce qu'on préfère quand il est apyrène ?
– Un bon film ! Quand il y a une « apyrène ». *(happy end)*

Défi du jour

Citez la célèbre chanson d'Émile Debraux interprétée par Dorothée.

Fanfan la Tulipe

Question du jour

Quelle action Eugène Christophe, surnommé « le vieux Gaulois », fut-il le premier à accomplir ?

Il fut le premier à porter le maillot jaune.

!!! Ça balance aux Grosses Têtes

Laurent Ruquier : L'Angély fut le dernier dans l'histoire de France. Mais le dernier quoi ?
Florian Gazan : Le dernier bourreau ?
Laurent Ruquier : Non.
Marcela Iacub : Le dernier chasseur de sorcières ?
Laurent Ruquier : Non, parce que sinon vous ne seriez pas là !

INVITÉ MYSTÈRE

Ravi de vous accueillir aux *Grosses Têtes* ! Avez-vous entendu toutes les bêtises de mes camarades ? – J'ai tout entendu, je ne suis pas sûre de vouloir venir sur le plateau.
Êtes-vous une femme ? – Oui.
Portez-vous un pseudonyme ? – Non.
Êtes-vous célibataire ? – Non plus.
Mariée ? – Oui.
Connaît-on d'autres personnes de votre famille ? – Oui.
Vous arrive-t-il d'être sur des écrans ? – Oui.
Êtes-vous née en France ? – Oui.
On vient d'entendre *Le Sourire* d'Emmanuel Moire…
Apparaissiez-vous dans le clip ? – Oui.
Êtes-vous actrice ? – Oui.
Êtes-vous chanteuse également ? – Non, pas chanteuse.
Vous arrive-t-il d'être sur les planches ? – Aussi.
Avez-vous les cheveux noirs ? – Non.
Êtes-vous blonde ? – Oui…
Vous arrive-t-il de jouer dans des séries ? – Oui.
On vient d'entendre *Vive la France*. Avez-vous joué dans un film qui a un rapport avec la France ? – Non, ce n'est pas tout à fait ça.
Cela un rapport avec votre nom ? – Oui.

Ingrid Chauvin

Le jeu de mots

de Laurent Ruquier

Le bébé de Harry et de Meghan a failli s'appeler Brexit, car il a eu du mal à sortir.

LES AUDITEURS FACE AUX GROSSES TÊTES

Laurent Ruquier : Bonjour monsieur Thierry Coullon !
Muriel Robin : Ça s'est joué à un « i » près !
Laurent Ruquier : Pourquoi ? Ah oui, « couillon », non, mais là…
Muriel Robin : On ne se moque pas des noms de famille, c'est vrai. Mais quand on ne passe pas loin…
Laurent Ruquier : Vous avez eu du bol, à une lettre près…
Muriel Robin : Oui, je suis contente pour vous, franchement !
Florian Gazan : T'es bien passée à côté de Muriel Rabin…

Question du jour

Dans quelle ville le personnage du commissaire Maigret, prénommé Jules, est-il né ?

À Saint-Fiacre, en Seine-et-Marne

Citation

Qui a dit : « L'intelligence, ce n'est pas sorcier, il suffit de penser à une connerie et de dire l'inverse » ?

Coluche

L'anecdote de Philippe Manœuvre

Il y a eu un grand festival punk en 1977 et 1978 à Mont-de-Marsan. C'est très important historiquement ! Il y avait The Clash, il y avait The Jam dans les arènes de Mont-de-Marsan… C'était formidable !

Les statistiques

47 Emmy Awards ont été attribués à la série *Game of Thrones*, à ce jour la plus primée de tous les temps.

LUNDI 14 DÉCEMBRE

SAINTE ODILE

Question du jour

De qui Iphiclès est-il le demi-frère jumeau ?

Héraclès, ou Hercule dans la mythologie romaine.

L'histoire drôle de Michel Boujenah

Un couple très âgé vient voir un avocat. Ils ont 110 et 109 ans. Ils arrivent chez l'avocat et annoncent : « Bonjour maître ! On voudrait divorcer. – Divorcer ? Vous êtes mariés depuis combien de temps ? – Quatre-vingts balais à peu près. – Mais pourquoi avez-vous attendu si longtemps ? – On a attendu que les enfants meurent. On ne voulait pas qu'ils souffrent. »

Le proverbe

de Melha Bedia

La djellaba ne fait pas le barbu.

LE BILLET DE LAURENT BAFFIE

L'acheteur d'une aquarelle d'Hitler a par hasard découvert en en retirant le cadre, des dessins des nains de Blanche-Neige. Adolf Hitler était passionné par ce thème. Il dessinait les nains de Blanche-Neige.

LES PÉPITES

Valérie Mairesse : Tu as vu, Jean-Luc, il faut être rapide ici.

Jean-Luc Lemoine : Je vais me caler sur toi.

Karine Le Marchand : Et on n'est pas chez Hanouna, on ne dit pas de mal !

Jean-Luc Lemoine : Je sens qu'elle a n'a pas digéré certaines choses…

Karine Le Marchand : Non, pas de toi… Tu n'aimes pas mon émission, mais ce n'est pas grave. Tu as le droit de ne pas aimer.

Jean-Luc Lemoine : J'ai toujours été très honnête… Mais si, j'aime bien *L'amour est dans le pré* : à chaque fin d'émission, j'ai envie de me taper un agriculteur.

Jeanfi Janssens : Ça tombe bien, je viens de repiquer des poireaux !

Jean-Luc Lemoine : J'ai toujours dit que l'émission était bien faite, mais je ne suis pas le public.

Karine Le Marchand : La cible, ce sont les gens qui ont du cœur et qui sont romantiques.

Jean-Luc Lemoine : Je ne suis pas la cible. Je n'ai pas de cœur moi !

Jeanfi Janssens : On va te cibler, je te le dis, moi !

!!! Ça balance aux GROSSES TÊTES

Laurent Ruquier : Vous avez vendu votre château à des Anglais ! Vous avez trahi notre pays, monsieur de Kersauson…

Olivier de Kersauson : Pas du tout.

Steevy Boulay : Tu as vendu notre patrimoine… Salaud !

Florian Gazan : Jeanne d'Arc est morte pour ça…

Melha Bedia : Et la Jeanne d'Arc, elle était vierge comme moi !

Florian Gazan : Si on te met le feu, ça va prendre du temps à brûler quand même…

Laurent Ruquier : On essaiera pour l'Aïd el-Kébir !

MARDI 15 DÉCEMBRE

SAINTE NINON

INVITÉ MYSTÈRE

Bienvenue ! Vous allez être content ou contente de revoir Pierre Bénichou ? – Oui.
Y a-t-il longtemps que vous ne l'avez vu ? – Oui, quand même.
Êtes-vous une femme ? – Oui.
Le voyez-vous la nuit ? – Oui, ça peut.
Très tard… Avez-vous fait la fête avec Pierre Bénichou ? – Oui, oui, oui !
Êtes-vous du genre à vous coucher tard ? – Voilà.
S'est-il passé des trucs ? – Comme d'habitude.
Avez-vous les cheveux blonds ? – Ça dépend.
Êtes ou étiez-vous une reine de la nuit ? – Ça dépend des fois.
Votre prénom est-il Valentine ? – Pas du tout.
Êtes-vous d'origine indochinoise ? – Non.
Êtes-vous chanteuse ? – Oui.
Comédienne également ? – Oui.
Écrivez-vous vos textes et vos musiques ? – Ah non, non, non… Ça ne va pas, non ?
Avez-vous fait un duo avec Booba ? – Non.
Vous êtes-vous battue avec lui ? – Non.
Allez-vous souvent à Orly Sud ? – Pas du tout.
Comprenez-vous tous les indices ? Parce que nous, on est paumés… – Oui, totalement, je connais tout par cœur.
Êtes-vous née en France ? – Non. Je suis née à Saïgon, au Viêtnam.
Avez-vous signé des chansons que tout le monde connaît ? – Signé, non. Chanté, oui.
Est-ce que je connais vos chansons à votre avis ? – Mais enfin ! Christophe Beaugrand !
Christophe Beaugrand : Je vais être obligé de chanter, ça va être terrible !

Chantal Goya

Question du jour

Quelle commune luxembourgeoise est connue pour ce qui s'y est passé le 14 juin 1985 ?

Schengen

Le jeu de mots

de Laurent Ruquier et Laurent Baffie

– Un crachin, ce n'est pas du vent…
– Non, c'est Isabelle Mergault.

Citation

Qui a dit : « Une auto-stoppeuse est une jeune femme, généralement jolie et court vêtue, qui se trouve sur votre route quand vous êtes avec votre femme » ?

Woody Allen

Question du jour

Quelle est la particularité unique de l'Amazone par rapport à tous les autres fleuves du monde ?

Il n'y a pas de pont sur l'Amazone.

Le jeu de mots

de Laurent Baffie

Quand deux lapins s'accouplent, on dit qu'ils bouquinent. Ils s'emmerdent tellement qu'ils lisent pendant l'acte.

Citation

Qui a dit : « Si vous avez neuf ans et que vous voulez aller voir des films interdits aux moins de dix-huit ans, une seule solution, allez les voir deux fois ! » ?

Coluche

WINTER IS COMING

JEUDI 17 DÉCEMBRE

SAINT JUDICAËL, SAINT GAËL

INVITÉ MYSTÈRE

Bonjour ! Qui es-tu ?… Enfin, êtes-vous un homme ou une femme ? – Une femme.
Portez-vous un pseudonyme ? – Non, pas du tout.
Êtes-vous brune ? – Non.
Cheveux blancs ? – Sans doute, un peu.
Êtes-vous méchée ? – Oui, mais plutôt blonde.
Êtes-vous actrice ? – Non, mais je le deviens un peu.
La musique est-elle le cœur de votre métier ? – Non.
Écrivez-vous ? – Oui.
Avez-vous écrit un livre ? – Plusieurs.
Êtes-vous présentatrice ? – Oui.
Faites-vous de la radio également ? – J'en ai fait.
Êtes-vous récitante ? Vous n'apprenez pas le texte… – J'ai lu, mais cette fois-ci, je dis. J'ai donc appris le texte.
Jouez-vous au tennis ? – Très mal.
Vous n'êtes donc pas Serena Williams… Le tennis a eu une place dans votre vie quand même ? – Lointaine.

Claire Chazal

Question du jour

Quel personnage de fiction, né 1978, a disparu en 1990 à l'âge de 12 ans ?

Groquik, un gros lapin jaune mascotte de la marque Nesquik.

Steevy Boulay ?

Une Grosse Tête qui, quand on le compare au candidat de téléréalité d'aujourd'hui, n'est pas loin d'être prix Nobel.

LES PÉPITES

(Jeanfi Janssens doit lire une fable de Jean de La Fontaine.)

Jeanfi Janssens : C'est écrit petit…

Laurent Ruquier : Vous voulez que j'appelle La Fontaine pour qu'il vous l'écrive plus gros ? !

Jeanfi Janssens : *Gardez-vous, leur dit-il, de vendre l'héritage / Que nous ont laissé nos parents. / Un trésor est couché dedans.*

Élie Semoun : « Caché » pas « couché » !

Jeanfi Janssens : Depuis six mois, je ne sais pas ce qui m'arrive, mais je suis obligé de mettre les feuilles loin. Je ne vois plus de près ! C'est bizarre, j'ai une fatigue oculaire, quelque chose comme ça…

Roselyne Bachelot : Tu es presbyte, connard !

Jeanfi Janssens : Pourtant, ça, je les vois bien de près !

!!! Ça balance aux GROSSES TÊTES

Laurent Ruquier : C'est quoi ce problème de voix, monsieur Plaza ?

Stéphane Plaza : J'ai un peu couru… Enfin, j'ai regardé les autres courir un petit peu pour préparer mon marathon et j'ai attrapé froid.

Muriel Robin : C'est passionnant Stéphane… On se régale !

Élie Semoun : La Castafiore, tu ne vas pas commencer à critiquer déjà…

Muriel Robin : Tu sais ce qu'elle te dit, la Castafiore ? Oui, j'ai un éventail et alors ?

Question du jour

Qu'est-ce qu'une pintadine ?

Une huître perlière

Le jeu de mots

de Laurent Ruquier
et Laurent Baffie

– Il s'est fait connaître
surtout parce qu'en 1909
il a découvert…
– En inox !

INVITÉ MYSTÈRE

Êtes-vous un homme ? – J'crois pas.
On dirait qu'elle a l'accent du Nord. Avez-vous un accent d'une région particulière de France ? – Oui, un peu, oui.
Avez-vous des enfants ? – Oui, deux.
Et des petits-enfants aussi ? – Oui.
C'est Jeanfi, nous sommes-nous déjà rencontrés, invitée mystère ? – J'crois pas.
Elle s'en souviendrait, c'est sûr ! Portez-vous un pseudonyme ? – Oui, mais j'ai gardé mon prénom.
Êtes-vous blonde ? – Oh non…
Avez-vous les cheveux courts ? – Oui.
Avez-vous déjà tourné avec Chantal Ladesou ? – Non.
Vous devez avoir une belle filmographie… Avez-vous tourné avec Gérard Depardieu ? – Ah oui !
Avez-vous tourné avec Patrick Dewaere ? – Oui.
Gaël Tchakaloff propose Miou-Miou… Êtes-vous Miou-Miou ? – Non.
Le générique que l'on vient d'entendre était-il celui d'un film ou d'une série ? – Une série !
Avez-vous obtenu des récompenses ? – Oui.
Genre césar ? – Pas vraiment.
Molière ? – Oui.

Anny Duperey

!!! Ça balance aux GROSSES TÊTES

Laurent Ruquier : On peut savoir ce que vous faites dans le 13e arrondissement, à Paris ?
Steevy Boulay : Tous les matins, je marche autour de la bibliothèque François-Mitterrand.
Jérémy Ferrari : Tu devrais y rentrer, un peu.

LES PÉPITES

Laurent Ruquier : Je peux poser une première question dans cette deuxième heure ?
Pierre Bénichou : Allez-y, si ça vous amuse encore…
Laurent Ruquier : Oh non, celle-là, elle est trop dure.
Éric Laugérias : On est trop cons, c'est ça ?
Christophe Beaugrand : C'est très vexant.
Pierre Bénichou : « Celle-là, elle est trop dure » : c'est la première fois que je l'entends dire cela…

LES AUDITEURS FACE AUX GROSSES TÊTES

Laurent Ruquier : Bonjour Sophie !

Auditrice : Bonjour Laurent, bonjour les Grosses Têtes !

Laurent Ruquier : Vous êtes à Vailly-sur-Aisne. Que faites-vous dans la vie, Sophie ?

Auditrice : Je m'occupe de ma petite famille… et c'est un sacré boulot !

Laurent Ruquier : Ah c'est vrai ? Parce que vous avez une grande famille ?

Auditrice : J'ai un mari… déjà… et j'ai deux enfants et un chien.

Laurent Baffie : Quel est votre préféré ?

Caroline Diament : Le chien !

Laurent Ruquier : Ce qui m'intéresse, c'est… Comment s'appelle le chien ?

Auditrice : Scooby-Doo.

Laurent Ruquier : Sophie, vous allez peut-être partir dans un magnifique hôtel… Vous avez bien révisé ?

Auditrice : J'ai essayé… Je vais voir si ça marche…

Laurent Baffie : Ici, personne n'y croit.

Auditrice : Même mon mari n'y croit pas, alors j'espère…

Caroline Diament : Vous allez lui damer le pion ! Et du coup, vous ne l'emmènerez pas…

Michèle Bernier : Exactement ! Vous irez avec Scooby-Doo.

Question du jour

Qu'est-ce que l'hirudiniculture ?

L'élevage de sangsues à des fins thérapeutiques

Citation

Qui a dit : « L'adolescence est l'âge où les enfants commencent à répondre eux-mêmes aux questions qu'ils posent » ?

George Bernard Shaw

Jean-Marie Bigard ?

Une Grosse Tête dont on peut dire qu'il écrit tous les jours une page d'histoire.

L'anecdote de Chantal Ladesou

C'est beau la baie d'Along ! On s'est engueulé avec mon mari sur la baie d'Along, c'était trop calme. Ça glisse dans les nuages et tout… Ça m'a gonflé.

L'histoire drôle de Christophe Dechavanne

C'est l'histoire de deux mecs qui ont la soixantaine. Ils dînent, en couple, chacun avec leur femme. Toute la soirée, l'un d'eux a appelé sa femme : « ma pupuce », « ma chérie », « mon amour ». À la fin du dîner, le pote vient le voir et lui dit : « C'est dingue, après trente ans de mariage, tu lui donnes toujours plein de petits noms. – J'ai oublié son prénom. »

Question du jour

Qu'est-ce que l'*earthing* ?

Aussi appelé *grounding*, c'est l'art de marcher pieds nus pour être en contact prolongé avec l'énergie électrique subtile et naturelle de la surface de la Terre.

Citation

Qui a dit : « En amour, il y en a toujours un qui souffre et l'autre qui s'ennuie » ?

Honoré de Balzac

Défi du jour

Donnez précisément la recette du Spritz, la célèbre boisson originaire de Venise.

6 cl de prosecco, 4 cl de bitter et une lampée d'eau.

Les statistiques

Le trône de fer de la série *Game of Thrones* pèse

160 kg

et est composé de plus de 200 épées.

MARDI 22 DÉCEMBRE

SAINTE FRANÇOISE-XAVIÈRE

L'histoire drôle de Jean-Marie Bigard

Deux gendarmes appellent leur commandant au commissariat et lui disent : « On a un problème, une femme vient d'abattre son mari d'un coup de fusil, parce qu'il était rentré trop tôt et avait marché sur le carrelage fraîchement lavé… » Le commandant leur répond : « Vous l'avez arrêtée, cette femme ? – Non, ce n'est pas encore sec. »

Question du jour

Quel est le nom de la sœur de Mélior et Palestine ?

Mélusine

LES AUDITEURS FACE AUX GROSSES TÊTES

Laurent Ruquier : Il y a neuf choses dans la valise. Je propose, Arielle, qu'on la confie à Valérie Mairesse aujourd'hui.
Arielle Dombasle : D'accord !
Laurent Ruquier : Mais vous allez choisir un numéro tout de même.
Arielle Dombasle : Alors, le numéro va être le 9.
Laurent Ruquier : Pour que vous ne pleuriez pas totalement…
Arielle Dombasle : Mais je suis triste…
Laurent Ruquier : Nous allons appeler Cécile…
Valérie Mairesse : Je ne la sens pas, Cécile…
Répondeur : *Cécile.* Répondeur. *Merci.* Bip. *Au revoir.*
Florian Gazan : La sécheresse !
Valérie Mairesse : Moi, finalement, je suis bien contente qu'on soit tombé sur le répondeur…
Arielle Dombasle : Bon, alors, le numéro 7… Ça ne marche pas quand c'est toi !
Valérie Mairesse : Je préconise que ce soit moi qui donne le numéro et toi qui appelles, si ça ne marche pas…
Laurent Ruquier : On le fait une dernière fois dans ce sens-là… Une phrase que j'ai déjà dite. Et on va appeler Loïc à Saint-Nazaire.
Florian Gazan : Il est là, lui, c'est sûr.
Valérie Mairesse : Allô ? Loïc ?
Répondeur : *Une fois votre message enregistré…*
Laurent Ruquier : On le fait effectivement dans l'autre sens !

Le jeu de mots

de Jeanfi Janssens

Il y a un petit train au Machu Picchu ! Tchou-Tchou ! Tchou-Tchou !

!!! Ça balance aux GROSSES TÊTES

Laurent Ruquier : Je ne pensais pas qu'il y avait autant de répliques de la statue de la Liberté. Quand j'étais gamin et que je voyais la statue de la Liberté à Barentin, je pensais qu'il n'y avait que nous, les Normands, qui avions une réplique…
Stéphane Plaza : T'étais con déjà !
Jeanfi Janssens : C'est pareil, quand j'étais gamin et qu'on partait en vacances… Ma mère me disait qu'on s'approchait de Paris… Et j'étais persuadé que les grands poteaux télégraphiques en fer qu'il y a sur les autoroutes, c'était la tour Eiffel !
Bernard Mabille : T'as été con très jeune alors !

Question du jour

Quel nom donne-t-on aux footballeurs de Tottenham ?

Les Spurs

Citation

Qui a dit : « Une fois que ma décision est prise, j'hésite longuement » ?

Jules Renard

LES AUDITEURS FACE AUX GROSSES TÊTES

Laurent Ruquier : 16 millions ! Plus de 16 millions de différence ! Voilà ce qu'on nous annonce ce matin dans la presse, mais entre quoi et quoi ? Sophie Davant, ici présente, affiche un large sourire quand je donne cette information que M. Riou a voulu diffuser avant tout le monde ! Connard !

Auditrice : M. Riou ! J'adore son rire !

Yoann Riou : Merci !

Caroline Diament : Concentrez-vous Sophie !

Laurent Ruquier : Il n'a que ça de bien ! Tant que vous ne voyez pas sa gueule !

Auditrice : C'est pour le Téléthon. C'est la différence entre les promesses de dons et les dons réels.

Laurent Ruquier : Le Téléthon, c'est l'inverse de la politique. Les gens donnent plus que ce qu'ils promettent. C'est une bonne réponse Sophie !

Auditrice : Merci, merci !

LES PÉPITES

!!! Ça balance aux GROSSES TÊTES

Laurent Ruquier : C'est le chouchou des jeunes, notre Laurent. Et pourtant, il n'est plus tout jeune. Regardez-le…

Bernard Mabille : Il fait jeune.

Laurent Ruquier : Forcément, il a une casquette, des baskets, il dit des gros mots, il se met les doigts dans le nez, alors forcément on a l'impression que c'est un adolescent…

Bernard Mabille : Alors que tout nu, c'est l'EHPAD !

Laurent Ruquier : Hier, j'ai vu un reportage sur M6, le *serial killer* de lapins continue ! En Bretagne, chez vous, monsieur Peroni.

Isabelle Mergault : Il rentre chez les gens, ouvre les clapiers et massacre les lapins !

Jean-Jacques Peroni : C'est peut-être un prestidigitateur déçu… Il n'arrivait pas à les sortir du chapeau, alors il se venge.

Laurent Ruquier : Les Bretons disent que ce serait un marin. Parce que vous savez que les marins n'aiment pas les lapins, ça porte malheur.

Jean-Jacques Peroni : Ça porte malheur…

Laurent Ruquier : Un marin breton qui se vengerait sur les agriculteurs…

Isabelle Mergault : Il est où Kersauson ?

Florian Gazan : Ou alors c'est un gamin traumatisé par la pub Duracell quand il était petit.

Karine Le Marchand : Je suis pour des peines exemplaires pour ces gens-là qui massacrent les animaux.

Florian Gazan : Lapine de mort ?

JEUDI 24 DÉCEMBRE

SAINTE ADÈLE

L'anecdote de Christophe Dechavanne

La taurine, c'est très particulier. J'en ai absorbé une quantité monstrueuse quand j'ai fait les 24 heures du Mans avec Jacques Laffite. Un ostéopathe nous suivait, car c'est une course très brutale, très physique et il nous donnait beaucoup de taurine : un à deux litres d'une boisson contenant de la taurine à chaque relais. Or, cette substance a la particularité de faire faire des prouts qui sont, même pour celui qui les émet, insupportables. Et à l'époque – celle de *Coucou, c'est nous* – j'étais une grande vedette et donc il y avait en permanence deux à trois cents personnes autour du stand. À chaque fois que quelqu'un ouvrait la porte du camping-car où nous étions avec Jacques pour venir nous parler, il essayait de dire un mot mais il refermait la porte.

Question du jour

Qui fut le premier écrivain étranger élu à l'Académie française ?

Julien Green. Il est entré à l'Académie française dans les années 1970.

Le jeu de mots

de Laurent Ruquier et Laurent Baffie

– Le maréchal Ney a été fusillé…
– Ce n'est pas logique, le maréchal Ney et on le tue.

Défi du jour

Citez le nom d'une sculpture de l'artiste Claude Lalanne, décédé en avril 2019, qui est aussi le titre d'un album concept.

L'Homme à la tête de chou

INVITÉ MYSTÈRE

Êtes-vous un monsieur ? – Oui.
Quand vous êtes arrivé au studio, y a-t-il des gens qui ont fait « Oooh ! » ? – Euh… Mon attaché de presse.
Avez-vous fait des selfies ? – Ça m'arrive. Pas très souvent, mais de plus en plus.
Êtes-vous arrivé à pied ou à vélo ? – En métro, parce que je ne prends que les transports en commun.
C'est une question d'argent ? – Non, c'est écologique.
C'est un jeune écolo… Habitez-vous Paris ? – J'ai habité Paris pendant longtemps, mais plus maintenant. Plus tout à fait.
Aimez-vous les mots ? – Ce n'est pas ce que je préfère, non.
Francis, c'est votre prénom ? – Non, mais ça peut être le nom d'un film dans lequel j'ai joué.
Êtes-vous acteur ? – Oui.
Gérard vous a identifié… Il a tourné avec vous dans un film, c'est bien ça ? – Oui.
Êtes-vous brésilien ? – Non, je ne suis pas du tout brésilien.

Thomas VDB

VENDREDI 25 DÉCEMBRE

SAINT EMMANUEL, NOËL

Question du jour

Quelle est la particularité du mannequin Viktoria Modesta, qui s'est produite au Crazy Horse en juin 2019 ?

Elle n'a qu'une jambe. Amputée, elle a décidé de faire de sa prothèse une œuvre d'art.

Citation

Qui a dit : « Être gentil avec tout le monde demande beaucoup de sacrifices, c'est une preuve de méchanceté envers soi-même » ?

Sim

Le jeu de mots

de François Rollin et Laurent Ruquier

– Il y a une communauté extrêmement forte entre tous les gens à qui il manque un doigt.
– Bien sûr ! Il y a même un texte qui s'appelle *La Déclaration des doigts de l'homme* qui les réunit.

INVITÉ MYSTÈRE

Êtes-vous un homme ? – Oui.
Avez-vous déjà travaillé avec Jean-Michel Ribes ? – Oui.
Êtes-vous connu pour avoir plusieurs talents ? – Oui.
D'autres membres de votre famille sont-ils connus ? – Un tout petit peu. Ça commence.
On vient d'entendre vos deux enfants chanter… Vous êtes français et, cependant, vous n'avez rien appris d'autre à vos deux enfants que chanter en anglais ? – C'est la mode aujourd'hui, tous les Français chantent en anglais.
Avez-vous joué dans des séries télévisées ? – Oui.
Êtes-vous plus connu pour la chanson que pour le reste ? – Non, même si j'ai fait des albums.
Êtes-vous meilleur chanteur qu'Élie Semoun ? – Incontestablement.
Parlez-moi d'amour… Ça vous dit quelque chose ? – Absolument.
Avez-vous joué avec Patrick Bruel au théâtre ? – Non.
C'est François Rollin, avons-nous bu un verre ensemble au *Lutetia* ? – Oui.

Michel Leeb

Question du jour

Comment appelle-t-on le bruit des talons sur le sol quand on danse le flamenco ?

Le bruit des taconeos

Titoff ?

Une Grosse Tête marseillaise dont la devise est *Rien ne sert de courir, il faut PASTIS à point.*

LES PÉPITES

Laurent Ruquier : Vous regardez la série *Game of Thrones*, Valérie ?

Valérie Mairesse : Non, on m'a dit que c'était violent et je n'aime pas les trucs violents.

Jeanfi Janssens : C'est bien, c'est costumé !

Laurent Ruquier : J'ai essayé de regarder un épisode, mais je n'ai rien compris.

Élie Semoun : Pareil.

Laurent Ruquier : Essayez de nous expliquer, monsieur Janssens…

Jeanfi Janssens : Moi non plus, je ne comprends pas, je regarde pour les costumes ! Ils sont à moitié tout nus tout le temps et ils se battent.

!!! Ça balance aux GROSSES TÊTES

Laurent Ruquier : On nous apporte un bouquet de fleurs que Philippe Geluck a commandé pour Cristina…

Philippe Geluck : Cristina, acceptez ce bouquet de fleurs que j'ai commandé dès que j'ai su que je vous avais fait de la peine…

Cristina Córdula : Merci.

Valérie Mairesse : T'aurais pu m'en offrir un aussi ?!

Philippe Geluck : Mais attends que je t'insulte !

LUNDI 28 DÉCEMBRE

SAINTS INNOCENTS

Question du jour

Pourquoi le nom de l'armateur Georges Philippar, qui a été donné à un paquebot français, est-il resté dans l'histoire de la marine ?

Ce paquebot a coulé suite à un incendie le 16 mai 1932. Parmi les 54 victimes figurait le célèbre journaliste Albert Londres.

INVITÉ MYSTÈRE

Êtes-vous un homme ou une femme ? – Un homme.
Vous intéressez-vous à la politique ? – Oui.
Êtes-vous un homme politique ? – Non.
Vous a-t-on reconnu dans la rue quand vous êtes arrivé à RTL ? – Euuuuh… Oui.
Vous êtes-vous senti dépaysé à Neuilly ? – Oui.
Venez-vous plutôt d'un quartier populaire ? – Non.
Avez-vous joué dans *Jurassic Park* ? – Oui.
Avez-vous composé la chanson *Une femme cachée* de Nolwenn Leroy ? – Oui.
Donc vous êtes compositeur ? – Pas seulement.
Chantez-vous vous-même ? – Oui.

Daniel Lavoie

LES AUDITEURS FACE AUX GROSSES TÊTES

Laurent Ruquier : Vous écoutez *Les Grosses Têtes* depuis longtemps, Romuald ?
Auditeur : Non, ça fait un an et demi environ…
Laurent Ruquier : Oh ! C'est bien ça ! C'est marrant… Pourquoi vous êtes-vous dit, d'un seul coup, il y a un an et demi : « Tiens, je vais écouter *Les Grosses Têtes* » ?
Auditeur : J'écoutais pas mal Jacques Pradel sur RTL…
Laurent Ruquier : Oui, *L'Heure du crime*…
Auditeur : Et ensuite, je suis passé sur les autres émissions.
Jeanfi Janssens : C'est bien, bienvenue !
Auditeur : Merci.
Laurent Ruquier : C'est marrant de passer de *L'Heure du crime* aux *Grosses Têtes* !
Jean-Luc Lemoine : Il s'est dit : « J'ai envie de continuer à rire. »
Christine Ockrent : Là, ça dure deux heures.
Laurent Ruquier : Eh bien, merci à Jacques Pradel, grâce à lui, on a gagné un auditeur.

Le jeu de mots

de Bernard Mabille

Pierre, c'est notre Mexicain à nous, le sombre héros.

Citation

Qui a dit : « Je croirai vraiment à la liberté de la presse quand un journaliste pourra écrire ce qu'il pense vraiment de son journal. Dans son journal » ?

Guy Bedos

MARDI 29 DÉCEMBRE

SAINT DAVID

L'histoire drôle de Jean-Marie Bigard

C'est un mec qui dit à son copain : « Ça veut dire quoi "I don't know" ? » L'autre lui répond : « Je ne sais pas. »

L'anecdote de Chantal Ladesou

Noémie Lenoir et moi avons habité ensemble pendant deux ou trois jours. Mais ça n'a pas duré… On a fait l'émission *La Parenthèse inattendue* avec Yves Duteil ; ce n'était pas gagné, mais on s'est bien marré !

LES PÉPITES

Laurent Ruquier : Carlos Santana a déclaré avoir, lors d'une visite du Louvre en famille, entendu le tableau de *La Joconde* lui parler. Il a dit : « Je l'ai fixée droit dans les yeux et j'ai entendu une voix dans ma tête dire "Hi !", j'étais subjugué. Mona Lisa m'a dit : "Tu te souviens quand nous étions amants dans une autre vie…" Je n'allais pas dire non, je lui ai donc répondu "Oui, je me souviens de toi." » Il a écrit une chanson à ce sujet : *In Search of Mona Lisa*. Vous croyez qu'il raconte des conneries ou qu'il croit vraiment à cette histoire ?

Philippe Manœuvre : Il peut y croire vraiment. Carlos est un grand personnage qui a vécu toutes les épopées psychédéliques… Pourquoi pas ? C'est bien d'être ouvert, d'entendre les tableaux qui vous parlent…

Christophe Beaugrand : C'est en voyant quel tableau qu'il a écrit *Tirelipimpon sur le chihuahua* ?

Laurent Ruquier : Ce n'est pas le même Carlos.

Florian Gazan : Mona Lisa parle anglais, c'est ça l'info, en fait !

Laurent Ruquier : Un tableau vous a-t-il déjà parlé, Arielle ?

Arielle Dombasle : J'adore la peinture et je la connais bien…

Florian Gazan : *L'Origine du monde* m'a dit : « Salut !… Passe une tête. »

Question du jour

Quelle célèbre prise doit-on au maréchal Joffre, en 1894, pendant la colonisation ?

Tombouctou, au Mali.

Chantal Ladesou ?

Une Grosse Tête qui comprend ce qu'elle veut… et ça fait bien longtemps qu'elle n'a pas voulu.

!!! Ça balance aux GROSSES TÊTES

Laurent Ruquier : Pierre, vous enlevez votre cravate pendant l'émission et vous la remettez…

Pierre Bénichou : Ça dépend des fois.

Chantal Ladesou : Il commence maintenant parce qu'il met une demi-heure à faire son nœud, vous comprenez…

Christophe Beaugrand : Il n'a toujours pas réussi à le finir.

Élie Semoun : Normalement, c'est plus facile à faire.

Franz-Olivier Giesbert : Là, c'est le mec qui sort du bordel.

Laurent Ruquier : Attendez, on va demander à un marin. Comment s'appelle ce nœud, M. de Kersauson ?

Olivier de Kersauson : Le nœud du gland.

MERCREDI 30 DÉCEMBRE

SAINT ROGER

Question du jour

Qu'est-ce que la bigorexie ?

Une addiction à l'activité physique

LES AUDITEURS FACE AUX GROSSES TÊTES

Arielle Dombasle *(alors qu'ils sont en ligne avec une auditrice de Marseille)* : Bernard, quand la dame a dit qu'elle s'appelait Fanny, vous avez dit : « Elle joue à la pétanque. »
Bernard Mabille : Oui, bien sûr.
Arielle Dombasle : Pourquoi ?
Bernard Mabille : Parce que je joue à la pétanque.
Florian Gazan : Quand on est Fanny, on montre son cul.
Bernard Mabille : Je joue avec mes boules.
Laurent Ruquier : Vous ne savez pas ce que ça veut dire « baiser Fanny » à la pétanque, Arielle ?
Arielle Dombasle : Non.
Valérie Mairesse : Moi, je peux t'expliquer si tu veux. Quand on joue à la pétanque et que l'équipe a trois points et que toi, par exemple, tu en as zéro… Au début, ce n'est pas grave…
Laurent Ruquier *(en riant)* : La vache ! Ça va être long si elle fait tous les scores !
Valérie Mairesse : Si jamais on va jusqu'à treize, parce que c'est souvent treize quand tu joues à la pétanque, si tu fais 13-0, celui qui a zéro, il est « Fanny ». Et en principe, tu dois baiser les fesses de la Fanny.
Arielle Dombasle : Et elle est où ?
Valérie Mairesse : C'est une espèce de petite statue…
Laurent Ruquier : À Marseille ! Elle va accoucher !

Les statistiques

13 millions

de pintes de Guinness sont servies lors de la Saint-Patrick aux États-Unis.

Défi du jour

Citez le premier royal baby qui va obtenir une double nationalité : anglaise et américaine.

Archie, le fils du prince Harry et de Meghan Markle.

L'histoire drôle de Michel Boujenah

Deux homosexuels sont naufragés sur une île déserte. Ils sont très embêtés, ils ont fait le potager, une petite maison et tout ça… Et puis, au bout d'un mois et demi, l'un des deux dit : « C'est bien joli… Mais dis-moi, pour le sexe, on fait comment ? – T'as raison ! C'est un vrai problème. Écoute, je vais te poser une devinette et si tu trouves la réponse, c'est toi qui es actif et moi passif. Quel est l'animal qui est tout gris, qui a deux grandes oreilles, deux défenses et une énorme trompe ? » L'autre lui répond : « C'est compliqué, c'est compliqué… Une grenouille. – Gagné ! »

JEUDI 31 DÉCEMBRE

SAINT SYLVESTRE

Citation

Qui a dit : « Le principe du téléphone portable, c'est de n'avoir rien à dire, mais de devoir le dire immédiatement à quelqu'un » ?

Jerry Seinfeld

Le jeu de mots

de Laurent Ruquier

(À Jean-Jacques Peroni)
Vous, Jude Law, forcément vous ne pouvez pas connaître…

Question du jour

Quel réalisateur a remporté la Palme d'or à Cannes en mai 2019 ?

Bong Joon-ho pour le film *Parasite*

LAISSEZ-VOUS TENTER
RTL MATIN
LUNDI AU VENDREDI
9H-9H30
Du lundi au vendredi, de 9h à 9h30, Anthony MARTIN et son équipe font rayonner l'actualité artistique qu'elle soit littéraire, cinématographique, musicale, théâtrale ou médiatique.
RTL
ON A TELLEMENT DE CHOSES À SE DIRE
PHOTO : NICOLAS GOUHIER POUR RTL

REMERCIEMENTS
de l'éditeur

Merci à toute l'équipe de RTL
pour son efficacité et son sourire,
Et tout particulièrement à :
Anthony BLOCH
Grégoire HUEBER
Césareo GONZALEZ
Virginie DA SILVA

Éditions Michel Lafon
Direction d'ouvrage : *Elsa Lafon, Marie Dreyfuss, Annabelle Roche*
Direction artistique : *Gilles Legleye*

Cet ouvrage a été réalisé par Le Cercle digital
Chef de projet : *Geneviève de La Bretesche*
Transcription des émissions :
Fabrine Gourreau
Conception base de données et mise en page :
Christelle Liauté, Aurélie Luques et Fabrine Gourreau
Relecture : *Capucine Jahan*

Pour que les accros des Grosses Têtes puissent noter les meilleures reparties de leurs chouchous !

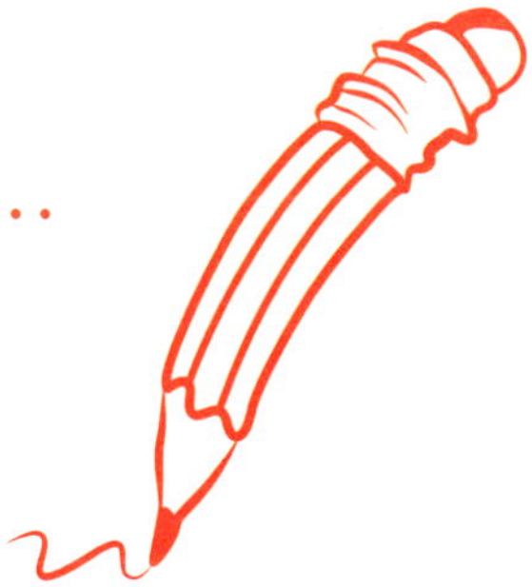

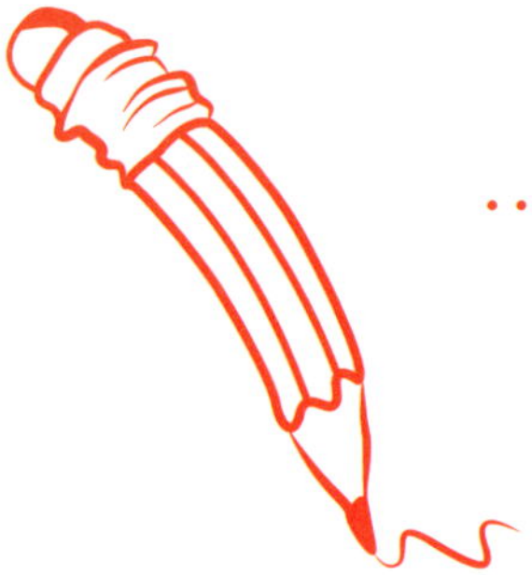

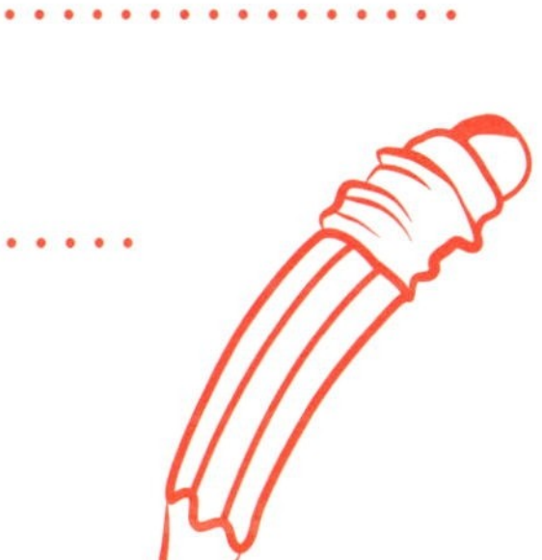

Achevé d'imprimer en Espagne
Dépôt légal : septembre 2019
ISBN 13 : 978-2-7499-4086-1
LAF 2786